사랑은 애착으로 시작되고
안정적 애착은 행복으로 이어집니다.
행복한 삶, 가정, 사회는
정서적 금수저들이 만들어갑니다.
우리 모두는 정서적 금수저가 될 수 있고
희망찬 미래를 만들어나갈 수 있습니다.

최성애 · 조벽 드림

정서적 흙수저와
정서적 금수저

최성애·조벽 교수가 전하는 애착 심리학

정서적 흙수저와
정서적 금수저

최성애·조벽 지음

해냄

최성애 박사와 조벽 교수가 애착에 관해 중요하고 시의적절한 책을 쓴 것을 진심으로 축하합니다. 이 책은 출생 후 아기가 부모와 서서히 깊고 강한 정서적 애착을 맺어야 한다는 사실을 독자들에게 명확히 알려줍니다. 정서적 애착은 우리 자녀들이 자신과 타인을 사랑하고 배려하며 법을 잘 준수하는 우수한 인성을 지닌 사람으로 자라나는 데 필수입니다.

요즘 많은 나라에서 무차별 총격 난사 사건과 잔혹한 살인 등이 벌어지며, 그 대책으로 일부 정치인들은 더 큰 감옥을 짓고 더 많은 경찰을 거리에 투입해야 한다고 주장합니다. 하지만 이보다 훨씬 적은 비용으로 훨씬 더 큰 효과를 내는 해결책은 부모가 아이들과 보내는 시간을 좀더 늘리는 것입니다. 정부는 부모들이 아이를 사랑하고 잘 키울 수 있도록 지원책을 마련해야 합니다. 특히 출산 후 첫 두 해 동안 부모 중 한 명이라도 아기와 함께 안정적 애착이 뿌리내릴 수 있도록 정부와 기업 모두가 나서서 허용하고 격려해 주어야 합니다.

정부와 기업뿐 아니라 우리 모두가 협력해서, 부모들이 아기의 생애 첫 한두 해 동안 더 많은 시간을 함께 있고, 안아주며, 눈을 맞추며 대화를 하고, 함께 많이 웃을 수 있게 도와줘야 합니다. 영유아기에 애착을 형성해야 아기는 부모의 값진 사랑을 흡수하며 인간의 핵심 감정인 따스함, 공감, 연민, 양심 등을 발달시켜 나갈 수 있습니다. 부모와 깊은 신뢰를 형성하고 다정한 감정적 교류와 애착이 형성되지 않은 채로 자란 아이는 개인적, 사회적으로도 많은 문제점을 가지는 것은 물론 심각하게는 반사회적 인격 장애를 갖게 되거나 사이코패스가 될 수 있음을 저는 눈으로 보고 몸소 체험했습니다.

임상심리학자이자 발달심리학자로서 저는 캐나다에서 고위험군 청소년들과 20여 년 동안 매일 24시간을 함께 거주하며 그들의 교육과 심리치료를 맡았습니다. 그동안 제가 직접 돌봤던 위기 청소년들이 총 450명이었는데, 그들은 절도와 방화 등 각종 심각한 범죄와 마약 중독 등 온갖 비행을 저질렀습니다.

이들에게는 단 하나의 공통점이 있었습니다. 이들 모두 아동기에 부모와 적절한 애착을 형성하지 못했다는 점입니다. 애착 문제를 직시하고 예방하는 것이 현대 사회에 만연한 충격적이고 시급한 수많은 문제들을 원천적으로 해결해 줄 최고의 처방입니다. 최성애 박사와 조벽 교수의 이 놀라운 책이 영유아기에 부모와 아기들이 더 탄탄하고 안정적인 애착을 형성하고, 부모들로 하여금 성장기에 자녀와 더 질 높은 시간을 갖는데 도움이 될 것이라고 믿습니다.

—루시앵 래리 | 캐나다 교육학·심리학·임상심리학 박사
캐나다 최고 훈장(The Order of Canada) 수상
영국 엘리자베스 2세 여왕 재임 50주년 기념 메달 수상
영국 엘리자베스 2세 여왕 재임 60주년 기념 메달 수상

대한민국은 가족과 애착 문제가 매우 중요한 시점에 도달했다고 생각합니다. 최성애 박사와 조벽 교수가 쓴 이 책은 애착 관계에서 특히 부모의 역할이 가족·기업·국가 전체의 안전, 건강, 창의적 생산력에 얼마나 중요한지를 방대한 자료를 통해 명백하게 알려줍니다.

오늘날 대부분의 선진국들과 마찬가지로 대한민국도 사람의 정신 건강과 웰빙을 어떻게 증진하며 유지·관리할지에 대한 복잡하고 거대한 도전에 직면하고 있습니다. 이 책은 바로 그런 도전을 어떻게 가족, 교육, 공공정책으로 풀어나갈지 관심을 갖도록 흥미롭고 사려 깊은 내용으로 독자들을 초대합니다.

이 책은 건강하고 행복한 사람을 키우는 데 구체적인 도움을 줄 것이며, 사회 전반에 광범위하게 적용할 수 있는 내용을 담고 있습니다. 자녀들을 건강하고 활기차며 창의적인 아이로 키우고 싶은 부모들, 학생들의 학습 의욕을 고취하고 지지해 주려는 교육자들, 국가의 인재 양성과 경제 성장을 이루고자 하는 정책 입안자들에게 매우 적절한 방향을 제시합니다.

애착에 대해 더 알고 싶고, 삶에 적용하고 싶으며, 건강한 정신과 심리에 대해 관심 있는 분들께 이 책을 강력히 추천합니다.

—**마크 리닝턴** | 영국 볼비센터 센터장
영국 국립보건원 복합트라우마 전문가
영국 런던교육청 지적장애·자폐·ADHD 전문가

🐝 아이가 건강하게 자라기 위해서는 음식, 물 등 신체적 안전만이 필요한 게 아닙니다. 아이와 부모 간에 긴밀한 정서적 애착이 형성되어야만 아이의 뇌와 몸의 신경체계, 호르몬 체계가 원활히 연결되고 작동합니다. 수많은 연구를 통해 안정적 애착은 평생에 걸친 건강과 심리적 안녕에 핵심 요인임이 밝혀졌습니다. 이 책은 부모, 교사, 정치가, 기업인들이 뜻을 모아 이 세상을 좀더 밝고 따뜻하며 안전하고 행복하게 만드는 데 큰 공헌을 할 것입니다.

—**조리나 엘버스** | 미국 스탠퍼드 의과대학 소아과 교수
프리처드 데이 아동환자 연구부문 최우수상 수상
국립 신경질병 및 뇌졸중 연구상 수상

🐝 가정의 붕괴가 나날이 심각해지고 있는 대한민국의 현실. 그 속에서 부모의 이혼과 엄마, 아빠와의 단절로 인해 아파하고 병들어 가는 수많은 아이들을 바라보며 고민하던 나에게 이 책은 작은 희망이 되어주었습니다. 이 책을 통해 이 땅의 아파하는 아이들이 엄마, 아빠와 건강한 애착을 형성하고, 아픔이 치유되기를 소망합니다.

—**신순영** | 서울가정법원 판사

애착은 개인과 사회를 위한 행복씨앗이다

여러분은 형편이 넉넉지 못한 가정에서 태어난 흙수저입니까, 아니면 재력과 능력이 좋은 부모를 만난 금수저입니까? 여러분은 지금 행복합니까? 금수저이기 때문에 행복합니까, 아니면 흙수저로 태어났지만 행복합니까?

어릴 때부터 기사 딸린 자가용을 타고 탄탄대로를 달리는 금수저와 미로 같은 골목길에서 종종걸음을 치는 흙수저가 공존하는 현실이 안타깝습니다. 빈부격차를 사람의 노력으로 바꾸기 어렵다는 사실이 씁쓸하고, 양극화 해소를 위한 정책이 빈곤함에 화가 나고, 빈부격차가 대물림된다는 사실이 속상합니다. 이제 수저의 색마저 불변의 법칙에 해당되는 걸까요?

저희는 지난 30년간 학생들을 가르치면서 안타깝게도 세상에서 말하는 소위 '금수저'와 '흙수저'가 분명히 있다는 사실을 알았습니다. 부유한 집안에서 태어나 많은 혜택을 받고 앞으로도 특별한 기회가 활짝 열려 있는 젊은이들이 있습니다. 반면에 아주 어려운 형편에 놓여 쉴 새 없이 아르바이트를 하며 경제적으로 허덕이는 청년들도 많습니다.

그러나 의문이 드는 점이 하나 있습니다. 저희는 심리치료사로 일하면서 우울하고, 불안하고, 죽고 싶다고 토로하는 성인들을 많이 만납니다. 그중에는 판사의 아들로 태어난 명문대 출신 변호사도 있고, 의사와 결혼한 의사 집안 딸도 있고, 재력가의 딸로 자란 해외유학파 교수도 있습니다.

그들은 계속해서 금수저로 살아갈 수 있는 재력과 명예가 있습니다. 하지만 괴로워하고 힘겨워합니다. 부모를 원망하고, 배우자를 증오하고, 자신의 처지를 비관합니다. 도대체 그들은 무엇이 아쉬운 걸까요?

저희는 사람의 미래를 좌우하는 '수저'가 하나 더 있다는 사실을 알게 되었습니다. 금수저로 태어났지만 자신이 불만스럽고 세상이 불편한 사람들이 있습니다. 세상에 고마운 일은 없고, 잘못은 남 탓이라 여기고, 만사가 짜증스럽습니다. 경제적으로 부유하지만 정서적으로 빈곤합니다.

이들은 흔히 부모의 소유물처럼 살아왔거나, 무엇인가 잘해야만 인정을 받는 조건부 사랑을 받았거나, 돈으로 외부인의 손에 맡겨져 자란 사람들입니다. 부모와의 정서적 유대감 결핍으로 인한 '애착손상'이라는 발달 트라우마 후유증을 앓는 사람들입니다.

이들은 원초적 불안감과 불신감 때문에 성숙한 자아정체성이 형성되지 못했고, 원만한 인간관계를 잘 맺지 못합니다. 결혼을 망설이고 출산을 미루기도 합니다. 대체로 이들은 일터에서 많은 사람들과 교류하고 거래하는 것을 스트레스로 느낍니다. 미래에 대해서 절망적이고 진흙탕 같은 암울한 인간관계 속에서 힘들어합니다. 그래서 저희는 이들을 '정서적 흙수저'라고 부릅니다.

이와 반대로 경제적으로 흙수저로 태어났지만 자존감이 높은 사람들이 있습니다. 이들은 외적 자극에 흔들리지 않는 평정심과 '할 수 있다'는 긍정적 인생 대본을 지니고 있습니다. 주로 화목한 가정에서 부모와의 안정된 애착 연결 속에서 정서적 양육을 풍요롭게 받은 사람들입니다.

통장이 두둑하면 여유가 생기듯이 정서적 통장이 가득 채워져 있는 사람은 느긋합니다. 그래서 다양한 사람들과 좋은 인간관계를 맺고 현재 사정이 어렵더라도 희망찬 금빛 비전을 선택할 줄 아는 '정서적 금수저'입니다.

수많은 연구 결과가 정서적 수저의 색은 어떻게 태어났는가보다는 어떻게 살아왔는가에 달려 있다고 말해줍니다. 어릴 때 부모와의 사이에 애착 관계가 안정적으로 형성되었는지 아니면 애착이 손상되었는지가 정서적 수저의 색을 결정하는 주요 변수입니다.

애착손상이 위험한 이유

우리에게는 '애착손상'이라는 개념이 생소합니다. 우리나라에서 애착 손상이 대규모로 발생하기 시작한 지가 그리 오래되지 않았기 때문입니다. 하지만 애착손상이 한 세대를 넘어 이미 3세대에 진입한 서유럽과 북미에서는 이것이 얼마나 무서운 마음의 병이며 사회적 병폐인지 깨닫기 시작했습니다.

부모가 억압적이거나, 자녀를 방치하거나 학대할 때 아이는 애착손상을 입습니다. 성적에 따라 조건부 사랑을 주는 부모, 서로 싸우느라 자녀에게 사랑을 주지 못하는 부모, 먹고 사는 일 때문에 자녀를 돌볼 시간이 없는 부모도 본의 아니게 자녀에게 애착손상을 입힙니다.

부모로부터 외면당하거나, 거부당하거나, 버림받으면 사람에 대한 믿음이 낮아지고 결국 다른 사람들에게도 버림받을 거라는 생각을 갖게 됩니다. 불신, 불안, 두려움 등 부정적 감정이 생기며 부정적 생각 패턴을 갖게 됩니다. 부정적 '인생 대본'이 생겨나는 것입니다. 본인의 과거, 현재, 미래에 대해 절망적으로 생각하고, 부정적 상황을 예측하고, 절망하며 지레 포기하는 사람이 바로 정서적 흡수저입니다.

애착(attachment)이 제대로 형성되지 않으면 분리(detachment) 과정이 순탄하지 않고 집착으로 이어질 수 있습니다. 예를 들어, 성인이 되어 결혼한 자녀를 떠나보내지 못하는 경우입니다. 그래서 엄마 곁을 떠나지 못하는 마마보이가 되거나 독친(毒親)의 트라우마로 어른이 되기 어려운 사람도 있습니다.

이들은 결혼해도 갈등을 겪거나 이혼할 확률이 더 높은 경향이 있습니다. 안정적 애착을 경험하지 못한 사람들은 이별과 사별의 고통을 원만하게 다스리지 못하고 심한 우울증과 불안증에 시달릴 수 있습니다.

부모가 되어도 아이를 어떻게 사랑해야 할지 잘 모릅니다. 자신 또한 부모에게서 느껴보지 못한 감정인데 자기 자녀에게 그런 감정을 전달해 줄 수 있겠습니까? 그 자녀 또한 애착손상을 입을 확률이 매우 높습니다. 즉, 애착손상은 대물림되며 인생의 전 과정에 악영향을 미칩니다.

요즘 한국에서는 너무 많은 부모가 아이에게 꼭 필요한 기본적 부모 역할(보금자리 제공, 양육, 보호, 지지, 지도)을 '외주' 주고 있습니다. 어린이집에, 도우미에게, 학교에, 학원에, 스마트폰에, 유학원에 맡기고 있습니다.

부모와 좋은 애착 관계를 맺지 못한 아이일수록 훗날 부모가 연로하면 양로원에 '외주'를 주고 맡기지 않을까요? 그러니 애착손상은 대물림될 뿐 아니라 역으로 부모에게도 악영향을 미칠 수 있습니다.

애착손상이 3세대째에 진입한 미국은 심각한 단계에 이르렀고, 예방 차원의 방법들이 여의치 않습니다. 우리나라에서는 애착손상 급증 현상이 비교적 최근에 시작된 것이 다행이라 할 수 있습니다. 다른 나라들의 사례에서 교훈을 얻어 애착손상이 다음 세대로 이어지기 전에 예방할 기회가 있기 때문입니다.

애착손상은 공동체 전체의 문제다

애착손상과 정서적 빈곤은 개인과 가족 차원의 불행에 그치지 않습니다. 피해자가 연쇄적으로 발생하는 국가 차원의 문제입니다. 여러 사회적 영역과 다차원적 인간관계에서 문제가 발생합니다.

첫째, 본인 외에 많은 피해자를 양산합니다. 예를 들어 최근 연이어 발생하는 학교 폭력은 너무 잔인합니다. 피해자를 때리다가 멍이 든 주먹의 사진을 소셜미디어에 자랑삼아 올리는 대담함이 참으로 무섭습니다. 쓰러진 채 피를 흘리며 신음하는 피해자를 보며 웃는 사이코패스 같은 모습을 보이는 학생도 있습니다. 인간성이 너무나 망가진 듯 보이는 어린이와 청소년들이 늘자 학교에 학교폭력대책자치위원회를 구성하고, 학교 전담 경찰관과 보안관을 투입하고, 폭력 사실을 학교생활기록부에 기록하는 제재 방안을 실행합니다.

나아가 인성교육진흥법이 제정되었습니다. 그러나 학교 폭력은 점점 더 잔인해지고 가해자의 나이는 점점 더 어려지고 있습니다.

학교 폭력 사건의 가해자들을 상담해 보면 어려서 부모에게 충분한 보살핌과 지지를 받지 못한 경우가 흔합니다. 그들의 내면은 짜증, 분노, 증오, 불신감, 지루함, 허무함으로 가득 차 있습니다. 이들은 부정적 감정에 매몰되어 있는 정서적 흙수저입니다. 스스로도 불행한 아이들이 피해자들을 또 불행하게 만드니, 이것은 개인의 문제가 아니라 공동체의 문제입니다. 폭력적이거나 반사회적인 행위를 아이가 학교에서 하면 '문제아'이고, 군인이 군에서 하면 '관심병사'이고, 성인이 사회에서 하면 '범죄자'이고, 권력자가 자신의 위치에서 하면 '갑질'입니다.

둘째, 국가 생산력에 큰 타격을 줍니다. 미국 임상심리학자들은 성인 정신질환의 가장 큰 원인이 어린 시절의 애착 트라우마로 인한 정서 조절의 어려움이며, 그 대표적 증상이 우울증과 불안증이라고 지적하고 있습니다. 최근 《타임》지의 발표에 따르면, 우울증으로 인한 미국의 연간 경제 손실액이 25조 원이 넘는다고 합니다. 미국에서는 감기약보다 항우울증 약이 더 많이 팔리는 실정입니다.

개인들의 만성 불안증과 우울증은 집중력·학력·생산성 저하로 국가 전체의 생산성과 경쟁력에 타격을 줍니다. 또 정서적 허기를 술, 담배,

음식 등으로 달래느라 생기는 비만과 각종 질환에 따르는 의료비도 천문학적으로 증가할 수 있습니다. 그러니 우리가 치러야 할 애착손상의 사회비용은 실로 엄청납니다.

셋째, 정신 건강 문제만이 아니라 국가 경쟁력에 악영향을 미칩니다. 4차 산업혁명 시대에는 논리적이고 계산적인 일은 인공지능이 인간을 대체하게 될 것입니다. 이제 인간은 무한한 암기력과 분석력을 지닌 인공지능에 대항하여 경쟁력을 갖기 위해 집단지능을 발휘할 수 있는 능력을 갖춰야 합니다.

다른 사람과 더불어 일하며 집단지능을 발휘하기 위해 필요한 능력이 사회-정서적 역량(SES, Socio-Emotional Skills)입니다. 애착손상을 입은 사람이 갖기 힘든 능력입니다. 그런 능력이 약하면 일터에서 활동하기 어렵습니다. 그러니 개인뿐 아니라 국가 전체의 경제적 미래에도 악영향을 미칩니다.

넷째, 교실 붕괴가 가속화되고 교육이 황폐해집니다. 애착손상을 입은 수많은 아이들이 학교에 들어오기 때문입니다. 애착손상을 입은 아동을 가르치는 일은 쉽지 않습니다. 도를 넘은 학생들의 문제행동을 도저히 감당할 방법이 없어서 이미 많은 교육자들이 좌절하고 절망하며 무기력증에 빠지거나 아예 학교를 떠납니다.

다섯째, 저출산 문제를 심화시킵니다. 애착손상을 입은 아동을 키우는 일은 쉽지 않기 때문에 첫째 아이를 키우면서 둘째 아이를 기르는 데 대한 자신감을 갖기 어려울 것입니다. 또는 주변 사람들의 '헬육아'를 간접 경험하면서 출산을 미루거나 포기합니다. 그러니 국가적 재앙이라는 저출산 문제에도 지대한 악영향을 미치는 셈입니다.

이런 문제가 사회적 이슈가 될 때마다 정부는 해결방안을 내놓습니다. 폭력에는 폭력 처벌 강화, 자살에는 자살 예방 프로그램, 성희롱에는 성희롱 처벌 강화 등 각 증상마다 대책을 마련하지만 효과가 별로 없습니다. 증상을 없앴다고 원인이 사라지는 게 아니기 때문입니다.

근본 원인인 애착손상을 전 사회적 차원에서 예방해야 합니다. 아이들이 안전한 보금자리에서 준비된 부모에게 보살핌과 지지를 받고 정서적으로 안정된 어른에게 교육을 받을 수 있도록 해야 합니다.

근본적인 친아동·친가정 정책이 시급하다

우리나라에서는 아이를 낳아 키우는 일이 힘들 뿐 아니라 돈도 많이 들어서 '헬육아'라는 말이 나올 정도입니다. 국가가 나서서 친아동·친가정 환경을 마련하고 이에 필요한 자원을 동원해야 합니다. 그러나 국가정책이 오히려 영유아에게 애착손상을 초래하는 경우가 있습니다. 예를 들어, 아이를 낳기만 하면 국가가 키워주겠다고 공약하면서 아동 복지 예산과 출산 장려 예산을 늘렸습니다. 그러나 출산율이 높아지지도 않고 아이 키우는 일이 쉬워지지도 않았습니다.

양육에 따르는 경제적 부담을 줄여주겠다는 의도는 좋았지만 효과는 별로 없습니다. 문제는 예기치 못한 부작용이 발생하는 데에 있습니다. 아이를 집에서 돌볼 수 있는 부모마저 어린이집에 아이를 맡기는 경우가 흔합니다. 또한 영유아를 새벽부터 저녁까지 남에게 맡기는 경우도 많습니다. 꼭 필요하지 않더라도 쉽게 그렇게 합니다.

엄마가 아이를 혼자 키우기 어렵고 엄마도 개인 시간이 필요하기에 영유아의 어린이집 수요는 계속 늘지만 공급이 따르지 못하는 실정입니다. 현재 어린이집의 법적 아동돌보미 비율은 만 0세는 1:3, 만 1세는 1:5, 만 2세는 1:7, 만 3세 이상은 1:15입니다.

인류학자들의 연구에 따르면, 영유아 한 명의 신체적·정서적·인지적 욕구를 충족시켜 주기 위해서는 아기 한 명당 최소 네 명의 어른이 필요하다고 합니다. 4:1입니다. 과거 대가족 시대에는 아기가 태어나면 엄마, 아빠, 할머니, 할아버지, 언니, 오빠, 이모, 고모, 삼촌, 이웃 등 참으로 많은 돌보미 공동체가 있었으니 4:1 이상이 쉽게 충족되었을 것입니다.

그러나 핵가족이 되면서 2:1로 줄었고, 그나마 외벌이라면 1:1, 맞벌이라면 0:1의 상황이 되므로 돌보미 대 아이의 비율이 1:3이나 심지어 1:20일지라도 어린이집에 보내게 됩니다. 즉, 아이가 받는 돌봄의 질과 양은 인류학자들이 말하는 4:1보다 훨씬 더 열악해진다는 뜻입니다. 하루 400그램의 양식이 필요한 아이에게 매일 20~80그램씩만 준다면 당연히 영양실조에 걸리지 않을까요? 정서적 빈곤, 즉, 정서적 흙수저는 이렇게 숫자로도 표현할 수 있습니다.

서양에서는 이미 실패한 정책과 양육방식을 한국에서 도입하고 있다는 게 안타깝습니다. 앞서 간 나라들의 실패에서 배우는 것이 후발 주자의 현명한 선택입니다. 단순히 부모가 아이를 키우는 일에서 해방되도록 만들어주는 정책이 아니라, 아이를 돌보고 키우는 일이 행복할 수 있도록 도와주는 근본적인 정책이 필요합니다.

오늘부터 바뀔 수 있다

애착손상의 결과 단순한 기분만이 아니라 뇌의 구조와 기능에 이상이 생깁니다. 애착손상은 우리 뇌에서 변연계와 전두엽 중간층에 놓여 있으며 생각과 감정을 연결하는 원시 대뇌피질에 부정적 영향을 미칩니다. 사회적 관계, 정서적 욕구의 알아차림과 표현 등의 기능을 담당하는 뇌 영역의 발달을 지연시키거나 축소시킬 수 있습니다. 그 결과 훗날 감정 조절, 충동 조절, 주의력, 상황 파악 능력, 공감력, 대인관계 능력 등에 심각한 어려움을 겪게 됩니다. 극단적인 경우, 사이코패스가 되기도 합니다.

다행히 우리의 뇌는 죽을 때까지 계속 변화하는 가소성이 있는 기관입니다. 영유아기의 경험이 중요하지만, 아동기, 청소년기, 청년기의 경험은 물론이고 심지어 노년기의 경험도 두뇌 회로를 새롭게 구축할 수 있음이 연구 결과로 밝혀졌습니다.

지금까지 우리는 조상의 유전자를 물려받은 DNA와 IQ, 영유아기에 형성되고 죽을 때까지 변하지 않는다는 성격, 상과 벌로 행동을 다스려야 한다는 행동주의 철학을 믿었습니다.

멘델의 유전학은 1900년에, IQ는 1902년에, 존 왓슨의 행동주의 (Behaviorism)는 1918년에, 프로이트의 정신분석은 1900년대 초반에 등장했습니다. 지난 100년간 세상을 지배해 온 개념들입니다.

그러나 2000년 전후로 새로운 이론과 개념들이 대거 등장했습니다. 1995년에 IQ와 대조되는 개념으로 EQ(정서지능)가 등장했고, 1998년에는 마틴 셀리그먼 박사가 인간의 부정적이고 병든 부분보다는 긍정적이고 번영하는 면을 연구하는 긍정심리학(Positive Psychology)이 미국심리학회의 주요 연구 주제가 될 것이라고 선포했습니다.

2000년대 들어서는 행동 수정이나 개인의 정신분석 대신 관계 치유에 초점을 맞춘 심리상담이 주목받기 시작했고, 2010년 10월에는 후성유전학(Epigenetics)이 《타임》지 표지 기사로 실렸습니다.

많은 연구 결과들이 정서의 중요성을 강조하고 있고, 아이가 어릴수록 정서를 보살피는 것은 더욱 중요하며, 심지어 태아에게도 부모의 정서적 환경과 안정은 두뇌와 심신 발달에 중요하다는 사실을 알려주고 있습니다. 정서의 시작은 부모와의 연결이며, 학습 또한 부모나 교사와의 긍정적 상호작용을 통해 최적화된다고 말합니다.

이런 새로운 연구들은 한결같이 중요한 메시지를 전해주고 있습니다. 첫째, 인생의 성공과 행복은 금수저냐 흙수저냐로 결정되지 않는다는 사실입니다. 어떻게 태어나느냐가 아니라 어떤 관계 속에서 양육되느냐가 중요합니다. 부모의 충분한 보살핌과 지지를 받으며 안정된 애착 속에서 커야 세상을 살아가는 데 필수인 기본 신뢰감이 형성됩니다.

둘째, 아무리 생애 초기에 정서적으로 불리한 상황에 놓여 있었어도 회복이 가능하다는 사실입니다. 애착손상을 회복하는 방법과 재연결하는 방법도 개발되었습니다. 그러니 예방할 수도 있고 재활도 가능합니다.

정서적 수저의 색깔은 영원불변이 아닙니다. 오늘부터 바뀔 수 있습니다. 일체유심조(一切唯心造), 즉 모든 것은 마음먹기에 달렸다고 합니다. 매일 먹는 음식이 내 몸의 모양과 상태를 만들듯이, 내가 오늘 어떤 마음을 먹느냐에 따라 나의 정서와 시각이 달라집니다.

이러한 새로운 연구에 의해서 인간발달학, 심리학, 교육학에 근본적인 변화가 일어나고 있습니다. 요컨대, 우리 모두 애착손상에서 회복될 수 있고, 정서적 금수저가 될 수 있습니다.

'행복씨앗'을 심자

저희는 모든 사람들은 '행복씨앗'을 품고 태어났다고 믿습니다. 성숙한 부모는 아이의 행복씨앗을 잘 가꾸어주어 행복꽃이 활짝 피어날 수 있도록 돕습니다. 설혹 어려서 그런 복을 누리지 못하여 마음이 삭막한 모래밭이 되었더라도, 스스로 혹은 함께 마음을 회복하고 행복씨앗을 되살려서 행복꽃을 피울 수 있습니다.

이 책은 정서적 흙수저의 비극을 설명합니다. 애착손상이 얼마나 위험한지를 우리 사회에 알리는 것이 이 책의 가장 큰 목표입니다. 애착손상과 이로 인한 발달 트라우마 후유증에 대한 방대한 연구 결과를 소개합니다. 문제를 제대로 이해해야 해결책이 보이기 때문입니다.

그다음에는 정서적 금수저로 살아갈 수 있는 과학적 연구에 기반한 방법을 알려줍니다. 애착손상이나 발달 트라우마를 예방하는 차원에서 어른이 아이를 어떻게 키워야 하는지에 대한 구체적인 방법들을 소개합니다.

여기서 어른은 부모만을 뜻하지 않습니다. 아이는 부모 외에 수많은 어른들을 통해 양육됩니다. 조부모, 친인척, 어린이집 보육교사, 유치원 교사, 초·중·고 교사, 학원 강사 등이 아이들에게 직접 영향을 미치고, 정부의 정책 입안자들도 아이의 양육 환경에 엄청난 영향을 미칩니다.

기업의 CEO와 임원들이 직원들의 생태계를 얼마나 잘 돌봐주는지도 직원들의 자녀 양육에 적지 않은 영향을 줍니다.

따라서 어른들 모두가 애착손상이 무엇이며, 개인 차원만이 아니라 사회 차원에서 얼마나 큰 손실을 일으키는 문제인지를 알고, 어떻게 해야 예방할 수 있는지를 알아야 합니다. 이미 애착손상을 입은 사람들이 스스로 회복하는 방법도 있습니다만, 그것은 이 책의 범위를 훨씬 넘기 때문에 다음 기회에 소개해 드리겠습니다.

모두가 정서적 금수저가 될 수 있도록 서로 도와서 우리나라가 정서적으로 부유한 나라가 되길 바랍니다. 애착은 사랑의 시작이고, 애착의 결과는 행복입니다. 돈과 명예가 아니라 안정된 애착이 사랑을 행복으로 연결해 줍니다.

애착은 행복씨앗입니다. 이 책을 통해서 독자 여러분께 행복씨앗을 가꾸는 방법을 전해드립니다. 그리고 그 씨앗이 행복꽃을 피울 수 있도록 길을 안내하겠습니다. 지금부터 그 여정을 시작해 볼까요?

2018년 1월

최성애, 조벽

차례

3장 심리적 뿌리를 내리지 못하는 아이들

4장 사람의 일생에 영향을 미치는 발달 트라우마

7장 건강하고 행복한 미래를 위해 우리 사회가 나아가야 할 길

＊일러두기

1. 본문에 실린 사례의 인물들은 모두 가명으로 표기했고, 사례자의 사생활이 보호될 수 있도록 몇 가지 사항을 변경했습니다.

2. 이 책은 최성애 박사와 조벽 교수의 공저이나 본문에서 이에 대해 별도로 구분하여 표기하지 않았습니다.

1장

대한민국을 뒤흔드는
금수저, 흙수저 신드롬

잘사는 나라의
마음이 가난한 아이들

　　제가 애착손상과 정서적 금수저에 관심을 갖게 된 계기는 미국 유학 당시 목격한 한 광경 때문이었습니다. 그때는 1979년으로, 한국은 아직 가난한 나라였고, 미국은 굉장히 잘사는 나라였습니다. 제 눈에 미국인들은 모두 금수저로 보이던 시절이었습니다.

　　세계 최대 부국 미국에 도착한 바로 다음 날 저는 하버드 대학교를 방문했고, 하버드 광장에서 예기치 못한 장면을 맞닥뜨렸습니다. 다름 아니라 초라한 청년들이 거리에 앉아서 구걸을 하고 있었습니다.

　　길게 기른 머리는 오랫동안 빗지 않은 듯 엉켜 있었고, 수염은 깎지 않아서 지저분하게 길었습니다. 복장도 불결했고, 냄새까지 났습니다. 게다가 눈동자는 초점을 잃고 흐릿하게 풀려 있었습니다.

저는 무척 놀랐습니다. '미국에 청년 거지가 있다니?' 이것이 첫 번째로 놀란 점이었고, 두 번째로 놀란 것은 그런 사람이 한둘이 아니라는 사실이었습니다. 세 번째로 놀란 것은 지나가는 사람들이 그들에게 별로 관심을 안 보인다는 것이었습니다.

당시 한국에도 거지가 있었지만 어린아이들이나 오갈 데 없는 노인들이 대부분이었고, 대개 정신이 온전했고 굶주림을 채우겠다는 목표가 뚜렷했습니다. 그런데 미국에서 본 청년 거지들은 좀 달랐습니다. 목표나 방향의식이 없어 보였고, 혼자 계속 중얼거리거나, 몸을 웅크린 채 괴로워하거나, 멍하니 넋을 놓고 있었습니다.

'이렇게 잘사는 나라에서 왜 저런 젊은이들을 먹이고, 재우고, 돌봐주지 않을까?' '저 젊은이들은 가족이 없나?' '저들은 어쩌다 저렇게 길거리에 나앉을 정도가 되었을까?' 그들을 보면서 제 머릿속에 떠오른 의문이었습니다.

금수저로 태어났지만 정서적 흙수저가 되다

이런 의문은 이후 26년간 미국의 뉴욕, 시카고, 캘리포니아, 미시간 등 여러 지역에서 공부하고 결혼하고 아이들을 키우고 대학에서 학생들을 가르치는 과정에서 서서히 풀렸습니다.

놀랍게도 미국의 거지들 중에는 부모가 대기업 임원인 사람도 있었고, 할리우드의 유명 인사나 명문가의 자녀들도 있었습니다. 금수저들이라고 할 수 있지요. 물론 중산층과 빈곤층의 자녀도 많았습니다. 요컨대 미국의 청년 거지들이 그렇게 된 것은 부모의 사회적 지위나 재산, 학력 등과는 무관한 듯했습니다. 그렇다면 도대체 왜 그들은 거지가 되었을까요?

거리에서 구걸하는 미국 사람들 중에는 단지 돈이 없는 게 아니라 정서적으로 파산한 이들이 많고, 몸과 마음에 깊은 병을 지닌 채 알코올이나 마약에 의존하는 사람들도 많습니다. 길에 나앉지는 않더라도 마약 중독 치료소나 감옥에 갇혀 있는 사람들도 많습니다.

이런 정서적 빈곤은 유럽에서도 흔히 보았습니다. 몇 해 전에 오스트리아에서 마주한 광경입니다. 비엔나의 한 깨끗한 공원에서 산책을 하다가 벤치에 누워 있는 금발 머리 소년을 보았습니다. 멀리서 보았을 때는 요한 슈트라우스의 음악이 어디선가 흘러나올 듯한 평화롭고 풍요로운 왈츠의 도시 비엔나의 분위기와 잘 맞는 아름다운 소년이 음악과 자연에 취해 잠들어 있는 것 같았습니다.

그런데 가까이 가서 보니 소년은 마약에 취해 몽롱한 상태였습니다. 문신이 그려진 팔에는 주사 자국들이 선명했습니다. '학교에 있어야 할 시간에 이 소년은 어쩌다 마약에 빠져 혼자 여기서 이러고 있는 걸까?'

그 소년에 대한 안타까움이 채 가시기도 전에 서너 명의 십 대 소녀들이 담배를 피우며 술병을 들고 비틀거리며 지나가는 것이 보였습니다. 짙은 눈화장에 귀, 코, 혀에 링을 주렁주렁 단 모습이었습니다. 이들 또한 행복과는 거리가 먼 정서적 흙수저들이었습니다.

비록 부유한 나라에서 금수저로 태어났어도 정서적 흙수저가 되어 실패와 불행으로 치닫는 인생을 살 수 있습니다. 무엇이 그들을 정서적 흙수저가 되어 방황하게 만드는 걸까요?

정서적 빈곤에
시달리는 대한민국

　　잘사는 나라에서 정서적으로 빈곤한 청소년들의 모습은 요즘 우리나라에서도 자주 볼 수 있습니다. 한국은 전쟁 직후인 1953년에 국민소득이 67달러로 세계 최극빈 국가 중 하나였습니다(당시 전 세계 109위). 이후 60여 년간 국민소득이 무려 400배 증가하여 경제 규모가 세계 12위로 오를 정도로 단기간에 고도성장을 이뤘습니다.

　　그러나 이렇게 잘살게 된 요즘 우리나라의 아동과 청소년들의 행복도는 OECD 국가 중 8년 연속 최하위입니다. 청소년 우울증과 자살률도 최고 수준입니다. 왜 그럴까요? 단지 학업 스트레스 때문만은 아닐 것입니다.

　　밤 11시 이후 지방 중소도시의 역이나 터미널 근처에 가면 교복을 입은 남녀 중·고등학생들이 짙게 화장을 하고 술과 담배와 휴대전화를 들고 웃거나 껴안고 있는 모습을 흔히 볼 수 있습니다.

그들의 부모들은 자녀가 학원에서 열심히 공부하고 있을 거라 믿고 있을지도 모릅니다. 아이들과 대화를 나눌 시간은커녕 제대로 얼굴을 마주할 시간도 없이 밤늦게까지 일하고 있을지도 모릅니다. 자녀 교육에서 가장 시급한 것은 입시 교육을 위한 경제적 지원이라 생각하고 그에 최우선 순위를 두었을 수 있기 때문입니다

최근에 육아정책연구소가 펴낸 『한국인의 부모됨 인식과 자녀양육관 연구』라는 책에는 20~50대 성인 1,000명을 조사한 결과가 나옵니다. 그에 따르면, '좋은 부모가 되기 위한 덕목' 1위로 경제력(21.8퍼센트)이 꼽혔습니다.

이어서 자녀와의 소통(18.8퍼센트), 인내심(18.7퍼센트)이 2, 3위를 차지했습니다. 바람직한 부모가 되는 데 가장 큰 걸림돌 1위 역시 경제력(33.1퍼센트)으로 조사되었습니다.

이 조사 결과처럼, 돈이 부모의 가장 큰 덕목이자 좋은 부모가 되는 데 가장 큰 걸림돌일까요? 그렇다면 미국에서 연봉 수십만, 수백만 달러를 받는 대기업 간부, 정관계의 고위직 종사자, 할리우드 스타 등 유명인의 자녀들이 과연 돈이 없어서 마약 중독이나 범죄 등 각종 문제를 일으키고 정신질환으로 고통받는 것일까요? 또 돈이 문제라면 오스트리아 같은 복지 선진국에서는 왜 청소년들이 정서적 흙수저가 되어 방황하는 것일까요?

이런 의문에 대한 근본적인 답은 영국 케임브리지 대학교에서 의학과 심리학을 전공한 애착 연구의 선구자 존 볼비(John Bowlby) 박사가

끈질기게 파고든 결과에서 찾을 수 있습니다.

제2차 세계대전 무렵부터 70여 년간 존 볼비 박사를 비롯하여 영국, 캐나다, 미국의 심리학자들과 아동발달학자들이 방대한 연구를 통해 중요한 사실을 알아냈습니다. 그 답은 바로 '애착' 문제였습니다.

그들에게 없는,
가장 중요한 한 가지

하버드 대학교 정문 앞에서 보았던 청년 노숙자들, 비엔나 공원에서 마약에 취해 있던 소년, 이성과 밤늦게까지 유흥가를 돌아다니는 한국의 미성년자들, 게임 중독에 빠진 아이들은 부모의 사회경제적 수준과는 무관하게 한 가지 공통점이 있습니다. 어릴 때 안정적인 애착이 결여되었다는 사실입니다.

애착이란 무엇일까요? 존 볼비 박사와 그 동료였던 발달심리학자 메리 에인스워스(Mary Ainsworth) 박사의 정의에 따르면 애착이란 '사람과 사람을 연결하는 시간과 공간을 넘어선 깊고 지속적인 유대감'을 뜻합니다.

볼비에 의하면 양육자와 아이 사이의 애착은 아이의 안정·안전·보호에 대한 욕구의 토대 위에서 이루어집니다. 예를 들어, 아기는 배가 고프면 울면서 젖을 달라고 요구합니다. 그 요구에 양육자가 잘 응해주면 애착 관계가 형성됩니다. 또한 놀라거나 무섭거나 슬플 때처럼 아이에게 누군가의 정서적 돌봄, 위로, 공감적 이해가 필요할 때 친절하고 인내심 있게 대해주는 어른을 아이들은 믿고 따릅니다. 애착이 형성되는 것입니다. 아이와 함께 재미있게 노는 것도 애착 형성의 주요소입니다.

애착은 엄마 아빠만이 아니라 아기를 돌봐주며 아기와 상호작용하는 사람이라면 누구와의 사이에서도 형성될 수 있습니다. 조부모, 고용된 돌보미와의 사이에도 애착은 형성될 수 있습니다. 섬세하고 반응적인 양육자에 의해 아기는 '안전 기지'를 구축할 수 있고, 그 안전 기지를 토대로 세상을 탐색할 수 있습니다.

잠에서 깨어 눈을 떴을 때 주위에 아무도 없으면 아기는 공포와 불안감을 느낄 수 있습니다. 아기는 혼자서는 생존할 수 없기에 보호자가 옆에 있어야 안심이 되기 때문이지요. 특히 배가 고프거나 어딘가 아프거나 무섭거나 할 때 아이들은 혼자서 문제를 이해하거나 해결할 능력이 없습니다. 그래서 돌봄이 필요한데, 이럴 때 아무도 곁에 없거나 있어도 도움을 주지 않거나 되레 야단을 친다면 아이는 버려진 느낌과 불신감을 느끼게 되고, 스스로를 무가치하고 나쁜 존재라고 여기게 됩니다.

이것은 매우 고통스런 기분입니다. 이런 일이 영유아기에 반복될 경우 아이의 뇌에서는 어떤 일이 벌어질까요? 최신 뇌 연구에 따르면 영유아기의 반복적이고 지속적인 스트레스는 자율신경계에 손상을 줄

만큼 뇌의 편도체, 해마, 시상하부, 뇌하수체, 부신피질 등의 구조와 기능에 이상을 일으킬 수 있다고 합니다.

위기 상황에 처했을 때나 중요한 욕구가 있을 때 돌봄을 기대한 대상(부모 등 양육자)으로부터 외면당하거나, 거부당하거나, 버림받은 상처를 '애착손상'이라고 합니다.

애착손상을 입으면 사람에 대한 믿음이 낮아지고 결국 사람에게 버림받을 거라는 생각을 갖게 됩니다. 그리고 머릿속에 불신, 불안, 두려움으로 이루어진 내적 도식(schema)이 자리 잡게 됩니다. 그러면 이후에 부모, 친구, 연인, 배우자 등 친밀한 관계에서 일상적인 거절이나 거부를 당해도 자신의 존재 자체에 대한 거부나 무시로 여길 수 있고, 그 사람을 잠시 보지 못해도 영원히 버려질 것 같은 절망과 두려움을 느낄 수 있습니다.

이처럼 마음에 부정적 감정이 꽉 차 있으면 결국 부정적 생각이 머리를 채웁니다. 부정적 '인생 대본'이 생겨나는 것입니다. 인생 대본이란 마치 영화의 대본처럼 자기 삶의 등장인물, 대사, 테마, 플롯, 결말 등을 만들어가는 생각의 패턴이자 삶의 기본 도식입니다.

'아무도 나에게 관심이 없어' '내가 할 수 있는 건 없어' '어차피 나는 안 돼' '해봤자 소용 없어' '세상은 차갑고 무서워'. 이러한 인생 대본을 갖고 있다면 해보지도 않고 포기하는 실패자가 됩니다.

본인의 미래에 대해 절망적으로 생각하고, 부정적으로 미래를 예측하고, 미리 판단하고 주저앉는 사람이 바로 정서적 흙수저입니다. 애착손상은 정서적 흙수저가 될 확률을 높입니다.

정서적 빈곤은
수많은 문제 행동을 낳는다

정서적 빈곤은 다양한 형태의 문제 행동으로 이어집니다. 유치원 생활에 적응하지 못하고 매일 울고 매달리는 어린아이, 게임과 폭력에 중독되고 집단 폭력 등 일탈 행동을 일삼는 청소년, 기관총을 들고 탈영하는 관심병사, 헤어지면 죽겠다며 협박하는 남자 친구, 욱하고 치밀어 오르는 감정 때문에 매일 싸우는 부부, 더 이상 같이 살 이유가 없다면서 황혼이혼을 하는 노부부…….

이처럼 정서적 흙수저의 모습은 인간의 발달 단계상 어느 시기에 나타나는지도 다르고, 어떤 모습으로 나타나는지도 사람마다 다릅니다. 하지만 공통점이 하나 있습니다. 바로 애착손상이 원인이라는 사실입니다(나중에 설명하겠지만 애착손상은 성인이 된 후에도 입을 수 있습니다).

더 무서운 사실은 이런 증상들이 서로 맞물려 있어서 한 문제가 다른 문제로 이어질 수 있다는 점입니다. 예를 들어, 유치원 시절에 유난히 부모와 떨어지기를 불안해하던 아이가 초등학교에서는 수업에 집중을 못하고, 중학교 때는 왕따나 폭력의 대상이 되고, 고등학교에 가서는 자퇴하고 게임 중독에 빠지는 식입니다.

'중학생 아이가 폐인이 돼가요'

한 엄마가 중학생 아들을 데리고 상담실을 찾아왔습니다. 성준(16세)이는 초등학교 때 왕따를 당한 후 학교생활에 적응하지 못해서 호주에 사는 친척집에서 지내며 유학 생활을 했습니다. 그러나 호주에서도 적응하지 못해서 결국 2년 만에 한국으로 돌아왔습니다. 귀국 후 성준이는 거의 아무것도 하지 않고 낮에는 자고 밤에는 자기 방에서 컴퓨터만 했습니다.

성준이는 원래 잘 울거나 보채지 않는 순둥이였는데 유치원에 다니면서 심하게 울고 징징거렸습니다. 초등학교에 들어간 후에는 얌전하고 조용해졌습니다. 부모는 아이가 조금 소심하다는 정도로 대수롭지 않게 여겼습니다. 그런데 초등학교 4학년 때부터 틱 장애가 시작되었고, 또래들로부터 왕따를 당하기 시작했습니다.

대개 초등학교 고학년 정도 되면 아이들은 무리를 지어 놉니다. 그런데 성준이는 아무 그룹에도 속하지 못했습니다. 그러다가 6학년 때 학교 폭력을 당하고 나서 호주로 떠나 중학교 때부터 유학 생활을 했습니다. 그러나 아이가 마약을 소지한 것이 발각되며 친척들은 급히 성준이를 한국으로 돌려보냈습니다.

성준이 어머니는 아이가 왜 이 지경이 되었는지 모르겠다며 연신 한숨을 쉬었습니다. 부모는 아이를 위해 열심히 일하면서 살았는데, 동네도 괜찮고 가정환경도 평범한데, 아이가 유별난 것도 아닌데, 어쩌다가 이런 문제가 생긴 건지 도무지 알 수 없었습니다.

아이 두뇌에 문제가 생긴 건지, 마약에 손을 댄 이유는 무엇인지, 단순한 호기심으로 치부해도 되는지, 게임 중독은 일시적인 것인지, 사춘기를 잘 넘기면 정상 생활로 돌아올 수 있을 것인지, 이러다 더 큰 문제가 생기지는 않을지 너무 걱정되었습니다.

성준이 어머니가 크게 걱정할 만합니다. 성준이의 부모는 맞벌이 교사입니다. 교사로서 학교에서 성준이처럼 게임 중독에서 헤어나지 못하는 학생들을 흔히 보고, 그 아이들의 미래가 밝지 않다는 것을 너무 잘 알기 때문입니다. 게임 중독은 술, 담배는 물론이요, 심지어 포르노 중독으로 이어지는 경우도 보았으니까요. 공부는 뒷전이 되고, 학습 미달에 이어 학업을 중단하는 경우도 있습니다.

그보다 더 겁나는 것은 이런 아이들이 부모나 교사의 지도를 거부한채 홀로 길을 잃고 방황할 확률이 높다는 사실입니다.

무엇이 문제일까요? 저는 이런 아이들에게 행동장애, 불안장애, 성격장애 같은 '장애' 진단을 내리지 않습니다. 그 대신 그런 증상이 나오기까지 그럴 만한 원인이 있을 것이라 생각하고, 그 원인을 아이의 기질과 발달 단계 그리고 양육 환경에서 찾습니다.

성준이 부모님은 아이를 생후 2개월 때부터 가사도우미에게 맡겼습니다. 그 후 가사도우미가 여러 번 바뀌었습니다. 애착손상이 생길 수 있는 가장 흔한 상황 속에서 자랐던 것이지요.

'아내가 폭력적이에요'

두 번째 사례는 이혼을 고려하는 젊은 부부입니다. 혜선 씨는 34세의 전업주부이고 남편은 38세의 의사입니다. 혜선 씨는 대학원까지 나왔지만 부모님의 권유로 취업을 하지 않고 결혼을 위해 선을 보았습니다. 여러 가지 조건이 잘 맞아서 양가의 축복 속에 결혼을 했으나, 첫 아이를 임신한 직후 갑자기 갈등이 심해져 6년 만에 이혼 지경에 이르렀습니다.

상담실에 들어선 아내의 얼굴에는 분노와 슬픔이 보였고, 남편의 표정에서는 절망이 보였습니다. 남편의 입장에서 문제는 임신 초기에 시작되었다고 합니다. 아내가 느닷없이 아기를 지우고 싶다고 했습니다. 입덧이 유난히 심하긴 했지만 아내가 그런 생각을 하리라고는 남편은 꿈에도 생각하지 못했습니다. 그 후로 아내는 무척 예민해졌고, 남편은 가급적 아내를 피했습니다.

출산 직후 남편이 학회에 다녀온 후로 부부 갈등이 악화되었습니다. 아내는 시종일관 냉랭했고, 툭하면 화를 내며 쏘아붙이다가 갑자기 대화를 끊었습니다. 약간 논쟁만 해도 바로 헤어지자고 극단적으로 반응했습니다.

초기에는 산후우울증 정도로 여겼지만, 증상이 점차 심해지면서 아내의 심리적 불안 상태는 언어 폭력만이 아니라 물리적 폭력을 휘두를 정도로 심해졌습니다.

남편은 갑자기 돌변한 아내를 도저히 이해할 수 없었습니다. 출산시에는 산후조리원에서 최고의 돌봄을 받았고, 지금은 집에 가사도우미가 있어서 생활이 별로 힘들 게 없습니다. 자신이 나쁜 술버릇이 있거나, 외도나 도박을 하는 것도 아니고, 매일 집과 병원을 오가며 성실하게 일한 게 전부인데 아내가 자신을 이토록 공격하고 혐오하고 외면하는 이유를 알 수 없었습니다.

더욱 견디기 어려운 것은 아내가 아무 죄 없는 딸마저 미워한다는 사실입니다. 이런 상태가 4년이나 지속되자 결혼이 후회되고 행복한 부부 관계와 가정에 대한 희망이 사라져버렸습니다. 하지만 겨우 네 살 된 딸이 걱정되어 이혼을 망설이고 있었습니다.

한편, 아내의 입장은 매우 달랐습니다. 아내가 느끼기에 남편은 일밖에 모르고 출산과 양육이 얼마나 힘든지는 전혀 모르는 이기적이고 무심한 사람이었습니다. 아기가 태어난 지 이틀 만에 해외 출장을 간 사람이 뭘 잘했다고 그러는지, 목소리도 듣기 싫고 꼴도 보기 싫었습니다.

자신은 결혼을 위해서 취업도 포기했는데 남편은 어떻게 그럴 수 있는지 생각만 해도 화가 났습니다. 남편이 자기를 여자로 보는지, 사랑한 적이 있기나 한지 알 수 없었습니다. 그런 남자를 어떻게 믿고 살 수 있을지 자신이 한심하고 불쌍했습니다.

혜선 씨가 이렇게 민감하게 생각하게 된 데는 어떤 이유가 있을까요? 혜선 씨의 부모님은 두 분 다 전문직에 종사했는데, 유학 중에 혜선 씨가 태어나자 생후 10개월 때 한국으로 보내 초등학교 4학년 때까지 외할머니에게 맡겼다고 합니다. 어쩌다 한 번씩 보는 부모님은 늘 바빴고,

학회와 연수 등으로 외국에 갈 때도 많았다고 합니다.

혜선 씨에게 부모님은 늘 '가까이 하기엔 너무 먼 당신'처럼 느껴졌습니다. 초등학교 5학년 때 부모님과 함께 살게 된 혜선 씨는 부모님의 관심을 받기 위해서는 공부를 잘해야 한다고 생각했고, 그래서 중·고등학교 때는 '공부벌레'같이 살았다고 합니다.

부모님과의 사이에 정서적 대화는 없었고, 오로지 학업과 진로에 대한 잔소리를 듣거나 야단을 맞으면서 공부한 기억밖에 없습니다. 덕분에 성적은 좋았지만 부모에게 칭찬 한 번 듣지 못했습니다. 그래서 어머니에 대한 좋은 기억이 없습니다. 사실 어머니가 가시덩굴처럼 느껴진적도 있다고 합니다.

사랑도 인정도 지지도 받지 못한 것 같아서 늘 허전하고 힘이 없고 불안했습니다. 세련되게 말을 하지만 높고 붕 떠 있는 목소리 톤에서 불안감이 나타났고, 몸동작에서 불안정감과 부자연스러움이 묻어났습니다. 공허감과 낮은 자아개념으로 만성 우울증이 있었습니다. 감정 기복의 폭이 크고, 세상이 자기 기대에 어긋날 때면 참지 못하고 폭발했습니다. 이는 애착손상의 후유증으로 보는 경계선적 성격장애의 전형적인 모습입니다.

'아이가 표정이 없어요'

세 번째 사례는 혜선 씨의 네 살짜리 딸 연아입니다. 네 살 정도의 여자아이라면 한창 재롱을 피우고 조잘거리고 귀여운 행동을 합니다. 호기심도 많아 장난도 치고 이것저것에 관심을 보이는 시기입니다. 그러나 연아는 달랐습니다. 일단 얼굴에 표정이 없었습니다. 멍하고 생기가 느껴지지 않았습니다.

어휘력은 많이 부족했습니다. 말을 더듬는 게 아니라, 이미 알고 있는 단어가 제때 나오지 않았습니다. 그래서 말하는 게 많이 힘들어 보였습니다. 아직 소변을 가리지 못했습니다. 일 년 내내 콧물을 흘리고 기침도 자주 했습니다. 아토피로 피부과 치료를 받고 있지만 점점 더 심해지고 있었습니다.

연아는 또래 친구들과 잘 어울리지 못하고 어린이집 선생님들과도 잘 지내지 못했습니다. 특별히 보채거나, 아이들과 싸우거나, 뛰어다니며 어지르거나 하지는 않아서 큰 문제를 일으키지는 않았습니다. 하지만 무엇을 원하느냐고 물어도 답이 없고, 장난감을 보아도 시큰둥하게 관심을 보이지 않았습니다.

연아 아빠는 연아의 문제를 못 본 체하며 무관심으로 대했고, 딸을 대하는 엄마의 기본적인 태도는 못마땅함이었습니다. 연아를 쳐다볼 때면 엄마는 미간이 찌푸려졌습니다. 대화를 나눌 때는 말투가 차갑고 톡톡 쏘아댔습니다. 대화라기보다는 일방적 질책과 지시였습니다. 아이가 칭얼거리고 달라붙으면 귀찮아하면서 내쳤습니다.

이런 엄마의 표정과 어투가 연아에게는 익숙한 것 같았습니다. 별다른 반응을 보이지 않았습니다. 그러나 시종일관 엄마와 눈을 마주치지 않았습니다.

위의 세 사례는 각기 매우 다른 상황입니다. 사춘기 남학생 성준이,

30대 주부 혜선 씨, 그리고 네 살 연아. 그러나 이들이 겪는 문제의 핵심은 동일합니다. 근본적인 원인은 애착손상입니다.

애착손상은 앞으로 유행병처럼 번져서 전국을 강타할 질병이 될지 모릅니다. 너도 나도 피해가기 어려울 수 있습니다. 그 후유증은 다음 세대까지 악영향을 미칠 수 있습니다. 그래서 예방이 최고의 해법이며, 조기 발견과 적절한 치료 개입이 차선책입니다.

정서적 금수저로 회복하는 방법이 있지만 상당한 노력이 필요합니다. 태어날 아기를 위해서, 자라는 아이를 위해서, 그리고 부모 자신을 위해서라도, 나중이 아니라 지금 당장 대책을 세워야 합니다. 과거에는 무서운 병이었던 소아마비를 이제는 백신으로 예방하듯이 말입니다.

아이들이 정서적 금수저로 성장할 수 있도록 도와야 합니다. 그리고 우리 모두 정서적 금수저가 될 수 있도록 노력해야 합니다.

2장

애착손상
권하는 사회

영국의 보육 정책은
왜 실패했나?

      미국에서는 1940년대 후반까지 행동주의에 기초한 육아법이 대세였습니다. 한편, 당시 유럽, 특히 영국의 육아법은 프로이트 정신분석학의 영향을 많이 받았고, 빅토리아 식의 엄격하고 이성적인 육아법이 주류를 이뤘습니다. 이러한 사고방식이 가정만이 아니라 국가 차원에서 아동·청소년 보육과 복지 정책으로 실시되었습니다. 그러나 안타깝게도 이 정책들은 수많은 사람들을 불행하게 만들었습니다. 아무리 의도가 좋아도 결과가 나쁘면 실패한 정책입니다.

  이번 장에서는 먼저 서양의 사례를 짚어보고, 현재 우리나라의 상황을 보겠습니다. 과연 우리는 서양의 사례에서 무엇을 배워야 하는지, 실수를 재현하고 있는 건 아닌지 살펴보겠습니다.

영국의 아동 대피 프로젝트

제2차 세계대전 때 영국은 아동을 위한 특별한 보육 정책을 만들었습니다. 독일군의 집중 폭격에 취약한 런던 같은 대도시에 사는 어린아이들을 폭격이 덜한 농촌으로 대피시키자는 정책이었습니다. 이것이 그 유명한 영국의 아동 대피 프로젝트입니다. 아동 대피 프로젝트는 영국의 왕실, 정부, 전문가들이 뜻을 모아 실시한 아동 보호 정책으로, 영국의 미래를 짊어질 아이들을 보다 안전한 곳에서 전쟁이 끝날 때까지 무상으로 돌봐주자는 훌륭한 국가 정책으로 여겨졌습니다.

정부는 대대적으로 홍보했고, 부모들은 앞다투어 '애국적' 아동 대피 프로젝트에 동의하여 자녀들을 농어촌, 심지어는 영연방이었던 캐나다, 호주, 남아프리카공화국 등 해외로까지 피난을 보냈습니다. 기록에 따르면 도시 인구의 3분의 1 정도(약 375만 명)가 이 국가적 대피 프로젝트에 참여했고, 약 82만 7,000명의 학령기 아동과 수십만 명의 영유아들이 수개월에서 수년 동안 부모와 떨어져 낯선 가정이나 임시 보호소에 맡겨졌습니다. 이때는 아직 애착이라는 개념이 등장하기 전이었습니다.

그런데 전쟁이 끝나고 믿을 수 없는 진실이 드러나기 시작했습니다. 어른들의 좋은 취지와 달리 낯선 가정에서 낯선 양육자들(국가 지원의 단기 훈련을 받고 보모가 된 사람들)에게 맡겨졌던 아이들 중에는 병들거나 심지어 사망한 아이가 많았습니다. 집에 돌아온 후에도 아이들은 상당히 오랫동안 불안증, 우울증, 집중력 저하, 학습 곤란 등 많은 심리적·정서적 문제를 겪었습니다. 영유아들은 폭격 속에서라도 부모와 같이 있을 때 더 안전감을 느끼고 잘 견뎌냈던 것으로 밝혀졌습니다.

당시 세계보건기구(WHO)의 자문관이면서 영국의 타비스톡 인간관계 연구소 부소장이었던 존 볼비 박사는 대피 프로젝트로 인해 부모와 갑자기 헤어진 어린아이들의 심리적 고통과 문제를 수없이 목격했습니다. 그는 아무리 의도가 좋았다 하더라도 영유아들에게 양육자와의 갑작스런 결별은 심각한 정신적 트라우마로서 장기적 후유증을 남길 수 있다고 주장했습니다.

볼비 박사의 연구와 임상 경험은 제2차 세계대전이 종식된 후 여러 나라에서 전쟁으로 인해 부모와 헤어지게 된 난민 아이들의 문제를 조사하고 연구하는 과정에서 더욱 선명하게 드러났습니다.

하지만 당시 심리학의 주류였던 프로이트의 정신분석학계는 볼비 박사의 연구에 냉소적이고 회의적인 반응을 보였습니다. 정통 정신분석학에 따르면 아동의 신경증은 이드(id)와 같은 성적·공격적 충동이 도덕성 같은 사회적 압박에 의해 자유롭게 분출되지 못하기 때문에 생기는 무의식적 갈등에서 비롯된다고 보았기 때문입니다.

볼비 박사는 이런 해석이야말로 아이들의 기본 욕구와 본성을 이해하지 못한 어처구니없는 주장이라고 했습니다. 그는 아이가 피부 접촉, 눈 맞춤, 수유, 놀이 등을 통해 양육자와 직접 경험하는 친밀하고 안정적인 관계 속에서 정신 건강의 토대가 구축된다고 믿었습니다.

무상으로 아이를 돌봐줄 테니 나가서 일하세요

이처럼 아동 대피 프로젝트가 여러 문제를 낳았지만, 영국 정부는 학문적 논쟁에 관심을 가질 경황이 없었습니다. 많은 남성들이 전쟁에서 목숨을 잃거나 부상을 당함으로써 생긴 노동력의 공백을 메우기 위해서 여성들의 노동 참여가 절실히 필요했던 때여서 정부는 전후에도 전국적으로 영유아 무상 보육 정책을 확산시켰습니다.

만 5세 이하의 자녀를 둔 여성들에게 월요일부터 금요일까지 무상으로 아이들을 돌봐줄 테니 일터에서 국가 재건 사업에 동참할 것을 권장했습니다. 이 정책은 특히 중하층 가정에서 크게 환영을 받았습니다. 생계에 보탬이 되기 때문이었죠.

이러한 거대한 국민적 합의가 대세인 시절이었기에 볼비 박사의 주장은 국가와 부모들에게 쓸데없는 우려를 유발시킨다는 비판을 받았고, 심지어 '반애국적 계략'이라고 오해를 받기도 했습니다.

그러나 부모와 떨어진 영유아들의 스트레스와 고통을 보아온 볼비 박사는 아이들이 엄마를 기다리면서 집에 가기를 고대하는 동안 차차 '시들해지는' 과정을 동영상으로 담았습니다. 아이의 눈높이에서 겪는 경험을 어른들에게 보여주고자 한 것입니다.

예를 들어, 아침부터 분주한 엄마에게 이끌려 탁아소에 맡겨진 두 살배기 아이의 동영상이 있습니다. 엄마는 아이(조니)에게 "엄마 금요일 저녁에 올 테니까 그때까지 말썽 피우지 말고 선생님 말씀 잘 듣고 있어"라고 당부하고 뽀뽀를 한 후 떠납니다.

낯선 곳에 남겨져 어리둥절한 조니는 엄마를 따라가려 하지만 엄마는 이미 떠났습니다. 놀란 조니는 창에 붙어서 떠나는 엄마의 차를 향해 필사적으로 울부짖습니다. 보모가 다가와 달래보려 해도 거부하며 더욱 심하게 울고 창문을 두드립니다.

목이 쉴 때까지 엄마를 부르다가 몇 시간 후에 지쳐 잠시 깜빡 잠이 듭니다. 교사가 과자를 먹자고 해도 "싫어", 다른 아이들과 놀자고 해도 "싫어", 이렇게 모든 것을 거부하고 하염없이 창가를 바라보며 엄마가 돌아오기를 기다립니다.

하루 이틀 지나면서 조니는 우유와 과자도 먹고, 놀이에도 참여합니다. 어른들의 눈에는 적응한 것으로 보이게 된 것입니다. 하지만 볼비 박사는 이것으로 '적응 성공'이라는 결론을 내리지 않았습니다. 그는 섬세하고 예리한 통찰력으로 엄마와 아이의 재회 장면을 눈여겨 관찰했습니다. 닷새가 지난 금요일 저녁, 엄마가 아들을 보려고 탁아소에 돌아왔을 때 아이의 반응은 어땠을까요?

엄마는 일주일 내내 아들을 그리워하며 잘 있을까 걱정했습니다. 주말을 함께 보낸다는 생각에 기쁘게 달려와 아들을 안으려 했는데, 조니는 지난 월요일의 조니가 아니었습니다. 엄마를 보고도 달려가서 안기지 않고 흠칫 놀라더니 고개를 돌려 "싫어" 하고 거부했습니다. 엄마는 당황했습니다. 조니가 왜 엄마를 거부하는지 알 수 없었습니다.

볼비 박사는 갑작스레 부모와 결별하게 된 2~3세 아이들을 관찰한 결과, 처음에는 강하게 저항하다가(상실의 1단계인 저항 반응), 그래도 소용이 없으면 절망 상태에 이르고(상실의 2단계인 절망 반응), 결국 훗날 재회가 이루어져도 밀어내기를 하는(상실의 3단계인 거리두기 반응) 일련의 과정을 보았습니다.

왜 밀어낼까요? 버려짐의 고통(트라우마)을 다시 겪고 싶지 않기 때문입니다. 불에 덴 사람이 불을 피하듯, 외상을 다시 입지 않으려는 자연스런 경계심인 것입니다.

이후 조니는 어떻게 컸을까요? 조니와 엄마의 관계는 회복되었을까요? 조니의 결별 트라우마는 그냥 잊히고 묻혔을까요? 아니면 눈에 보이지 않는 깊은 상처로 남아 이후 조니의 삶에 큰 영향을 미쳤을까요?

볼비 박사는 영국의 아동 대피 프로젝트와 영유아 무상 보육 정책으로 애착 트라우마를 입은 아이들을 포함하여 수많은 아이들에게 50여 년간 애착 기반의 심리치료를 하면서 그 후유증이 무척 심각하고 오래 가며 다양하다는 것을 알았습니다.

심적 고통을 겪은 유아와 긍정적 경험을 한 아동

볼비 박사는 2차 세계대전 전후에 부모와 몇 달, 또는 몇 해 동안 떨어져 지낸 아이들이 죽음과 같은 고통을 겪는 것을 수없이 보았습니다. 실제로 아이들은 몸에 열이 나거나 토하거나 시름시름 앓았고, 감염이 쉽게 되고 아프면 잘 낫지 않아 사망에 이르렀습니다. 요즘은 심리면역학자(psychoimmunologist)들이 이런 증상을 스트레스로 인한 신체면역력의 약화라고 설명합니다.

이런 몸의 반응뿐 아니라 우울, 불안, 공포, 불신, 분노, 슬픔 등의 심적 고통은 신체적 학대를 당할 때 활성화되는 뇌 부위를 자극한다는 사실을 오늘날 뇌과학은 증명하고 있습니다.

당시는 뇌 촬영 기술이 발달하지 않아서 뇌 속을 실시간으로 들여다볼 수는 없었지만, 볼비 박사는 이후 반세기에 걸친 임상을 통해 여러 정신적·심리적 문제가 일어날 수 있다는 것을 알게 되었습니다. 그는 이를 애착의 관점에서 이해했고, 진화적으로 모든 포유류는 생존을 위해 양육자에게 먹이를 공급받는 것 외에 심리적 유대감과 안정감을 얻어야 생존율이 높다고 주장했습니다.

안타깝게도 애착손상을 입은 아동의 고통과 후유증에 대한 볼비 박사의 연구와 이론은 1970년대까지도 심리학의 주류에서는 별로 주목받지 못했습니다. 전쟁 중의 아동 대피 프로젝트는 '애국 정책'이라고 대중의 호응을 받았고, 어린아이를 낯선 농촌으로 떠나보내기를 염려하고 망설이는 부모들에게는 '히틀러가 아이들을 대피시키지 말라는 악마의 소리를 보내고 있다. 아이들을 시골로 대피시키는 것이 대영제국의 미래를 살리는 길이다'라며 국가 차원에서 설득했습니다.

실제로 아동 대피 프로젝트 덕분에 영국 도시에 살던 아동들 중에는 전원에서 새로운 가족과 환경, 좋은 친구들을 만나 긍정적인 경험을 한 경우도 적지 않았습니다. 그런데 이런 아이들은 영유아기에 이미 부모와의 사이에 안정적 애착이 이루어졌으며 새로운 환경에 무난히 적응할 정도로 준비가 된 초등학교 고학년이 대부분이었습니다. 즉, 정서적 금수저로 키워진 아이들이 새로운 변화를 반기고 즐겨서 더 크게 성장한 결과입니다.

2~3세 유아들은 언어적으로나 인지적으로나 상황에 대한 이해가 어렵고 막연한 공포와 불안감을 느낄 뿐 자신의 감정과 요구를 전달할 수 있는 방법도 매우 부족합니다. 이럴 때의 암묵적 기억과 감정적 혼란이 후유증을 오래 남기는 외상성 사건이 될 수 있음을 오늘날 학계에서는 인정합니다. 하지만 2차 대전 당시에는 이를 설득할 이론적 틀이나 과학적 연구 기술이 부족했습니다.

극단적 통제와 허용 사이에서
상처받는 아이들

　　제가 미국에서 공부할 때 살던 집 주인이었던 캐롤린은 당시 드물었던 동양인 유학생인 저를 보고 어느 나라에서 왔느냐, 어떤 공부를 하느냐 등을 물었습니다. 심리학을 공부한다고 하니 정색을 하면서 "심리학은 아무 도움이 안 된다. 심리학자들 말대로 하면 아이들 다 망가진다"라며 자신의 경험담을 들려주었습니다.

　　캐롤린의 아들이 두 살 정도 되었을 때 탈장 수술을 받게 되었다고 합니다. 그런데 의사들은 그녀에게 아들의 치료가 끝나는 일주일 후에 오라고 했습니다. 당시는 대부분의 소아과 병동에서 감염의 위험으로부터 아이를 보호하기 위해 부모의 방문을 엄격히 제한하던 때였습니다. '몸의 병'을 낫게 해주는 것을 의사의 본업으로 여겨서 병균에 대해서는 배웠지만 아동이나 보호자의 심리와 '마음의 병'에 대해서는 잘 모르던 때였지요.

캐롤린은 낯선 의사들이 무섭고 엄마 아빠와 떨어지기 싫어서 우는 아들을 안아주고 옆에 있어주고 싶었다고 합니다. 하지만 의사로부터 아이들은 오냐오냐 하면 버릇 없어지고 나약해지니 냉정해야 한다는 따끔한 훈계를 듣고 쫓겨나다시피 집으로 돌아왔다고 합니다.

캐롤린은 아이를 두고 나올 때 애처롭고 절박하게 엄마를 부르던 아이의 눈빛을 도저히 잊을 수가 없다면서 눈시울을 붉혔습니다. 일주일 후에 병원에 갔을 때 아들은 뭔지 모르게 달라져 있었다고 합니다. 이전처럼 품에 착 안기는 게 아니라 거리를 두고 엄마를 밀쳐내더라는 것입니다.

그 후에 걱정이 되어 심리치료사를 찾아갔더니, 아이가 달라져 보이는 것은 엄마 마음의 투사라면서 정신분석을 하는데, 답답하기만 하고 아들의 행동 변화에는 별 도움이 안 되었다고 합니다. 다른 아동 발달 상담사를 찾아갔더니 아이가 화를 내면 모른 척하고, 혼자 놀 때는 초콜릿이나 장난감으로 보상을 해주라고 말했다고 합니다.

상벌로 행동을 교정하려 하자 아이는 더욱 반항하고 거부했고, 힘든 아동기와 청소년기를 보낸 후 스무 살이 되어서도 부모를 불신하고 피한다고 했습니다. 캐롤린은 아들의 마음을 잃은 것 같아 속상하다며 눈물을 흘렸습니다.

고작 일주일의 결별이 정말로 이토록 오랜 후유증을 남긴 걸까요? 당시 아직 아이를 키워보지 않았고 심리학 초년생이었던 저로서는 고개가 갸우뚱해지는 주장이었습니다. 안타까운 캐롤린의 이야기를 들으면서 저는 그때 무엇이 문제인지 잘 몰랐습니다.

훗날 독일 뮌헨에서 열린 한 학회에 참석했을 때 그 궁금증이 풀렸습니다. 바로 그런 것을 '유아기 의료 외상(트라우마)'이라고 합니다. 신생아기를 비롯한 영유아기에 수술이나 입원 같은 의료 경험은 칼을 든 강도에게 유린당한 어른의 트라우마에 견줄 만큼 무섭다는 것입니다. 그때 느낀 공포와 불안 등의 감정은 아직 뇌가 다 발달하지 못한 상태여서 의식적으로 처리되지 못한 채 암묵적으로, 신체적으로 깊이 각인되어 훗날 비슷한 상황에서 공포, 무기력감, 분노 등을 촉발할 수 있습니다.

특히 의료 시술 과정을 믿을 만한 부모나 양육자 없이 혼자 겪을 때 아이들은 부모가 도와주지 않는다고 여기게 됩니다. 무엇보다 옆에 있어주기를 간청했지만 외면당했던 버려짐의 고통으로 부모에 대한 신뢰가 무너지고, 그 고통은 발달 중인 두뇌의 편도체와 해마에 공포, 분노, 절망, 좌절감, 무기력감 등의 감정으로 각인될 수 있는 것이지요.

억압적이고 기계적인 행동주의 육아법

캐롤린에게 심리치료사가 권한 방법이 행동주의 육아법입니다. 행동주의란 바람직한 행동에는 상(장난감, 초콜릿 등)을 주고, 바람직하지 않은 행동에는 벌(꾸지람, 무관심)을 줌으로써 아이의 행동을 수정하는 방법입니다.

행동주의 육아법은 미국에서 1920년대부터 제2차 세계대전이 끝날 때까지 상당히 유행했습니다. 상과 벌로써 동물과 사람의 행동을 학습시킬 수 있다고 굳게 믿었던 행동주의의 신봉자 존 왓슨(John Watson)의 육아법에 따르면, 아기 때부터 제대로 '길들이려면' 아기의 울음이나 요구에 응하지 말고 냉정하고 엄격하게 권위적으로 '다뤄야' 한다고 했습니다.

수유는 어른의 시간표에 따라 해야지 아기가 울 때마다 젖을 주면 안 되고, 자주 안아주면 '버릇이 나빠지고 아이를 망친다'고 했습니다. 아기의 정서적 요구는 아기가 어른을 조종하는 교활한 술책이므로 묵살해야 하고, 되도록 스킨십을 하지 말고 울어도 모른 체해야 아기에게 휘둘리지 않을 수 있다고 했습니다. 아기는 작은 어른에 불과하며, 독립적으로 키우기 위해 아기 때부터 부모와 따로 재워야 한다고 했습니다.

한때 이런 왓슨 식 양육법은 미국에서 큰 환영을 받았습니다. 핵가족을 이룬 부부는 수면에 방해를 받지 않도록 아기를 따로 재우고, 어른의 스케줄에 맞춰 수유를 하고, 자주 안아주지 않고 거리를 두고 엄격히 길들여서 빨리 독립시키는 것이 합리적이라고 여겼을지 모릅니다. 또 그것이 아이를 씩씩하고 독립적으로 잘 키우는 방법이라고 믿고 싶었을 것입니다. 하지만 결과는 어땠을까요?

멀리 갈 필요 없이 자신이 주장한 양육 방식대로 엄격히 키웠던 왓슨의 자녀들을 봅시다. 왓슨은 두 번의 결혼으로 자녀 넷을 두었는데, 자녀들은 자살, 자살 시도, 알코올 의존증, 만성 위장병 등으로 모두 고통스러운 삶을 살았습니다.

왓슨은 첫 번째 결혼에서 딸과 아들을 낳았는데, 딸 폴리는 분노를 조절하지 못하는 알코올 의존증 환자로 여러 번 자살을 시도했고, 아들 존은 심히 무능력한 사람으로 아버지의 돈과 명성에 의존해 살면서 평생 위장병으로 고생하다가 궤양성 출혈로 사망했습니다. 왓슨은 이혼 후 두 번째 결혼에서 두 아들을 두었습니다. 그중 한 명은 40세에 자살했고, 또 한 명은 만성 위장병으로 고생했는데 아마도 아기 때의 엄격한 수유 스케줄에 따른 후유증이 아닌가 추정됩니다.

왓슨 가족의 비극은 여기서 멈추지 않습니다. 딸 폴리가 낳은 딸인 손녀 마리엣은 여러 가지 심리적 문제로 정신과 치료를 받았으며, 훗날 외할아버지의 양육 탓에 자신의 엄마와 자신뿐 아니라 수백만 명의 불행한 사람들이 생겨났다며 극단적 행동주의 양육법을 비난했습니다.

행동주의를 대표하는 또 한 명의 학자였던 B. F. 스키너 박사의 둘째 딸 역시 자살했습니다. 스키너 박사는 실험용 동물을 상자 안에 넣고 수많은 상과 벌로 행동을 수정하는 조건화 실험을 한, 그 유명한 '스키너 상자'를 고안한 인물입니다. 그는 자신의 딸들도 아기 때 이와 비슷한 상자 안에 넣어 키웠습니다. 갓난아기를 담요 등으로 포근히 감싸주지 않고 아기가 상자에 달린 끈을 잡아당겨 스스로 담요를 덮도록 '학습'시킨 것입니다.

이 모두가 금수저로 태어난 아이들이 정서적 흙수저가 되어 평생 불행하게 살다가 결국 삶을 비극적으로 마감한 안타까운 사례들입니다.

극단적 허용 육아법

이런 엄격하고 기계적인 행동주의 육아법에 반기를 들고 나온 것이 벤저민 스포크(Benjamin Spock) 박사의 육아법이었습니다. '엄마들은 자신이 생각하는 것보다 훨씬 더 많이 알고 있다'는 그의 주장은 베이

비붐 시대의 불안한 초보 엄마들에게 자신감을 주는 기쁜 소식으로 열 렬한 환영을 받았습니다. 더구나 스포크 박사는 예일 대학교와 컬럼비 아 대학교를 졸업한 엘리트 소아과 의사로 대중의 신뢰를 받았습니다.

아기는 부드럽게 다뤄야 하고 아기가 울 때는 즉시 안아주고 달래줘 야 한다는 스포크 박사의 양육법은 2차 세계대전 직후인 1946년에 책 으로 출간되자마자 각광을 받았고, 이후 반세기 동안 42개국에서 5천 만 권 이상 팔린 초대형 인기 육아 서적이었습니다.

그러나 이런 극단적 허용 육아법도 문제가 있었습니다. 아이들이 한 계를 모르고 하고 싶은 대로 하면서 60년대의 히피 같은 제멋대로의 자유주의자들을 양산했다는 비판을 받기도 합니다.

또한 이전에 중시했던 겸손과 겸양의 미덕보다 자화자찬의 나르시시 즘, 받는 것을 당연시하는 태도, 욕구의 즉각적 만족 추구, 미성숙한 자 기주장 등을 지나치게 조장한 것이 아닌가 하는 우려도 큽니다.

이후에 양육법은 아이는 너무 억압적으로 키워도 안 되고, 너무 느슨 하게 키워도 안 되며, 적절한 한계 안에서 정서적으로 안전하고 회복탄 력성 있게 키우는 것이 좋다는 '감정코칭'으로 발전했습니다.

아이는
접촉 위안이 필요하다

존 볼비 박사와 비슷한 시기(1945~1952)에 오스트리
아의 정신과 의사 르네 스핏츠(René Spitz) 박사가 실험을 통해 중요한
사실을 알아냈습니다.

이 실험에서는 보육사들이 생후 6~18개월된 아기들에게 분유, 기저
귀 갈아주기, 씻기기 등 기본적인 돌봄만 주고 눈 맞춤이나 안아주기
같은 정서적 돌봄은 주지 않았습니다. 그렇게 두 달이 지나자 걷던 아
기가 기어다니거나 손가락을 심하게 빨거나 하는 행동적 퇴행을 보였
고, 비명을 지르거나 흐느꼈습니다. 석 달 후에는 태아 자세로 웅크리거
나 엎드려 있는 등 특유의 병리적 자세로 누워 있었고 표정이나 행동이
경직되었습니다.

5개월 후에는 표정이 멍해졌고, 성장이 중단되었으며, 손가락을 눈앞에 바짝 대고 뒤트는 기이한 손동작을 하고, 앉거나 기어다니지 못했습니다. 6~7개월 후에는 회복이 불가능할 정도로 병리적인 행동을 보였고, 폐렴 등 감염성 질병에 걸렸으며, 전체 실험 대상 아동의 37.3퍼센트가 급속한 노화 증상을 보이다가 만 두 살 이전에 사망했습니다.

이 실험 결과는 전 세계에 큰 충격을 주었습니다. 정서적 돌봄의 박탈이 이 정도로 악영향을 미칠 줄 몰랐던 스핏츠 박사는 윤리적인 이유로 실험을 중단해야 할 정도였습니다. 이를 통해 확인된 것은 '사람은 빵만으로는 살 수 없다'는 말처럼 아기는 분유만으로 사는 게 아니라 '애정 어린 돌봄 속에 생명력이 살아난다'는 사실이었습니다.

갓 태어난 붉은털 원숭이들을 관찰한 해리 할로(Harry Harlow) 박사도 비슷한 결론을 내렸습니다. 출생 직후 어미에게서 분리한 새끼 원숭이들을 젖병이 있는 철사 모형의 어미와, 젖병은 없지만 부드러운 헝겊으로 된 모형의 어미가 있는 우리에 두고 관찰한 실험입니다. 과연 새끼 원숭이들은 어떤 모형의 어미에게 갔을까요?

새끼 원숭이들은 젖을 먹는 시간 외에는 대부분 부드러운 헝겊으로 된 모형의 어미 품에서 지냈습니다. 할로 박사는 이를 '접촉 위안(contact comfort)'이라고 불렀습니다. 특히 맹수의 소리를 듣고 놀랐을 때는 재빨리 헝겊으로 된 모형의 어미 품을 파고들며 위안을 얻고자 했습니다. 포유류의 정서적 유대감과 애착은 단순한 영양 공급만으로는 충족되지 않는다는 사실을 입증한 실험 결과입니다.

정서적 위로나 접촉을 박탈당한 채 철사 모형의 어미로부터 영양분만 공급받은 새끼 원숭이들은 무른 변을 보았고, 잦은 소화불량과 설사로 고생했습니다. 앞서 신체적 접촉과 정서적 돌봄을 최소화하는 행동주의 육아법의 신봉자 존 왓슨의 두 아들이 만성 위장병과 궤양성 출혈로 고생했던 것을 기억하시나요? 이러한 증상은 두 아들의 생모가 달랐기에 유전만으로 설명하기는 좀 어려울 것입니다.

정서적 위안이나 돌봄을 박탈당한 채 자란 원숭이들은 커서도 혼자 몸을 공처럼 웅크리고 있거나 엄지를 빠는 등 불안정한 모습을 보였고, 또래와 어울리지 못하고 종종 왕따의 표적이 되었습니다.

경제력을 최고 가치로 여기면서 돈을 많이 벌어서 잘 먹이고, 잘 입히고, 공부를 많이 시키는 것을 부모의 최고 덕목이라고 믿는 21세기 한국의 부모들에게 해리 할로 박사는 어떤 조언을 해줄까요?

할로와 동시대의 심리학자였던 메리 에인스워스 박사는 애착 유형 실험을 통해 '낯선 상황에서 유아가 보이는 행동'의 유형이 뚜렷이 구분되며, 이는 그때까지의 양육자와 아이의 애착의 질에 따라 다르다는 것을 밝혀냈습니다.

이후 메리 메인(Mary Main), 피터 포나기(Peter Fonagy) 등 수많은 연구자들이 영유아기의 안정적 애착은 건강한 심신 발달에 절대적으로 중요할 뿐 아니라 세대간에 대물림된다는 애착 이론을 발전시켰습니다.

애착육아에 대한 뜨거운 찬반 논쟁

연구자들의 관심사와 연구 결과가 대중에게 알려지기까지는 수십 년이 걸릴 때가 많습니다. 애착에 관한 연구들도 마찬가지입니다. 2012년

5월 21일자 《타임》지의 표지 사진은 대중의 관심을 끌었습니다. 표지는 한 여성이 네 살 된 자신의 아들에게 모유 수유를 하는 모습이었습니다. 제목은 '당신은 충분한 엄마인가?(Are You Mom Enough?)'였습니다.

하버드 대학교 출신의 소아과 의사인 윌리엄 시어스 박사는 아내이자 수간호사인 마사와 함께 여덟 명의 자녀를 낳아 키웠습니다. 이 기사에서 시어스 박사는 애착육아의 중요성을 강조했습니다. 특히, 영유아기에는 모유 수유를 할 뿐 아니라 자주 업어주고 잠도 같이 자면서 신체 접촉과 정서적 유대감을 충분히 주어야 아이들의 정서·인지·행동·사회성이 건강하게 발달한다고 말합니다.

맞벌이 부부, 장거리 부부, 이혼과 재혼으로 인한 한부모 가정이 많은 미국에서 이런 주장은 뜨거운 찬반론을 일으켰습니다. 영유아기의 애착 형성이 그렇게 중요한 것인지 알려줘서 고맙다는 찬사도 쏟아졌지만, 일하는 여성들에게 죄책감을 유발한다는 비난도 상당했습니다.

시어스 박사는 애착육아는 엄마와 아빠 두 사람이 함께 하는 것이 중요하며, 상황이 여의치 않다면 둘 중 한 명이라도 해야 한다고 말했습니다. 자신의 어머니도 이혼 후 홀로 자녀를 키웠지만 어려운 상황에서도 자녀들에게 신체 접촉과 애정 표현을 자주 해주었기 때문에 어머니의 진심 어린 애정을 느낄 수 있었다고 말하며, 애착의 질이 중요하다고 강조했습니다.

시어스 박사 자신도 여덟 명의 자녀 중 셋째 아이까지는 병원 일이 바빠서 함께 놀지 못했습니다. 하지만 까다롭고 손을 많이 타던 넷째부터는 퇴근하자마자 안아주고 아이의 요구에 적절히 반응하는 애착육아를 한 결과 아이들이 장성한 후에도 깊은 유대감과 애정을 느끼면서 아쉬움이 없다고 했습니다.

Y세대를 휩쓰는 유행병, 불안증

늘어나는 맞벌이 부부와 해체 가정, 그리고 이런저런 이유로 영유아기에 아이들에게 안정적인 애착을 형성하지 못한 결과가 이제 봇물 터지듯 터져 나오고 있습니다. 미국에서 ADHD로 진단받은 아이들은 2003년에 7.8퍼센트, 2007년에 9.5퍼센트, 2011년에는 11퍼센트로 꾸준히 증가하고 있습니다. 이들에게 소요되는 치료비는 2007년에 일인당 연간 1만 4,575달러(약 1,700만 원) 정도이고, 전체 치료비는 연간 420억 달러(약 45조 원)이며, 계속 늘고 있습니다.

미국심리학회(American Psychological Association)는 2004년 12월호 학회지 표지 기사로 '아이들의 정신 건강 문제는 유행병 수준이다'라는 내용을 심도 있게 다루었습니다. 2015년 영국의 《텔레그래프》지는 '불안증: Y세대(1980~2000년에 태어난 세대)를 휩쓰는 유행병'이라는 기사를 다뤘고, 영국 젊은 남성의 열 명 중 한 명이 공황장애를 겪는다고 했습니다.

2013년에 이루어진 한 조사에 따르면, 미국 여대생의 57퍼센트가 2012년 한 해 동안 감당하기 어려울 정도의 불안감을 느꼈다고 합니다. 2015년 7월 27일자 《뉴욕타임스》는 대학생들의 자살 증가 현상을 다뤘고, 2016년 9월 5일에는 '고독이라는 유행병을 연구자들이 직시하고 있다'라는 주제를 다뤘습니다. 2016년 10월 26일 《타임》지는 '청소년의 우울과 불안: 왜 아이들이 힘들어할까?'라는 기사에서 국립정신보건원의 연구 결과 2015년에 미국 청소년의 30퍼센트(여자)와 20퍼센트(남자), 합쳐서 약 630만 명이 불안장애를 앓았다고 합니다. 2017년 5월 미국의 의사 조엘 영(Joel Young)은 "(미국) 아이들의 정신 건강이 매우 위험하다"라고 발표했습니다.

각 기사들이 소개하는 원인은 다양하지만 여기서 우리가 주목해야 할 부분이 있습니다. 바로 스트레스를 받고, 또래 압박을 받으며, SNS 등으로부터 디지털 정체성에 대한 공격과 폭력을 당하는 환경에 노출된 청소년들 중에도 불안과 우울을 덜 겪고 긍정적으로 밝고 행복하게 잘 자라는 아이들이 상당수 있다는 사실입니다. 이들이 바로 정서적 금수저라고 저희는 생각합니다.

세계보건기구(WHO)의 발표에 따르면 미국인의 18.2퍼센트가 만성 불안증이 있는 반면, 나이지리아인은 단 3.3퍼센트만 만성 불안증이 있는 것으로 조사되었습니다. 부자 나라의 사람들이 가난한 나라의 사람들에 비해서 불안감이 더 높은 이유는 여러 요인으로 설명할 수 있겠지만, 한 가지 분명한 사실은 부자 나라에 정서적 흙수저가 많다는 현상입니다. 이는 우리가 경제적 금수저에서 정서적 금수저로 관심을 돌려야 참으로 사람이 행복한 나라가 될 수 있다는 점을 명백히 보여주는 것입니다.

애착 문제를 최첨단 의학 기술을 이용해서 연구하는 스탠퍼드 대학교 의대의 소아과 의사 조리나 엘버스(Jorina Elbers) 박사는 이런 현상의 뿌리는 영유아기 때의 애착 트라우마와 밀접한 상관관계가 있다고 말합니다.

이전 세대의 시행착오를 되풀이하느냐, 교훈을 얻고 개선하느냐는 각자의 선택이자 책임입니다. 재미있는 사실 하나는 요즘 미국과 유럽에서 한국의 '포대기'가 인기를 얻고 있다는 점입니다.

오스트리아 비엔나 대학교의 고고인류학자인 티모시 테일러(Timothy Taylor) 교수는 다양한 형태의 포대기가 선사시대부터 사용되었을 것으로 추정하며 포대기가 인간의 뇌 성장에 기여했을 거라고 주장합니다.

어린아이가 무거운 두뇌를 짧고 작은 몸통과 다리로 지탱하기는 어려웠을 텐데, 포대기에 업혀 다니는 동안 안정적인 애착 환경을 접하면서 두뇌 발달이 최적화되었을 것이라는 추정인 듯합니다.

아직도 서아시아, 아프리카, 남아메리카에서는 기후와 풍토에 맞는 형태의 크고 작은 포대기를 사용합니다. 흥미롭게도 서구에서 포대기를 사용하는 부모는 대개 육아에 대해 공부를 많이 한 사람들입니다.

유모차도 편리하지만 포대기나 아기띠로 아기와 밀접한 신체 접촉을 하면 좀더 깊고 끈끈한 애착을 형성할 수 있지 않을까 생각합니다.

부모들의 로망에 따라
길러지는 아이들

이제 한국의 현실을 살펴보겠습니다. 요즘 한국의 아동과 청소년들은 역사 이래 경제적으로 가장 풍족함을 누리고 있습니다. 그러나 그들은 불행하다고 합니다. 단지 몇몇 아이들의 주관적인 불행감을 말하는 것이 아닙니다. 객관적인 통계 자료를 보더라도 한국의 아동과 청소년들의 행복도는 OECD 국가에서 최하위입니다. 왜 그럴까요?

이에 대한 답은 여러 각도에서 찾을 수 있겠지만, 저는 아이들의 불행감과 한국 부모들의 '로망' 변천사가 무관하지 않다고 봅니다. 그래서 빛바랜 사진 한 장을 찾아보았습니다. 1974년에 개최되었던 '전국 우량아 선발대회'의 사진입니다. 1970년대 초반에서 80년대 중반까지 한국 부모들이 가장 큰 관심을 보였던 행사는 아마 전국 우량아 선발대회였던 것 같습니다.

잘 먹이기 → 잘 입히기 → 좋은 교육 시키기

1971년부터 1984년까지 전국적으로 개최되었던 우량아 선발대회에 큰 국민적 관심이 쏠렸던 것은 아마도 당시의 대다수 부모들이 배고팠던 시절에 태어나서 자랐기 때문이 아닐까 합니다. 부모는 자신이 겪었던 고통을 가능한 한 자녀가 겪지 않기를 바라고, 가장 부러워했던 것을 자식에게 해주고 싶어 하지요.

전국 우량아 선발대회가 유행하던 때에 자녀를 출산했던 부모들은 대개 1940년대 중후반에서 1960년대 초반에 태어난 세대입니다. 일제 강점기와 6·25전쟁을 거치면서 '보릿고개'라는 말이 귀에 익었던 세대였지요. 당시에는 "배 터지도록 실컷 먹어봤으면……" 하는 소망이 간절했고, 학교에 도시락을 싸 오지 못하는 학생도 있었기에 굶지만 않아도 다행으로 여겼습니다. 그 세대가 성장하여 우리나라가 웬만큼 먹고살 만해지자, 그들은 자녀들을 배불리 먹이는 게 호강시켜 주는 길이라 여겼을 것입니다.

이런 부모들의 시대적 로망에 불을 지핀 요인이 두 가지 더 있었다고 생각합니다. 하나는 상업적 마케팅 전략입니다. 우량아 선발대회를 누가 개최했을까요? 다름 아닌 분유 회사였습니다.

당시는 모유 수유가 보편적이던 시절이었습니다. 분유 회사 입장에서는 부모들에게 모유만으로는 부족하다는 인식을 심어줄 필요가 있었을 것입니다. 당시에는 뚱뚱한 사람은 부자라는 인식이 퍼져 있었습니다. 또래보다 몸집이 큰 아기는 '장군감'이라 불렸고, 그런 아기의 어머니는 '아기 참 잘 키웠다'는 칭찬과 부러움을 받았습니다.

분유 회사의 마케팅에 더해서 열기를 더 부추긴 요인은 미디어였습니다. 그 무렵 전국적으로 TV가 빠르게 보급되었던 것이지요. TV에서 우람하고 포동포동한 아기를 본 엄마들은 모유만으로는 부족한가 보다, 분유를 먹여서 더 살을 찌워야겠다는 생각을 했을 것입니다.

문제는, 당시에도 소아과 전문의는 알고 있었을 테고 이제는 일반인들도 상식적으로 아는 바와 같이 그 아기들은 우량아가 아니라 '소아비만아'들이었다는 사실입니다. 의학 연구에 의하면 아기 때 생성된 지방세포의 수는 평생 줄지 않는다고 합니다. 즉, 영유아기에 과도하게 지방세포의 수를 늘리면 평생 과체중, 비만, 고혈압, 당뇨병 등의 성인병을 지니고 살 위험성이 높아질 수 있다는 것이지요.

다행히도 우량아 선발대회는 1984년에 막을 내렸습니다. 이후 한국 부모들의 관심과 로망은 무엇으로 옮겨 갔을까요? '유아복과 아동복'이었다고 생각합니다. 이 또한 시대적 맥락에서 보자면, 1980년대부터 1990년대에 자녀를 낳아 기른 부모들은 평균 자녀 수가 여섯이었던 1950~60년대에 태어난 세대입니다. 대부분 언니와 오빠의 옷과 교복을 물려 입었고, 일 년에 새 옷을 한두 벌만 입어도 부러움을 받던 세대였습니다.

이들이 자라서 부모가 되었을 즈음인 1983년을 기점으로 한국의 가구당 평균 자녀 수는 두 명 이하로 급감했고, 경제성장률은 매해 8~10퍼센트에 달했습니다. 일인당 국민소득은 1961년 82달러에서 1983년에는 2,113달러, 1993년에는 8,402달러로 상승일로를 달렸습니다.

먹는 문제가 해결되자 부모들은 자녀를 공주나 왕자처럼 잘 입히는 데 관심을 쏟았습니다. 유아복과 아동복은 점점 더 고급화되었고, 비싼 옷을 입히는 것이 부모의 경제력과 능력을 과시하는 방법 중의 하나였습니다.

하지만 이 또한 후유증이 있습니다. 그로부터 20~30년이 지난 요즘 한국 젊은이들의 소비 수준이 너무 높지 않나 생각합니다. 해외 원정까지 가서 고급 명품 가방, 신발, 의류, 화장품을 사는 20~30대를 보면 의아할 때가 많습니다. 이들의 소비 수준은 하루아침에 높아진 것이 아닐 듯합니다. 어릴 때부터 다른 아이들보다 더 예쁘고 더 비싼 옷을 입고 더 좋은 학용품을 사용하는 것을 더 잘난 것으로 여기도록 키워진 후유증 아닐까요?

먹는 것과 입는 것이 어느 정도 평준화되자 다음에는 어디로 한국 부모들의 관심과 투자가 쏠렸을까요? 바로 '사교육'입니다. 물론 그 전에도 개인 과외나 예능 레슨은 있었지만, 그런 사치는 부유층에게나 해당되는 일이었습니다. 하지만 1980년대 중후반부터 한국 경제는 엄청난 속도로 발전했고, 1995년에는 국민소득 만 달러 시대에 진입했습니다. 신분 상승을 위해서 교육열은 점점 뜨거워졌고, 자녀들에게 더 일찍, 더 특별한 사교육을 해주고 싶어 하는 부모들이 부쩍 늘었습니다.

국·영·수 같은 학과목뿐 아니라 태권도, 피아노, 미술, 무용 등 각종 학원이 우후죽순처럼 생겨났고, 해외로 조기 유학을 보내는 등 자녀 교육을 위해 가족이 떨어져 사는 것도 마다하지 않기 시작했습니다.

이런 사교육 열풍도 시대 맥락적으로 보자면 학부모의 대다수가 원하는 만큼 교육을 받지 못했던 시대의 반영이라고 볼 수 있습니다. 1990년대에 자녀를 낳고 키운 부모들은 일류 대학에 가면 평생 성공과 번영을 보장받던 1960년대와 70년대에 태어나 자랐기 때문입니다. 이 부모들은 자녀들에게 출신 대학의 꼬리표를 가능한 한 화려하고 빛나는 것으로 달아주고 싶어 했지요.

물질적 풍요보다 정서적 풍요가 중요하다

하지만 결과는 어떤가요? 부모 세대에 비해 월등히 잘 먹고, 잘 입고, 좋은 교육을 일찍부터 많이 받는 한국의 아동과 청소년들이 정말 행복한가요? 오히려 불행하고 우울한가요? 부모가 아이에게 물질적 금수저 환경을 만들어주려고 노력하는 와중에 아이러니하게도 아이는 정서적 흙수저가 돼버리는 비극이 벌어집니다. 이는 앞서 미국이나 일본 등에서도 일어난 현상이고, 최근에는 중국에서도 비슷한 현상이 발생하고 있습니다.

1990년대와 2000년대 초반에 미국의 기성세대인 부모들과 교육자들은 아이들을 잘못 키웠다는 반성을 했습니다. 물질적 풍요와 고학력의 기회를 누린 자녀들이 극도의 이기심과 자기중심적 태도, 미성숙, 금전 만능주의에 빠진다면 사회 전체가 불행해질 것은 자명했으니까요.

결국 2008년 미국 워싱턴에서 전 세계 각계각층의 지도자 수천 명이 모여서 교육의 방향을 물질적 이기주의에서 공동체적 이타주의로 전환

할 필요가 있다고 의견을 모았습니다. 이때 종교 지도자로 달라이 라마와 데스몬드 투투 주교가 참석했고, 학계 지도자로는 워싱턴 대학교의 석좌교수인 존 가트맨 박사가 기조 연설을 했습니다.

가트맨 박사는 "지난 100년 동안 전 세계적으로 대중 교육이 보급되면서 인지 위주의 지능 교육에 중점을 두었지만, 방대한 연구 결과 인지지능(IQ)은 인간의 지능 중 5퍼센트에 불과한 능력을 측정할 뿐이고, 장기적인 성공과 행복에는 정서지능(EQ)이 더욱 중요하다"고 주장했습니다.

이어서 인지지능을 높이기 위해 어려서부터 읽기, 쓰기, 셈하기 등을 가르치고 배우는 것처럼 정서지능을 키우기 위해서 가장 효과적이고 체계적이며 과학적인 방법이 감정코칭이라고 했습니다. 그리고 감정코칭은 '사랑하는 방법'이라고 했습니다. 사랑하는 방법은 구체적으로 경청, 위로, 이해, 공감, 배려, 존중, 소통, 감사, 효도 등이며 이 또한 어릴 때부터 가르치고 배워야 하는 생존 기술이라고 강조했습니다.

이제 아이들에게 의식주 외에 정서적 유대와 풍요, 더불어 행복할 수 있는 사랑하는 방법을 가르치는 것이 중요하다는 인식이 확산되고 있습니다. 그만큼 우리나라뿐 아니라 전 세계적으로 정서적 부자들이 많아지고 많은 이들이 행복해지는 세상이 올 것이라 믿습니다.

헬육아, 독박육아에
지친 부모들

　　얼마 전 서울에서 KTX를 타고 지방에 가던 때의 일입니다. 젊은 부부가 백일이 갓 지나 보이는 아기를 데리고 제 옆자리에 앉았습니다. 아침부터 아기를 먹이고, 옷을 갈아입히고, 기저귀 가방을 챙기고, 우유병을 소독하고…… 얼마나 바쁘고 힘들었을지 짐작이 갔습니다.

　아기 엄마는 기차에 올라 좌석에 앉자 차창에 기대어 한숨을 돌렸고, 아기 아빠는 칭얼대는 아기를 안고 복도에 서서 아기를 달랬습니다. 아기 아빠는 우는 아기가 다른 승객들에게 방해가 될까 걱정하며 연신 아내를 바라보는데, 지친 아내는 얼마나 피곤했는지 어느새 눈을 감고 있었습니다.

서울역에서 출발한 열차가 천안아산역 근처까지 갔을 때 저는 아기 아빠에게 아기를 좀 안아줘도 되겠냐고 물었습니다. 그러자 아기 아빠는 "네!" 하고 선뜻 대답을 한 뒤 멋쩍어했습니다. 아기는 저를 바라보고 입을 오물오물하기도 하고 손가락으로 제 얼굴을 만져보기도 하고 한참을 놀더니 대전역을 지난 후에야 잠이 들었습니다.

비로소 아기와 부부는 좀 쉴 수 있게 되었지만, 그런 휴식은 아기가 깨는 순간 사라질 것입니다. 젊은 부부가 아이 한 명을 키우기도 이렇게 힘든데, 아이만 키우는 게 아니라 살림도 해야 하고, 일도 해야 하고, 돈도 벌어야 하니 얼마나 힘들지 상상이 되었습니다.

다음은 인터넷에 올라온 부모들의 하소연입니다.

"만삭이었을 때는 아기가 세상에 나오면 천사같이 방긋방긋 웃으며 고생 끝, 행복 시작일 거라 기대했어요. 그런데 낳고 나니까 제 몸 하나 추스르기도 힘든데 밤에 일어나 수유하고, 기저귀 갈고, 아기 울음에 항상 긴장하고 대기해야 해요. 삼십 대까지 꿀피부에 동안 소리를 듣던 저는 까칠한 피부에 좀비같이 되어버렸어요."

— 2개월차 아기 엄마

"우리는 주말 부부인데, 아이 낳고 이제 열 달, 정말 힘이 드네요. 급기야 아내가 더 이상은 못 버티겠다고 해서 제가 아내가 사는 지역으로 직장을 알아보고 있는데, 쉽게 찾아지지 않네요. 그런데 같이 살면 서로 적응하는 것에서부터 부딪칠 일이 많을 것 같아 은근히 두렵습니다. 아내도 예민해져서 요즘 짜증이 훨씬 늘었거든요. 주변에서는 세 살까지는 계속 더 힘들 거라고 하네요. 벌써 지치는데 그때까지 제가 살아남을까 걱정입니다."

— 10개월차 아기 아빠

"아이가 떼 쓰고 말을 안 들을 때면 소리를 안 지를 수가 없어요. 물론 책에서는 그러면 아이가 상처를 받는다고 하는데, 참을수록 화가 나고 아이가 미워져요. 엄마 노릇이 너무 지겹고 때려치우고 싶을 정도예요. 동시에 제가 정말 자격 없는 엄마 같아서 죄책감이 들고 괴로워요."

— 14개월차 아기 엄마

요즘 아기 키우기가 지옥같이 힘들다는 뜻으로 '헬육아'라는 말이 나돕니다. 피치 못할 경제적 이유로 일과 육아를 병행해야 하는 맞벌이 부부들도 많습니다. 몇 달의 출산휴가 후 직장에 복귀할 수밖에 없는 워킹맘들은 직장에서는 일에 시달리고 집에서는 육아에 시달립니다. 남편 또한 퇴근 후 아이를 돌보다 보면 지치기 일쑤입니다.

어디 그뿐인가요? 집에서 혼자 아이를 돌보는 엄마들도 힘들긴 마찬가지입니다. 아직도 많은 아빠들은 육아는 아내의 몫이라고 여기기도 합니다.

양가 어른 중 한 명이라도 육아에 도움을 줄 수 있는 상황이라면 다행이고, 경제적 여유가 있어서 아기돌보미를 고용할 수 있다면 좋겠지만, 대부분 부모들에게 이것은 로망일 뿐 현실은 멀리 있습니다.

헬육아를 극복하고 출산율을 높이고자 정부가 나서서 정책을 내놓고 지난 10년간 100조 원을 쏟아부었지만 출산율은 높아지지 않고 부모들의 육아 부담은 커지기만 하니 참으로 난감합니다.

저는 어른의 관점에서만 보면 솔로몬의 지혜 같은 해법이 나오기는 어렵다고 생각합니다. 아기 엄마를 위한 정책이냐, 아기 아빠를 위한 정책이냐, 기업과 정부에 도움이 되느냐, 유상과 무상 보육시설을 확충해서 고용을 늘려야 하느냐 등은 어른들의 계산입니다. 그래서 한쪽이 좋으면 다른 쪽이 나쁜 '윈-루즈' 정책이 되기 십상입니다.

아기의 관점에서 보면 해답이 좀더 '윈-윈' 쪽으로 가기 쉽지 않을까요? 결국 아기가 안전하고 행복한 것이 모두에게 좋은 일이며 우리나라의 미래가 걸린 최선책이 될 테니까요.

그래서 지금부터는 한국에서 태어나는 아기들은 어른들의 이런 난제를 어떻게 경험할지 아기의 관점에서 한번 살펴보도록 하겠습니다.

아기들이
가장 원하는 것

　　많은 부모들이 자신의 아이에게 뉴질랜드산 유기농 산양젖 분유, 스웨덴산 원목 아기 침대, 프랑스산 최고급 유모차 등 비싸고 좋은 것만 해주고 싶을 것입니다. 하지만 어떤 것이 아이에게 가장 값지고 고급스러운 선물일까요? 세상에 둘도 없는 부모의 얼굴, 따스한 목소리와 체취, 피부가 가장 안전하고 편안한 요람이 아닐까요?

　　산후조리원은 요즘 대부분의 산모들이 출산 후 집에 오기 전에 들르는 필수 코스가 되었습니다. 보름 정도 집안일을 하지 않고 몸도 추스르며 푹 쉬는 것은 회복에 도움이 될 것입니다. 그런데 아기들의 입장에서 산후조리원의 경험은 어떨까요?

　　다음은 산후조리원에서 모유 수유 교육을 담당하던 분이 들려준 이야기입니다. 산후조리원에서 엄마들이 잘 쉬고, 잘 먹고, 잘 자는 것은 좋지만, 그 사이 신생아들의 돌봄은 그야말로 '공장같이' 돌아간다는 것입니다.

조리원에 들어온 아기 수에 따라 배정된 신생아돌보미 몇 명이 젖병을 소독하고, 분유를 타고(또는 냉동 모유를 녹이고), 아기 한 명씩 수유를 합니다. 현실적으로 신생아돌보미들의 손길은 빠를 수밖에 없습니다. 수유, 트림 시키기, 기저귀 갈기, 목욕 시키기 등이 순서대로 진행되어야 하기 때문이지요.

아기마다 젖병을 빠는 속도와 힘이 다르고, 잘 빨다가도 잠시 숨을 고르느라 추스르기도 합니다. 그런데 어떤 돌보미들은 이 몇 초 안 되는 시간을 기다릴 여유가 없어서 젖병 꼭지로 아기 입을 자극하여 꿀꺽꿀꺽 들이마시게 하고, 그 결과 아기가 토하는 경우도 있다고 합니다.

물론 이는 일부 산후조리원의 모습일 것입니다. 이 이야기를 들려준 분이 목격한 사례가 흔치 않은 경우라 하더라도, 아기 입장에서는 섭식 트라우마가 될 수 있습니다. 이런 트라우마를 모르는 산모들은 아기가 모유 수유를 할 때 고개를 돌리거나 토하거나 뱉기라도 하면 걱정도 걱정이려니와 젖이 불어서 신체적 고통이 이루 말할 수 없이 커집니다.

또 하나 중요한 점은 아기마다 신진대사율이 다를 수 있다는 사실입니다. 똑같은 시간에 분유를 먹이면, 어떤 아기는 곤히 자고 있는데 갑자기 전등불이 켜지고 배가 고프지도 않은 상태에서 수유를 받아야 하는 상황도 벌어질 것입니다.

반대로 어떤 아기는 소화가 빨리 되어서 배고파 울어도 아무도 나타나지 않아 공포와 불안을 느낄 수도 있습니다. 아기는 수유 시간까지 아직 30분이 남았다는 사실을 인지하거나 이해하지 못합니다.

이런 환경에서 생후 첫 2주를 지낸다면 아기는 자신의 생체리듬을 엄마의 리듬과 조율하는 기회를 얻지 못합니다. 그 결과 산후조리원에서 퇴원한 초보 엄마들과 아기들이 서로 '멘붕'을 일으키는 상황이 생길 수도 있습니다.

산후조리원을 이용하면 안 된다는 말이 아닙니다. 제대로 하자는 뜻입니다. 예를 들어, 일본의 산후조리원에서는 산모와 아기가 같은 방에 있는 것이 기본이라고 합니다. 다행히 요즘 한국에서도 아기와 산모가 같이 지내는 시간을 좀더 갖게 하는 곳이 늘고 있습니다. 아기와 엄마가 함께 있는 모자동실을 확대하는 곳도 있습니다. 하지만 초기 애착의 중요성을 잘 모르는 어른들은 산모를 위한다고 산후조리원에 있는 동안은 아기 돌보는 일을 상당 부분 산후조리원 직원에게 맡기는 경우도 흔합니다.

물론 산후조리원에서 아기와 같은 방을 쓰면 처음에는 산모가 잠을 충분히 자기 어렵고 아기의 숨결에 신경이 쓰일 수 있습니다. 하지만 능숙한 도우미들로부터 수유, 목욕 시키기, 트림 시키기 등을 한두 가지씩 배우는 과정에서 아기와의 유대감이 생길 것입니다.

이렇게 산후조리원에서 엄마와 아기가 서로에게 어느 정도 익숙해져서 집에 돌아가면, 타인에게 온전히 아기를 맡긴 후 집에 가서 아기와 엄마가 새로 적응해야 하는 힘든 상황을 맞는 것보다 훨씬 부담과 고통이 덜하지 않을까요?

더 많이 안아주고 보듬어주기

부부 두 사람이 서로 적응하기도 어려운데 아기가 태어난 후 부부 관계가 급속히 나빠지는 경우가 67퍼센트 정도라고 합니다. 부부와 자녀에 대해 47년간 연구한 존 가트맨 박사의 연구 결과입니다. 원인은 무엇일까요? 가장 큰 이유는 바로 수면 부족 때문이라고 합니다. 아기가 태어난 후 첫 3년 동안 누적된 수면 부족은 부부 사이에 우울과 짜증을 높이고 대화는 줄고, 스트레스와 적대감은 올라가며 관계를 악화시키는 것이지요. 임신, 출산, 육아 때 섭섭했던 상처와 기억은 아이가 자란 다음에도 오랫동안 부부 사이를 멀어지게 하는 요인이 됩니다.

그렇기에 산후조리원을 이용하는 것은 출산 초기에 엄마와 아빠의 신체적 부담을 줄여준다는 측면에서 장점도 있지만, 아이와의 조율을 늦추어 더 큰 스트레스를 감당하게 될 수도 있음을 명심해야 합니다.

무엇보다도 부모의 시선이 닿지 않는 곳에서 아이가 받는 여러 스트레스가 아이의 이후 성장에 지울 수 없는 상처가 될 수 있습니다. 따라서 산후조리원을 선택할 경우 좀더 신중해야 하고, 힘이 들더라도 엄마 아빠와 아이의 접촉 기회를 최대한 늘리면 좋겠습니다.

맥길 대학교 마이클 미니(Michael Meaney) 교수의 연구에 따르면, 갓 태어난 아기 쥐를 첫 12시간 동안 어미가 얼마나 열심히 핥아주고 보살펴 주는가에 따라 아기 쥐의 스트레스에 반응하는 뇌 화학물질에 영구적인 변화가 발생하며, 1천 종이 넘는 유전자의 배열도 변형된다고 합니다.

어미가 열심히 핥아준 새끼는 관심을 덜 준 새끼에 비해서 스트레스 환경에서 더 용감하게 행동하고, 스트레스 호르몬이 덜 나오며, 스트레스에서 회복하는 속도가 더 빠르다고 합니다. 뿐만 아니라 침착한 태도를 유지하고, 학습과 기억을 담당하는 해마에도 더 두꺼운 연결망이 생기고, 설치류가 익혀야 하는 중요한 생존 기술인 미로 찾기를 더 잘한다고 합니다. 반면에 첫 12시간 동안 어미가 많이 핥아주지 않고 잘 돌봐주지 않았던 새끼 쥐는 겁이 많고 스트레스에 매우 취약하며 행동반경이 좁고 미로 학습이 더디고 면역력이 낮았다고 합니다.

물론 쥐를 대상으로 한 연구 결과를 바로 사람에게 적용하기는 어렵겠지만, 이 연구의 핵심은 유전자는 고정되어 있지 않다는 사실입니다. 이는 요즘 학계의 뜨거운 주제인 후성유전학(epigenetics, 또는 후생유전학이라고도 함)의 주장과 일치하는 것으로, 살아가면서 경험을 통해 유전자의 발현을 활성화하거나 중단시키는 생화학적 메시지가 생성될 수 있다는 것입니다. 이를 '메틸화'라고 하는데 인생의 중대 사건은 유전자에 변화를 가져올 수 있고, 메틸화 패턴은 자손에게 전달될 수 있습니다.

이런 최첨단 후성유전학을 우리 조상들은 태교라는 지혜로운 전통으로 우리에게 전해주었습니다. 태교를 조금 더 연장하여 산후조리원에 머무는 동안 가능한 한 엄마와 아빠가 아기를 좀더 안아주고 쓰다듬어주고 보듬어주면 아기들의 면역력과 스트레스 감내력이 높아지지 않을까요?

부모의 이혼이
자녀에게 드리우는 그림자

　　우리나라의 이혼율은 2003년에 아시아 최고 수준, 2008년
에는 세계 최고 수준으로 올라갔습니다. 이혼이 자녀에게도 막대한 영
향을 미친다는 사실은 이미 한 세대 전에 이혼율이 급증했던 미국에서
방대한 연구가 이루어진 결과 널리 알려졌습니다.

　30여 년간 수천 편의 연구 논문을 메타 연구로 검토한 시카고 대학교
린다 웨이트(Linda Waite) 교수의 책과 이혼 가정의 자녀들을 25년간 추
적 연구한 심리학자 주디스 월러스타인(Judith Wallerstein) 박사의 연
구를 보면, 이혼은 자녀에게 오랫동안 깊은 영향을 미친다는 사실을 알
수 있습니다.

　부모의 이혼은 성장기의 자녀에게 애착손상을 입힐 수 있습니다. 아

이가 몇 살 때, 어떤 상황에서, 어떻게 부모가 이혼하느냐에 따라 애착 손상의 양상과 정도가 다를 수는 있습니다. 하지만 상담해 보면 두 돌도 되기 전에 부모님이 이혼하여 의붓아버지를 친아버지로 알고 살다가 열다섯 살에 친부가 아니라는 사실을 알고 충격을 받은 사람이나, 스무 살 때 아버지의 외도로 부모가 이혼하여 자신이 결혼한 후에도 늘 남편이 외도를 할까 걱정하며 의부증으로 이혼 위기에 처한 40대 중반의 여성이나, 모두 애착 트라우마를 입은 것으로 볼 수 있습니다.

이혼으로 아이에게 애착손상을 주지 않으려면

부득이 이혼을 해야 한다면 이혼 과정에서, 그리고 이혼 후에 자녀들에게 애착 트라우마(또는 발달 트라우마)를 최소한으로 주도록 노력할 필요가 있습니다. 주디스 월러스타인 박사의 25년 장기 종단 연구 결과, 부모의 이혼 후에도 무탈하게 성장하는 자녀들에게는 공통점이 있었습니다.

이혼한 부모가 자녀에게 배우자의 험담을 하지 않고 오히려 엄마나 아빠로서의 장점을 말해 주었다는 것입니다. 또한 자녀와 지속적, 정기적으로 만나면서 성장에 길잡이가 되었으며, 인생의 멘토 역할을 성실히 실천했다는 점이었습니다. 그런 경우 자녀들은 별 탈 없이 학업을 마치고 사회에서도 잘 지내는 것으로 나타났습니다.

이와 반대로 이혼 후유증으로 자녀가 학업, 교우 관계, 건강, 사회생활 등에서 장기적인 어려움을 겪는 경우도 많습니다. 특히 이혼 후 아버지와 연락이 거의 닿지 않거나 아예 두절된 경우입니다. 아버지의 부재가 자녀에게 미치는 영향은 일반적으로 짐작하는 것보다 훨씬 심각합니다. 미국의 공신력 있는 기관과 언론사의 발표에 따르면 아버지 부재 가정 출신의 아이들은 부모와 자란 아동에 비해 행동장애를 보일 확률이 15.3배, 학교 자퇴율은 6.6배 높으며, 자살률은 4.6배 높습니다.

1980년대까지는 주로 엄마와 아이의 관계에 대해 연구가 이루어졌지만, 1990년대 이후에는 아빠와 아이의 관계가 아이의 정서·인지·사회성 발달에 미치는 영향에 대한 연구도 많이 이루어지고 있습니다. 이혼을 하든 안 하든 아버지의 긍정적이고 책임 있는 양육 참여는 자녀의 애착손상을 예방하고 정서적인 안정감과 자부심을 키우는 데 필수적이라는 사실이 점점 부각되고 있습니다.

요즘 부모 교육을 가면 젊은 아빠들이 육아에 관심을 갖고 적극적으로 참여하는 모습이 보여 참으로 다행입니다.

낳기만 해라,
정부가 키워줄게?

　　얼마 전 지방의 한 중소도시로 영유아 부모 대상
특강을 하러 갔습니다. 저의 강연에 앞서 시장님의 인사말씀이 있었
습니다.

　　출산율이 낮다는 우려 끝에 시장님은 "낳기만 하세요. 우리 시가 다
키워줄게요. 육아는 정부가 책임지니까 집집마다 많이만 낳으세요. 무
상 육아, 무상 교육, 우리 시가 책임지겠습니다!"라고 힘차게 외쳤습니
다. 그러나 청중은 썰렁할 정도로 별 호응을 하지 않았습니다. 저는 애
착의 관점에서 아기를 낳기만 하면 정부와 지방자치단체가 육아를 책
임지겠다는 말이 좀 겁나게 들렸습니다.

무상 보육 정책, 무조건 환영할 일일까?

몇 해 전부터 우리나라의 정당들은 앞다투어 무상 보육 정책으로 출산율을 올리겠다고 공약합니다. 어떤 곳에서는 보육 시간을 늘려서 일주일에 7일, 하루 24시간도 가능하게 한다고 합니다.

그러나 앞에서 살펴본 다른 나라의 육아 관련 사례들을 보거나 우리나라의 육아 관련 문제를 본다면, 출산 장려를 위해, 그리고 육아의 어려움을 해결하기 위해 정부가 나서서 무상 보육 정책을 시행하는 것은 앞으로 닥칠 대란을 미처 보지 못한 근시안적인 방안으로 보입니다.

우리나라에서는 2011년 전후로 학교 폭력, 인터넷 중독, 학교 중퇴 등 청소년 문제의 정도가 급격히 심각해지고 빈도가 급증했습니다. 저는 이것을 예기치 못한 일시적 현상이라고 보지 않습니다. 2011년에 중학교를 다닌 학생들은 영유아기에 IMF 외환 위기를 겪었던 아이들입니다. 아빠가 직장에서 갑자기 해고당하거나 사업이 망하여 엄마마저 취업 전선에 뛰어들며 가정이 흔들리고 아이들을 여기저기 맡겼을 가능성이 높습니다.

당시 저는 서울에서 가장 규모가 큰 보육 시설에 자원봉사를 하러 갔는데, 외환 위기로 인한 경제 상황 악화와 가정불화, 이혼 등이 겹쳐 보육사들이 감당하기 어려울 정도로 많은 아이들이 시설에 맡겨졌습니다. 그래서 보육사들은 일손이 달려 쩔쩔매고 있었습니다.

아이를 보육원에 맡기지 않더라도 생활고로 인해 누군가에게 어린 자녀를 맡겨야 할 처지에 놓인 가정도 많았습니다.

우리 사회의 급증하는 청소년 문제는, 그렇게 영유아기에 안정적 애착을 형성하지 못하고 애착손상을 입은 아이들이 중학교에 갈 나이가 되자 잠재되어 있던 문제들이 드러난 것이라고 보았습니다. 그 무렵 '중2병'이라는 말도 등장했습니다. (원래 '중2병'은 일본에서 먼저 나온 말이지만 한국에서는 2010년 인기 웹툰 〈싸우자 귀신아〉에 이 표현이 등장했습니다. 이 웹툰은 중2병을 '세상에서 자신이 제일 불행하고 고독하며 세상을 등진 존재라 여기는 증상을 일컫는 신조어'라고 정의했습니다.)

1998년 외환 위기 당시 애착손상을 입은 아이들의 후유증이 2011년 무렵 청소년 문제로 부상한 것처럼, 2013년부터 국가 차원에서 확대한 무상 보육 정책으로 인해 애착손상을 입은 아이들이 이미 어린이집과 유치원에서 나타나고 있습니다. 앞으로 10~15년 후에는 어떤 국가적 대란이 벌어질지 걱정됩니다.

유치원 원장님들을 대상으로 한 강의에 가면, 예전에는 예외적으로 힘든 아이들이 몇 명 있었는데 이제는 대다수 아이들이 다루기 어렵고 점점 더 심각해진다고 하소연합니다.

어린이집이나 유치원에 올 때 부모와 떨어지는 것을 극도로 힘들어하고, 예민하거나 위축되고, 한번 울기 시작하면 아무리 달래도 잘 멈추지 않고, 밥을 먹는 데 오랜 시간이 걸리고, 인형이나 장난감에 과도한 집착을 보이고, 선생님에게 지나치게 밀착하거나 반대로 제멋대로 행동하는 아이들이 점차 늘어간다는 것입니다. 어릴 때의 이런 징후들은 초등학교, 중학교에 가면서 더욱 다양하고 심각한 문제 행동으로 나타날 수 있습니다.

이런 상황 속에서 보육교사들의 탈진 상태가 만연하며, 얼마 못 버티고 사직하는 바람에 오래 일해 줄 보육교사를 찾기가 너무 어렵다고 합니다.

아이는 기다려주지 않는다

미국과 유럽 선진국에서는 청소년의 학력 저하, 음주, 마약, 폭력 등 막대한 대가를 치르고 나서 최근 애착육아의 중요성을 강조하고 있습니다. 그런 시점에 우리나라는 무상 보육 정책을 더 확장하려고 하니 안타까울 따름입니다.

애착손상은 학대처럼 겉으로 드러나는 게 아니라서 애착손상을 입은 이들은 다 커서도 자신이 무엇이 잘못되었는지 모른 채 힘들어하기도 합니다. 마음이 무거운 주제이지만, 개인, 기업, 국가 모두가 다차원적으로 대처해야 할 중요한 과제입니다.

국가 정책이 바뀌기를 기다리는 동안 우리 아이들은 자라서 다시 아기가 되지 못합니다. '후회는 앞서 오지 않는다'라는 말이 있지요. 입법을 제창했던 국회의원들이 과연 평생에 걸친 아이들의 고통을 감당할까요? 아이들이 컸을 때 그 공직자들은 이미 은퇴했을지 모릅니다. 하지만 당사자와 부모들은 고통스럽습니다. 그 후유증이 평생 가고 다음 세대에까지 부정적인 영향을 미칠 수 있음을 우리 모두 고민해야 합니다.

희망적인 것은 애착 회복은 어릴수록 잘되지만 10대, 20대, 나아가 그 후에도 심리치료로 증상을 완화시킬 수 있다는 점입니다. 이는 뇌의 가소성 덕분입니다. 그래서 저희는 이 책에서 문제를 제기할 뿐 아니라 개인·학교·기업·정부 차원에서 할 수 있는 구체적이고 실천 가능한 해결책과 대비책을 제시하고자 합니다. 우리에게는 선택의 여지가 있으니까요.

국회의원이나 지자체장 등으로 출마하는 사람들은 득표 수가 정치

생명과 직결되기 때문에 유권자의 표심에 영향을 줄 공약을 내세울 때가 많습니다. 그렇다 보니 유권자들의 말에 귀를 기울입니다. 그런데 아기들은 의견을 피력할 수 없고 고통을 당해도 항의하지 못합니다.

얼마 전에 제가 초청 특강을 갔던 한 도시의 시장님이 떠오릅니다. 직접 만나지는 못했지만 정책 담당자로부터 들은 이야기가 감동적이었습니다. 시장님은 강력한 의지로 그 도시를 아동 행복 도시로 선언했고, 아동 학대를 근절하는 정책을 부단히 추진했다고 합니다. 이런 분들이 더 많이 정치가로 활동하면 좋겠다고 생각합니다.

아직 투표할 수 없는 어린아이들의 안전, 행복, 권익을 도시의 핵심 사업으로 정한다는 것은 한 치 앞이 아니라 백 년 앞을 내다보는 의지와 용기 없이는 어려운 일입니다. 이 도시는 시장님의 노력 덕분인지 유니세프 아동 친화 도시로 선정되었다고 합니다. 앞으로는 우리나라 전체가 아동 친화 국가가 되면 좋겠다는 희망도 가져봅니다.

3장

심리적 뿌리를 내리지
못하는 아이들

인간의 생존 본능,
애착

애착은 왜 필요한 것일까요? 반드시 필요한 것일까요? 애착을 형성하는 목적이 무엇일까요? 식물이나 파충류에게는 애착이란 것이 없습니다. 그런데 포유류부터는 자식을 품에 안고 키웁니다. 이처럼 애착을 갖는 데에는 목적이 있을 것입니다.

볼비 박사는 아이들은 어머니와 떨어질 때 극심한 고통을 경험하며, 다른 양육자가 아이에게 먹을 것을 주어도 분리불안에 따른 아이의 괴로움과 불안은 줄어들지 않는다고 했습니다. 이런 발견은 이전의 행동주의 학파가 믿었던 애착 이론과는 사뭇 달랐습니다. 돌라드(Dollard)와 밀러(Miller) 같은 행동주의 학자들은 아기는 수유라는 보상 때문에 엄마에게 매달린다고 믿었기 때문입니다.

반면에 볼비 박사는 진화적 관점에서 애착을 '인간 사이에 오랫동안 남겨지는 심리적 연결성'으로 이해했습니다. 자립할 때까지의 기간이 다른 동물들에 비해 긴 영장류의 아기들은 위험에 처했을 때 양육자에게 의존해야 생존이 가능하기에 애착은 오랜 진화 과정에서 형성된 자연스럽고 필연적인 생존 본능이라고 보았습니다.

아기가 위험을 느끼거나 스트레스 상황에서 양육자에게 매달리거나 가까이에서 보호를 요구하는 것은 전 세계 어디서나 볼 수 있는 인류 보편적인 모습입니다. 아기는 최소한 한 명의 양육자에게 보호를 받아야 정서적·사회적으로 건강하게 발달할 수 있고, 특히 집단 생활에 필수인 감정 조절을 성공적으로 학습할 수 있습니다.

이처럼 애착의 중요성은 크게 두 가지 측면에서 생각해 볼 수 있습니다. 우선 생물학적인 면으로 보면, 애착을 해야 생존 확률이 높아집니다. 어린 아기(새끼)는 어미에게 애착이 잘되어야 젖도 잘 먹을 수 있고, 각종 보살핌을 받고, 위험으로부터 보호받을 수 있습니다. 이렇게 생존을 위해서 애착을 형성합니다. 아울러 훗날 자신이 아기(새끼)를 낳았을 때도 암묵적인 기억과 지식으로 잘 돌볼 수 있게 됩니다.

앞서 소개했던 해리 할로 박사의 실험에서 보면, 출생 직후 어미로부터 분리되어 접촉 위안과 돌봄을 받지 못하고 철사 모형의 어미 원숭이로부터 수유만 받은 원숭이들은 커서 또래와 어울리지 못했습니다. 그들은 짝짓기도 어려워하며, 새끼를 낳더라도 적절하게 돌보지 못했습니다.

또한 심리적인 측면에서 보면, 애착이 형성되어야 안정감을 느낍니다. 사람은 유대감 속에서 스트레스를 덜 받고 심리적 안정감을 느낄 수 있습니다. 이런 심리적 안정감은 무리를 지어 사회생활을 할 때 공격성과 폭력성을 조절하는 데 매우 중요한 역할을 합니다.

생후 만 5개월까지의 영유아들은 돌봐주는 사람에게 적극적으로 적응하도록 진화적으로 프로그램이 되어 있습니다. 이때 시각·청각·후각·미각·촉각 등을 통해 아이는 양육자와의 애착을 형성합니다. 이를 식물로 치면 '뿌리내리기'에 비유할 수 있습니다. 아기들이 양육자로부터 관심과 보호, 지지와 사랑을 받으면서 환경에서 받아들일 수 있는 양분과 정서적 돌봄을 끌어당겨서 관계의 대지에 존재의 뿌리를 내리는 것입니다.

뿌리가 내리는 데에도 시일이 걸리지만, 양육자가 갑자기 바뀌는 것은 대지에 박혔던 뿌리가 뽑혀서 다른 곳으로 이식되는 것처럼 매우 고통스럽고 어려운 과정입니다. 어린 묘목을 자주 옮기거나 제대로 보살펴주지 않으면 뿌리가 상하거나 허약해져서 대지에서 자양분을 빨아들이지 못하는 것과 흡사합니다.

맞벌이 부부가 급증하고, 주말 가정, 이혼 가정이 급증하는 것은 그만큼 아기들이 안정적으로 뿌리내리기가 어려운 상황이 늘어난다는 뜻이 될 수도 있습니다. 돌보미에게 맡겨졌다가, 할머니에게 맡겨졌다가, 어린이집에 맡겨졌다가 하는 것처럼 양육자가 여러 번 교체되는 것은 애착손상을 입힘으로써 아이의 안전감·존재감·자신감의 근간을 취약하게 하는 위험한 일입니다.

낯가림의 시기를 가볍게 보아선 안 되는 이유

볼비 박사는 다양한 문화권의 아기들이 공통적으로 만 6~7개월에서 20개월 무렵까지 보이는 '낯가림'이라는 현상에 주목했습니다. 그는 이를 진화적 관점에서 아기들이 생존력을 높이기 위해 뇌에 장착된 본능적 기제라고 이해했습니다.

생후 5개월까지는 누구에게나 안겨서 애착을 형성해도 될 뿐 아니라, 그렇게 함으로써 더욱 많은 양육과 돌봄을 받을 수 있습니다. 하지만 기어다닐 무렵부터는 아무나 따라다니면 위험할 수 있다는 것을 본능적으로 느낀다는 것입니다.

특히 아장아장 걷기 시작하는 돌 무렵부터는 자신을 가장 안전하게 돌봐줄 믿을 만한 양육자에게 밀착하여 따라다녀야 위험한 상황에 빠질 확률이 줄어들고 제때에 돌봄을 받고 먹을 것을 공급받을 수 있습니다. 따라서 낯선 이를 극도로 경계하고 피하려는 행동을 합니다. 이것이 바로 낯가림입니다.

낯가림을 하는 아기를 양육자에게서 억지로 떼어놓거나 꾸짖으면 아기는 비명을 지르듯 크게 울고 저항합니다. 이처럼 아기의 자연스러운 애착 행동이 지속적, 반복적으로 저지당하면 아기는 깊은 애착 트라우마를 입습니다. 훗날 그 후유증이 분리불안, 우울증, 위축, 무표정, 무감정, 분노조절장애 등 다양한 심리적·정서적 문제로 나타납니다.

아기의 발달 과정을 잘 모르는 초보 부모들은 아기가 돌 무렵일 때 직장에 복귀하거나 어린이집에 아이를 맡기기 시작합니다. 그런데 돌 전후는 애착손상이 가장 치명적이고 후유증도 가장 오래가는 민감한 시기입니다. 이렇게 아이를 사랑하는 부모들이 본의 아니게 소중한 자녀에게 애착손상을 입히는 경우가 흔해서 참으로 안타깝습니다.

부모와 헤어질 때 아기는 죽음과도 같은 공포와 고통을 느낍니다. 이런 일이 반복되면 무기력감, 분노, 적개심, 불안, 슬픔, 우울 등이 내재화됩니다. 언어를 담당하는 영역이나 기억을 관장하는 해마가 아직 미성숙해서 의식이나 외현적 기억은 하지 못한다 해도, 암묵적으로 버려짐에 대한 공포와 불안의 경험이 두뇌뿐 아니라 체세포에까지 깊이 각인됩니다.

이후 약간만 비슷한 상황이 벌어져도 깊은 트라우마 흔적이 촉발될 수 있습니다. 또한 스트레스에 취약하여 정서·행동·인지·사회성 발달 등에 심각한 손상을 입은 채로 성장할 수 있습니다.

아울러 이 시기에는 감정과 전체적인 느낌을 주관하는 우뇌가 발달하고 언어를 주관하는 좌뇌는 아직 미성숙합니다. 따라서 아이들은 '느끼지만 말로 표현할 수 없는' 감각으로 인해 커서도 범불안증이나 만성적 우울, 공황장애 등을 겪기도 합니다.

독일에서 태어난 윌리엄 강 씨는 서독에 간호사로 파견되었던 어머니와 광부였다가 엔지니어가 된 아버지 사이에서 1982년에 태어났습니다. 윌리엄 씨가 돌 무렵 어머니는 간호사로 복직했고, 아버지는 아내 및 자녀와 대화나 정서적 교류 없이 일에 몰두하며 지냈습니다.

윌리엄 씨는 어려서부터 독립적으로 키워졌지만 잔병치레가 많았습니다. 아기 침대는 부모의 침대와 별도로 다른 방에 있었고, 어머니는 육아와 살림을 도맡고 간호사 일까지 하느라 늘 피곤해했습니다.

중·고등학교 때 윌리엄 씨는 친구들과 어울리지 못해서 외톨이였고, 동양인이라고 차별을 받는다고 생각했습니다. 대학에 들어가서 첫 여자 친구를 사귀었을 때는 세상을 다 얻은 것처럼 기뻤지만, 서로 다른 도시의 대학원에 진학하며 떨어져 지내게 되었을 때부터 윌리엄 씨의 불안증은 감당하기 어려운 정도가 되었습니다.

윌리엄 씨는 하루에도 몇 번씩 여자 친구에게 "지금 뭐 해?" 하는 전화를 했고, 결국 1년 만에 여자 친구로부터 "넌 날 감시하는 통제광이야! 너에게 속박되는 게 불편해!"라는 문자로 이별 통보를 받았습니다. 윌리엄 씨는 실연의 고통에서 벗어나지 못했고, 술과 마약에 손을 대고 심지어는 자살 시도까지 했습니다.

그의 부모님은 열심히 일해서 아들에게 최고의 교육을 시키고 잘 살게 해주고 싶었는데 어쩌다가 이렇게 되었는지 모르겠다며 한숨을 쉬었습니다.

윌리엄 씨의 양육 히스토리를 들어보니 전형적인 애착 트라우마의 후유증으로 보였습니다. 특히 돌이 갓 지나서 엄마의 복직으로 엄마와 결별하게 된 시기는 애착 트라우마가 심해질 수 있는 '낯가림' 무렵이었습니다. 그 후에도 항상 피곤한 어머니와 무뚝뚝한 아버지는 어린 윌리엄에게는 신체적으로나 정서적으로 다가갈 수 없는 존재였습니다. 부모님은 아들을 무척 사랑했지만 사랑하는 방법을 잘 몰랐던 것입니다.

윌리엄 씨처럼 어릴 때 충분하고 안정적인 애착을 형성하지 못했거나 갑자기 단절된 애착 트라우마가 있는 사람은 커서도 만남과 헤어짐 등에 유달리 민감할 수 있습니다. 특히 애착 대상에게 과도하게 의존하거나 애착 대상의 반응에 자신의 존재감과 행불행을 전적으로 의존하는 경향이 큽니다.

이런 아이들은 아동기와 청소년기에도 또래 관계가 원만하지 않기

쉬운데, 윌리엄 씨의 부모는 학업 성적에 최우선 순위를 두고 또래 관계는 별로 중요하게 여기지 않아서 문제를 일찍 발견하지 못했습니다.

윌리엄 씨처럼 애착의 뿌리가 손상되어 생동감 없이 무기력하거나 무표정한 것은 식물의 잎사귀와 줄기가 마르고 시든 모습에 비유할 수 있습니다. 이에 양육자는 더 많은 물과 비료와 햇볕을 주려고 합니다. 하지만 뿌리에서 영양분을 흡수하지 못한 식물이 잘 자라기 어려운 것처럼, 뿌리에 해당되는 애착에 기반을 둔 기초 신뢰감이 잘 형성되지 않은 아이는 아무리 좋은 말도 잔소리나 비판으로 여겨 더욱 위축되거나 반발합니다.

아기들이 심리적 뿌리를 내리는 기간은 그리 길지 않습니다. 대략 생후 만 2년(약 24개월) 정도로 봅니다. 이때까지 안정적 애착이 잘 형성된 아이들은 집 밖의 세상에 호기심을 갖고 나갈 준비가 됩니다. 만 두 살 정도 되면 아침에 일어나자마자 신발을 들고 놀이터에 가자고 하고, 다른 아이들과 노는 것도 좋아합니다.

그러나 부모와 안정적 애착이 잘 형성되지 않은 아이는 부모와 떨어지는 것을 극도로 불안해하며 필사적으로 매달리거나, 타인을 기피합니다. 아니면 부모와 헤어지는 것에 별 반응을 보이지 않고 제멋대로 행동하기도 합니다.

애착손상을 입었다고 해도 겉으로 드러나는 증상은 제각각일 수 있습니다. 기질에 따라 증상이 달라지기도 합니다. 어릴 때부터 반항하는 아이도 있고, 어릴 때는 '착한 아이'였다가 훗날 조용한 반란을 일으키는 경우도 있습니다. 심각하게는 성인이 되어 은둔형 외톨이가 되거나 중독에 빠지는 이들도 있습니다.

내 편이 되어줄 것이란
믿음과 기대

슬기 씨는 대학교 3학년 때 학교를 중퇴한 후 집에서 게임 중독에 빠져 지냅니다. 부모님은 슬기 씨가 생후 10개월 되었을 때부터 별거하다가 유치원 때 이혼했습니다. 공무원이던 슬기 씨의 어머니는 승진 시험에 매진하느라 슬기 씨를 외할머니에게 맡겼습니다. 슬기 씨는 주말이나 월말에만 엄마를 만날 수 있었고, 그러다가 초등학교 4학년 때부터 엄마와 같이 살고 있습니다.

현재 스물일곱 살인 슬기 씨는 말이 없고, 기껏 하는 말도 "몰라" "아니" "싫어" 세 마디 정도입니다. 아무런 목표도 없이 혼자 집에서 게임에만 빠져 있고, 낮에는 잠을 자고 밤에 일어나 냉장고를 뒤져 대충 먹으면서 가족들과 대화도 하지 않습니다.

슬기 씨의 어머니는 지갑에서 수첩을 찢은 종이에 또박또박 쓴 어린이 필체의 글을 제게 보여주었습니다. '엄마는 언제나 바빠서 내 옆에 없고, 내 말을 한 번도 귀담아 들어준 적이 없다. 엄마는 날 사랑하지 않는다. 엄마에겐 승진이 세상에서 최고의 목표다.'

슬기 씨가 초등학교 5학년 때 쓴 글이라고 합니다. 그때는 이 글을 무심코 보고 넘겼는데, 지금 생각해 보면 그 무렵부터 슬기 씨가 엄마와 대화를 피하고 자기 세계 속으로 들어가버린 것 같다고 합니다.

그때 어머니는 이혼한 여성도 당당하게 성공하는 모습을 보여주는 게 딸에게 주는 가장 큰 교훈이자 선물이라고 굳게 믿었다고 합니다. 그래서 승진을 위해 야근, 대학원 수업, 특별 근무 등을 자처하면서 딸을 학원으로 보내고 방치했다고 뒤늦게 후회했습니다.

단단한 애착은 기본 신뢰감을 심어준다

애착의 핵심은 '내가 도움이 필요할 때 달려와주고 내 편이 되어줄 거라는 믿음과 기대'입니다. 아기는 혼자 상황을 이해하거나 스스로를 보호할 수 없는 연약한 존재이기 때문에 양육자의 돌봄과 보호가 절대적으로 필요합니다. 그리고 상호 간의 유대감 없이는 애착이 형성되지 않습니다. 즉, 돌봄을 주고받는 사람이 서로 즐겁고 행복감을 느껴야 애착이 잘 형성됩니다.

애착이 형성된 영유아는 양육자와 분리될 때 불안하고, 화도 나고, 스스로 어떻게 할 수가 없으므로 슬픔, 무력감, 절망감을 느낍니다. 그래서 아이가 최소한 만 두 살이 될 때까지 양육자가 옆에서 지켜주며 양육과 보호를 하는 것이 길게 보면 아이에게 '기본 신뢰감'이라는 엄청난 이득을 줍니다.

기본 신뢰감이 있으면 세상이 안전하게 느껴져서 학교 적응도 쉽고, 선생님과도 잘 지내며, 새로운 것에 대한 호기심과 탐색의 욕구가 있어서 변화에 대한 적응력과 유연성이 높아집니다. 또한 기본 신뢰감이 있다는 것은 새로운 세계에서 상처받거나 두렵거나 난관에 처했을 때 다시 돌아갈 안전한 피신처가 아이의 내적 작동 모델로 자리잡고 있다는 뜻이기도 합니다.

그래서 기본 신뢰감은 정서적 금수저들을 더욱 긍정적이고 풍요로운 경험으로 이끌어주는 원동력이기도 합니다.

아기들은 어떻게
애착을 형성하는가

아기들은 어떤 단계를 거치면서 애착을 형성할까요? 루돌프 셰퍼(Rudolph Schaffer)와 페기 에머슨(Peggy Emerson)은 1964년에 60명의 신생아들을 출생 직후부터 18개월까지 매달 집으로 방문하여 아기와 엄마의 상호작용을 관찰했습니다.

이들은 아기들의 애착 발달 패턴을 관찰·연구하며 엄마들을 인터뷰했습니다. 그리고 엄마들에게 매일 육아 일지를 쓰도록 했습니다. 이 연구에서 주목한 애착 발달 요인은 다음 세 가지였습니다.

낯선 이에 대한 불안: 낯선 사람을 볼 때 아기가 보이는 반응

분리불안: 양육자와 떨어질 때 보이는 불편함과 다시 만날 때 아기가

받는 위안의 정도

사회적 참조: 아기가 새로운 것을 접할 때 어떻게 해야 할지 알기 위해
양육자를 바라보는 정도

이에 따라 아기들의 애착이 다음과 같은 순서로 형성된다고 발표했
습니다.

0~6주의 신생아들은 여러 종류의 자극에 대개 미소 반응을 보이지
만, 아직 사회적 자극인지 아닌지를 분별하지 못합니다.

6주~3개월 사이의 아기들은 장난감이나 다른 사물에 비해 사람들과
의 상호작용을 더 반기고, 놀이나 상호작용을 멈추면 싫다는 반응을 보
입니다.

3~7개월 사이의 아기들은 친숙한 얼굴에 더 자주 미소를 짓고, 주
양육자가 달랠 때 좀더 쉽게 위안을 받습니다. 그러나 아직 특정한 양
육자에게만 독점적으로 강한 애착을 보이지는 않습니다.

7~9개월 사이의 아기들은 대부분 특정 애착 대상을 뚜렷이 선호합
니다. 특히 안전, 위로, 보호가 필요할 때는 특정 애착 대상을 찾습니다.
낯가림을 하고 낯선 사람에 대해 두려움을 보이며, 애착 대상과 떨어질
때 분리불안을 보입니다. 낯가림을 심하게 하는 아기도 있고 좀 덜 하
는 아기도 있지만 낯가림을 한다는 것은 아기가 애착을 형성했다는 징
표이며, 대개 돌 이전에 이것이 이루어집니다.

10~18개월 즈음의 아기는 조금씩 독립적이 되며 애착 대상도 늘려갑
니다. 대략 18개월에는 여러 명의 애착 대상을 형성합니다.

이 연구에 따르면 아기들은 자신의 욕구 신호에 적절하고 친절하게

반응하며 함께 놀고 시간을 많이 보낸 대상에게 애착을 형성합니다. 셰퍼와 에머슨은 특히 양육자의 섬세한 반응이 아기가 안정적 애착을 형성하는 데 중요한 역할을 한다고 했습니다.

아기의 울음이나 미소에 즉각 반응하고 함께 많이 놀고 같이 시간을 많이 보낸 엄마와 아기 사이에는 강한 애착이 형성되지만, 아기와의 상호작용이 원활하지 못하면 상호 애착이 잘 형성되지 않았다고 합니다. 아기만 힘든 게 아니라 엄마도 힘들다는 뜻입니다.

생후 10개월 무렵까지 일반적으로 아기들은 엄마, 아빠, 할머니, 할아버지, 언니, 오빠, 이웃 등 여러 명의 애착 대상을 가질 수 있습니다. 그래도 18개월까지 아기의 주 애착 대상자는 엄마와 아빠입니다.

놀랍게도 아기는 우유병을 더 많이 주거나 기저귀를 더 많이 갈아준 사람보다 자신과 더 많이 놀아주고 더 많이 감정 교류를 했던 사람에게 강한 애착을 보였습니다. 요컨대 아기와의 애착 형성에서 핵심은 양육자의 '정서적 반응성(responsiveness)'이라는 것입니다.

신호에 제대로
반응하지 못하는 어른들

갓난아기가 배고파서 우는 걸 본 적이 있으신가요? 아기는 얼굴이 빨개질 정도로 온 힘을 다해서 도와달라는 신호를 외부에 보냅니다. 또는 입맛을 다시거나 손을 빨기도 합니다. 이런 신호에 양육자가 어떻게 반응하느냐가 양육자와 아이의 애착과 신뢰 형성에 영향을 미칩니다.

중학교 교사인 성현숙 씨는 아들 인성이가 태어난 후 첫 3년간 육아 휴직을 하며 감정코칭을 기반으로 애착육아를 했습니다. 가능한 한 늘 아이 곁에 있어주었고, 아이의 욕구에 바로바로 반응했으며, 모유 수유 이후 이유식도 직접 만들었습니다.

남편의 역할도 컸습니다. 남편은 프리랜서로 일하면서 엄마와 함께,

또는 엄마가 없을 때 인성이와 놀고 보살폈습니다. 인성이는 이제 초등학교에 입학할 나이가 되었는데, 얼굴이 아주 밝습니다. 의사 표현도 잘하고, 또래와도 잘 지냅니다.

인성이의 경우처럼 양육자가 아기의 신호에 빨리 반응하여 아기의 욕구를 바로 해소해 주고 달래주면, 아기는 스트레스 감지 및 경보 신호를 다 켜놓고 지낼 필요가 없습니다. 울음과 표정 등으로 보낸 스트레스 신호 체계에 적절하고 섬세하게 반응하는 부모에게 양육을 받으면 아기는 공포, 불안, 고통의 신호를 감지하는 두뇌의 편도체가 과도하게 각성되지 않을 것입니다. 조금만 뒤척이거나 약간만 울어도 되기 때문입니다.

강력한 신호 체계를 켜놓는 것은 상당한 에너지를 소모하는 일인데, 이런 경우 약간만 신호를 보내도 불편이 해소되니 아이는 쉽게 달래지고 순해집니다.

그렇게 키워진 아기들은 돌보기가 상대적으로 수월하고 돌보는 사람도 긍정적인 경험을 하게 됩니다. 따라서 연결 호르몬인 옥시토신이 더 분비되어 아기가 더욱 사랑스럽게 느껴집니다. 양육자도 힘이 덜 들고 덜 피곤하고 아기를 돌보는 것이 즐겁고 행복합니다. 안정적 애착의 토대가 이루어지는 것입니다. 긍정적 상호작용 속에 양육자와 아기 사이에 조화와 조율이 일어나지요.

저는 인성이를 볼 때마다 보석처럼 빛나는 행복한 모습이 감동스럽고, 더 많은 아이들이 인성이처럼 자라기를 진심으로 기원합니다.

100촉짜리 전구를
있는 대로 켜고 있는 아기들

이와 달리 영유아기에 양육자가 아이의 신호에 반응을 적절하게 보이지 않아서 제때에 스트레스 감지 신호 체계를 끄지 못한 아기는 어떻게 될까요? 아기의 스트레스 신호를 양육자가 방치하거나, 늦게 반응하거나, 심지어 꾸짖는다면 아기는 스트레스 신호를 최대한 가동시켜야 할 것입니다. 언제 생존의 도움이 올지, 오지 않을지 어떻게 올지 예측하기 어렵기 때문입니다.

이를 교감신경계의 과활성화라고 하는데, 뇌 속 스트레스 감지기의 100촉짜리 전구를 있는 대로 다 켜고 있는 상태라고 비유할 수 있습니다.

아기가 배고파 울 때 아무도 나타나지 않으면 아기에게는 공포감이 일어납니다. 공포감은 위험을 감지하는 뇌의 편도체에 각인되며, 편도체 옆에 위치한 기억 관리 부위인 해마에도 신호가 갑니다. 해마가 정교하게 조직화되기 전에 남겨진 이런 공포는 공황장애처럼 훗날 이유도 모를 공포감으로 느닷없이 촉발될 수 있습니다. 이런 감정적 손상은 숨겨진 채로 남기 때문에 '감춰진 트라우마' 또는 발달기에 일어났다고 해서 '발달 트라우마'라고도 합니다.

이렇게 스트레스 신호 체계를 과각성시킨 채로 자란 아이들을 종종 볼 수 있습니다. 대형 마트 같은 곳에서 부모가 원하는 것을 사주지 않는다고 악을 쓰거나 바닥에 뒹구는 아이들입니다.

엄마나 아빠의 거부로 욕구가 좌절될 때 아이들은 스트레스를 받습니다. 이때 부모와 조율이 잘된 아이는 욕구 표현 수위를 소통, 양보, 타협할 수 있는 정도로 조절할 수 있고, 적절한 타이름이나 설명으로 욕구가 지연된 상황을 받아들일 수 있는 정서적 회복탄력성이 있습니다.

하지만 스트레스에 과각성을 지닌 채 자란 아이들은 작은 불편함이나 스트레스 신호도 상당한 위협이나 공격으로 느끼고 응급차나 소방차의 요란한 사이렌 소리처럼 악을 쓰고 웁니다.

이럴 때 어떤 부모들은 아이가 원하는 것을 얻고자 우는 척 연극을 한다고 야단치고 혼을 내는데, 이는 부모와 아이의 조율을 더욱 힘들게 합니다. 아이들은 스트레스를 심하게 받고 심신이 매우 괴로운 상태라서 스스로도 어찌할 바를 모르고 도움을 청하는 것인데, 꾸지람, 협박, 무시 등을 받으면 더욱 고통스럽기 때문입니다.

이렇게 괴로운 것이 아이의 잘못일까요? 신호 체계를 제때에 적절히 꺼주지 못한 어른들의 책임이 아닐까요?

신호 체계를 켜놓은 채로 자라는 아이들은 스트레스에 민감성과 취약성이 높으면서도 효과적으로 도움을 요청하는 방법을 잘 모릅니다. 적절히 달램과 위로를 못 받기에 스스로도 어찌할 바를 모릅니다. 결국 자신은 나쁜 아이이고 돌봄 받을 가치가 없는 존재라는 낮은 자존감과 양육자는 자기 편이 아니고 자신을 싫어하며 사랑하지 않는다는 믿음이 뿌리 깊이 새겨질 수 있습니다.

이러한 불신감은 애착 형성에 독이 되어 이후의 관계가 점점 더 부정적으로 힘들어져 악순환으로 발전할 가능성이 높아집니다.

'부모 중심'으로 아이를 양육할 경우

나중에 좀더 살펴보겠지만, 매우 침투적이고 자기중심적인 양육 방식으로 아이에게 독이 되는 부모들(독친)의 경우, 아이의 신호 체계에 혼란과 교란이 일어날 수 있습니다. 몇 가지 예를 들어보겠습니다.

아이를 자꾸 놀라게 하거나, 담력을 키워준다고 갓난아기에게 갑자기 소리를 지르는 부모가 있습니다. 양육자가 아이를 보고 두려워하거나 놀라는 경우도 있습니다. 아이는 이상한 변을 볼 때도 있고 먹은 걸 토할 때도 있으며, 엄마가 "까꿍" 했을 때 놀라서 울 때도 있습니다. 그럴 때 엄마가 기겁하면서 "어머머 얘 좀 봐. 토하잖아!" 하고 소리를 지르면 아기 입장에서는 무섭습니다. 아기는 보살핌을 받고 위로를 받아야 하는데, 진정해 주고 달래줘야 할 사람이 오히려 더 놀라니까요.

혹은 아기가 울어도 못 본 척하거나, 나가버리거나, "또 울어!" "또 쌌어!" 이렇게 야단을 치면서 부정적인 반응을 보이는 사람도 있습니다. 역할이 뒤바뀌는 경우도 있습니다. 예컨대 아직 밥도 잘 못 떠먹는 한두 살 된 아기에게 "엄마한테 맘마 줘봐" 합니다. 그리고 아이가 조금 더 커서 두세 살이 되면 "엄마 아파, 엄마 아파" "엄마 열 좀 재줘" 합니다. 이렇게 아이로 하여금 양육자의 보호자 역할을 하게 만듭니다.

아니면 정서적 의사소통의 오류를 일으키는 경우도 있습니다. 즉, 아이가 무서워하는데 좋아하는 줄 알고 어떤 행동을 더 합니다. 엄마가 "까꿍" 하면 처음에는 아기가 까르륵 하고 좋아합니다. 그런데 여러 번 하면 아기가 피곤해 하면서 고개를 돌려버립니다. 이것은 아기와 조율적인 의사소통을 못하는 것입니다. 계속 그러면 아기는 얼굴을 찌푸리거나, 손으로 눈을 가리거나, 소리를 지르거나 울어버립니다.

그 정도 되면 아이가 힘들어하거나 자극을 너무 많이 받아서 감당하기 힘들어한다는 표시인데, 아이의 괴로움을 오히려 재미있어하는 사람도 있습니다. "어머머 얘 좀 봐! 얼굴 감추네?" 하면서 계속합니다.

부모와 아이 사이에 의사소통의 오류가 생길 때 대개는 어른이 먼저 맞춰줍니다. 하지만 미세하게 비디오 분석을 해보면 아이도 끊임없이 부모의 얼굴이나 반응을 보고 능동적으로 반응합니다. 그런데 여기서 계속 오류가 생기면 아이들은 혼란스럽고 어떻게 해야 할지를 모르게 됩니다.

최악의 경우는 '방치'

신호가 제대로 응답을 받지 못하거나 학대를 받는 것보다 더 나쁜 것은 방치입니다. 방치된 아이들은 아예 신호 체계를 꺼버릴 수 있습니다. 배고파도 울지 않고, 요구를 별로 하지 않습니다.

이런 아이들은 유치원이나 학교에서 '얌전하다, 착하다, 혼자서 조용히 잘 지낸다'는 평을 듣고, 드러내고 싸우거나 떼쓰거나 말썽을 피우지 않고 주목받지 않은 채 조용히 지낼 수도 있습니다. 그러나 이 아이들이 스트레스를 받는 상황에서 혈압, 맥박, 스트레스 호르몬 수치 등을 측정해 보면 싸우거나 우는 아이보다 더 높습니다.

외부로 표출되지 못한 스트레스는 아토피, 알레르기성 비염, 천식 등 만성적인 병으로 나타나기도 하고, 조금 더 크면 게임 중독 등 도피 행동으로 빠지고, 극단적인 경우 자살로 이어지기도 합니다.

방치된 채 자란 아이가 어른이 되면 어떻게 될까요? 박소미(33세) 씨는 어릴 때 순하고 얌전해서 부모님은 아이가 아무 탈 없이 자라는 줄 알았습니다. 하지만 고질적인 아토피로 지금까지 안 써본 약이 없을 정도로 고생을 했습니다.

박소미 씨의 부모님은 작은 식당을 운영했는데, 연년생의 맏이였던 소미 씨는 두세 살 때부터 종일 집을 비우고 일하러 나간 부모님 대신 한 살 어린 남동생을 돌보고 밥을 먹여주고 놀아주었습니다.

늘 바쁘고 자주 다투는 부모님에게 걱정을 끼칠까 봐 소미 씨는 자신이 필요한 것을 말하지 못했습니다. 무엇보다 장난기 많은 남동생을 돌보면서 동생이 다치거나 잘못되면 어쩌나 하는 생각이 크고 무거운 짐이 되었습니다.

소미 씨의 말로 표현하지 못한 스트레스는 아토피 증상으로 나타났습니다. 새 학기, 이사, 전학, 입시 등으로 더 스트레스를 받을 때는 증상도 더욱 심해졌습니다. 게다가 언제 아토피가 심해질지 몰라서 소미 씨는 음식도 상당히 가려 먹습니다. 그래서 키가 160센티미터에 체중이 40킬로그램에 불과할 정도로 심한 저체중입니다.

소미 씨는 만성 불면증으로 상담을 받던 중에 자신이 어릴 때 오랜 기간 방치 상태에서 발달 트라우마를 입었고, 스트레스에 매우 취약하다는 것을 알게 되었습니다. 지금은 회복탄력성과 스트레스 관리법을 배워서 꾸준히 실천한 결과, 아토피성 피부질환도 많이 나았고 생기와 활력이 생겼습니다. 오랫동안 괴롭혀왔던 만성 위장병이 나아서 체중도 늘고 건강한 모습입니다.

아동기와 청소년기의 욕구 표현

아동기에 아이들은 안아달라, 놀아달라, 무언가를 사달라, 옆에서 잠을 자 겠다 등 구체적이고 즉각적으로 욕구를 표현합니다. 말로 욕구를 표현할 때 도 표정과 행동이 아기 때보다 훨씬 구체적입니다. 만일 욕구를 여러 번, 만 성적으로, 그리고 예측 불허로 거부당한 경험이 있으면 아이는 징징거리거나 떼를 쓰거나 심술을 부리는 등 반항적인 행동을 보이기도 합니다.

청소년기에는 욕구를 직접적으로 표현하기도 하지만, 미묘하고 우회적으 로 표현하는 경우도 많습니다. 즉, 용돈을 달라고 할 때나 친구와 놀러 가려 고 할 때 그럴듯한 이유를 말하거나 때로는 거짓말을 하기도 합니다. 바람직 한 것은 솔직하게 부모에게 요청하고 서로 한계를 그으며 양보와 타협을 하 는 것이겠지요. 이때까지 부모와의 사이에 신뢰와 애착이 얼마나 형성되어 있느냐가 관건입니다.

부모와 애착이 잘 형성되지 않은 청소년들은 노골적인 반항, 비행, 거친 언 행, 위협, 폭력, 가출, 자퇴, 중독 등 훨씬 강력한 수단들을 동원하여 자신의 욕구를 관철시키려고 할 수 있습니다. 부모들이 상담사나 심리치료사를 찾는 것은 대개 이 정도 상황이 되었을 때입니다.

청소년을 제대로 이해하는 상담사라면 청소년들의 이런 행동 뒤에 숨은 깊은 욕구, 상처, 좌절감, 분노, 무기력감 등을 볼 수 있을 것입니다.

양육자와 아이의
애착 유형

　메리 에인스워스 박사는 '낯선 상황(strange situation) 실험'을 고안하여 아기들이 초기 양육자와의 애착 경험에 따라 어떤 유형의 애착 패턴을 형성하는지 관찰했습니다. '낯선 상황 실험'이란 스트레스를 유발하는 상황에 처할 때 아이들이 보이는 반응을 통해 행동의 차이를 관찰하는 방법입니다. 볼티모어에서 26명의 아이들을 대상으로 한 최초 실험을 통해 세 가지 애착 형태가 있음을 알아냈고, 이후 미국의 여러 사회경제적 계층을 비롯하여 수많은 나라에서 실험을 반복하여 한 가지 애착 유형을 추가했습니다.

　양육자와 아이의 애착에는 네 가지 유형이 있는데, 안전형, 불안-양가형, 불안-회피형, 혼란형이 그것입니다.

안전형 애착은 가장 바람직한 형태로, 아이들이 보호와 정서적 돌봄이 필요할 때 양육자에게 다가갈 수 있고 지지받을 수 있다는 기대와 신뢰가 탄탄하다는 뜻입니다.

불안-양가형 애착은 양육자와 떨어지면 몹시 불안해하지만 양육자가 돌아왔을 때도 안심하지 못하는 반응을 보입니다. 불안-회피형 애착은 양육자가 떠나거나 돌아오거나 무관심하며 양육자를 회피합니다.

신뢰가 탄탄한 아이들 : 안정적 애착

안정적 애착 관계는 아이와 양육자 사이에 신뢰가 형성되어 신체적·정서적·물리적 도움이 필요할 때 양육자에게 요청할 수 있고 받아들여지리라는 믿음이 있는 관계입니다.

안정적 애착이 형성된 아이들은 양육자를 안전한 피신처와 안전지대로 여깁니다. 양육자는 마치 바다로 나갔다가 다시 돌아올 수 있는 안전한 항구 같은 존재입니다. 낯선 사람이 나타나면 처음에는 조금 거부감과 두려움을 보이지만, 부모가 옆에서 안심시켜 주고 위안을 주면 낯선 어른에게도 신뢰를 보입니다. 차츰 장난감을 본다든지 재미있게 논다든지 해서 주변을 탐험할 수 있을 만큼 안전감을 회복합니다.

이런 아이들은 양육자가 떠날 때 약간은 저항을 하지만 돌보미나 어린이집 선생님 등 다른 사람이 달래주면 쉽게 안정을 취하고, 양육자가 다시 돌아오면 반갑게 반깁니다. 그렇다고 해서 다른 사람에게 더 강한 애착이나 선호를 보이는 건 아닙니다. 양육자를 가장 좋아하지만 다른 사람의 보호도 받아들일 수 있는 것입니다.

안정적 애착 패턴을 갖고 있는 양육자는 아이의 욕구에 적절하고 즉각적으로 반응합니다. 아이를 우선시하며 일관성 있게 반응합니다. 어떤 때에는 가서 안아주고 어떤 때에는 "울지 마!" 하고 소리치는 등 일관성 없이 행동하는 게 아니라 아이가 예측할 수 있는 반응을 하기에 아기는 양육자를 믿을 수 있습니다.

이런 기본 신뢰가 형성되면 만 3, 4세부터는 대개 유치원에 가서 오전 한나절을 보내거나 엄마가 장을 보러 간 사이에 할머니나 옆집 아줌마에게 맡겨두어도 감내할 수 있습니다.

안정적인 애착 관계를 지닌 사람들은 함께 있을 때 무척 즐거워합니다. 한쪽만 그런 것이 아니라 두 사람 모두 즐거워하고, 다정하게 연결되어 있습니다. 아이든 어른이든 마찬가지입니다. 안정적 애착 관계에 있으면 편하고 즐겁고 만족스럽고, 심리적으로 행복감과 충만감을 느낍니다. 정서적 금수저의 모습입니다.

연구 결과 안정적 애착 관계는 생리적으로 스트레스 호르몬을 낮춰주고, 자기진정을 빨리 하게 해주며, 호기심, 집중력, 기억력을 증가시키는 것으로 나타났습니다. 성인의 애착 관계에서도 이와 비슷한 효과가 있습니다.

몹시 불안해하는 아이들 : 불안-양가감정적 애착

안정적 애착이 형성되지 않고 수시로 양육자가 바뀌었거나 관계가 갑자기 단절된 트라우마 경험이 있는 아이라면 아이는 부모에 대해 신뢰와 불신의 양가감정을 가질 수 있고, 양육자를 안전한 피신처와 안전지대로 삼지 못합니다.

유치원에 가기도 전에, 엄마가 출근을 하기도 전에, 헤어질 생각만 해도 불안해하며 엄마에게 매달리는 아이들이 있습니다. 이런 아이들의 고통스러운 비명을 부모는 대개 '버릇없다' '괜히 떼쓴다' '울면 다 되는 줄 안다'라고 일축하거나 꾸짖습니다. 이럴 때 아이들은 철저히 무시당하고 버려지고 짓밟힌 기분이 들면서 부모에 대한 신뢰가 허물어집니다. 더 이상 울지 않더라도 속으로는 애착손상이 내면화되면서 깊어지는 것이지요.

애착손상이 깊어진 아이들은 막상 엄마가 돌아오면 별로 반갑게 맞이하지 않고 양육자를 찾으면서도 안아주면 저항하고 거부합니다. 낯선 사람이 달래줘도 진정을 잘 못합니다. 엄마와 놀 때도 다정하게 놀지 않습니다.

이 아이들은 양육자가 가까이 없거나 자신의 신체적·정서적 요구가 즉각적이고 일관성 있는 반응을 얻지 못하니 신뢰를 못하고, 양육자가 눈에 안 보이면 더욱 불안해하는 것입니다.

이렇게 양가형 애착을 지닌 아이의 양육자를 보면 아이의 욕구에 대한 반응이 적절하지 않고 주로 어른 마음대로입니다. 예를 들어서 어떤 날은 엄마가 계속 집에 있거나 나가도 금방 돌아오는데, 어떤 날은 엄마가 늦게 옵니다. 아무리 울어도 오지를 않습니다. 아이 입장에서는 굉장히 혼란스러운 상황입니다. 같이 있어도 언제 나갈지 모르니 충분한 안전감을 느끼지 못합니다.

다른 사람에게 양육을 맡기고 가끔씩 아이를 만나는 경우, 아이에게 미안하니까 가끔 만날 때는 아이에게 잘해주고 선물 공세도 합니다. 어쩌다 만나면 해달라는 걸 다 해주고, 그다음에 한동안 안 보이는 식이다 보니 아이 입장에서는 눈치를 보게 되고 안전감을 얻기 어려운 것입니다.

그런 물리적인 상황 때문만이 아니라 양육자의 기분에 따라, 혹은 몸이 아프거나 남편과 다투거나 하는 식으로 특수한 상황에 따라 아이를 일관성 없이 대하기도 합니다. 어떤 날은 아이에게 잘해주고, 어떤 날은 차갑게 대하거나 반응이 없고, 아이가 강하게 애착을 보일 때만 반응하기도 합니다. 아이의 미세한 감정이나 욕구 표현을 놓치고, 달래주기 어려울 정도로 떼를 쓸 때만 아이에게 반응을 보이면 아이는 양가감정을 갖게 되고 저항하게 됩니다.

초등학교 입학 무렵에는 애착 형성이 잘된 아동이라면 학교에 다녀오는 동안 양육자와 떨어지는 것 등을 감내할 수 있습니다. 하지만 이때에도 한 달이나 두 달, 혹은 몇 년 동안 양육자가 부재하거나 소통이 단절되면, 특히 아이가 아프고 힘들고 외롭고 고통스러울 때 감정적으로 돌봐주지 않으면 애착과 신뢰에 문제가 생깁니다.

아이가 부모에게 배신감을 느끼고 믿을 수 없게 되는 순간은 '힘들 때 부모가 옆에 없다' '도움을 청할 때 거절한다'는 느낌을 받을 때입니다. 이럴 때 아이는 '부모는 내 편이 아니고 내가 믿고 의지할 수 없다' '나는 (부모에게) 무가치한 존재다' '(부모는) 날 사랑하지 않는다'라고 믿게 됩니다.

부모 입장에서는 자녀를 위해 열심히 일하고 성공하려고 애쓰는 경우가 많기에 아이들이 어떤 분노, 실망, 외로움, 비참함을 느끼는지 모를 때가 많습니다. 그렇게 세월을 보내고 앞의 사례처럼 '그런 줄 몰랐다'고 후회하는 부모들을 많이 보았습니다.

무관심한 듯 행동하는 아이들 : **불안-회피형 애착**

부모로부터 지속적이고 일상적인 방치로 인하여 많은 거절과 실망을 경험한 아이는 불안-회피형이 될 수 있습니다. 이런 아이는 놀 때 다정함을 거의 보이지 않습니다. 같이 웃거나 놀지 않고 소가 닭 보듯 한다든지, 표정이 없다든지, 무관심한 듯 행동합니다.

헤어질 때도 거의 저항하지 않고 반응이 없습니다. 보통 15개월 정도된 아이들은 매달리고 울고 할 텐데, 불안-회피형 아이는 멀뚱히 그냥 가는가 보다, 오는가 보다 합니다. 다시 만났을 때도 거의 무반응입니다.

안아줘도 회피하거나 안기려 하지 않습니다. 강한 애착을 느끼지 못하고, 조금 커서는 반항적이 되고 낮은 자존감과 부정적 자아성을 지닐 수 있습니다. '나는 나쁜 아이다' '엄마는 날 미워하는 사람이다' 이런 식으로 낮은 자존감과 부정적 자아상을 지닐 수 있습니다.

이처럼 불안정한 애착 관계일 때는 스트레스 호르몬이 분비되며, 혈당과 혈압이 올라가고, 심장에 부담을 주며, 인지 능력이 떨어지고, 학습에 집중하기 어려워하고, 산만하거나 감정 조절이 어렵고, 환경에서 긍정성보다 부정성을 더 빨리 포착하고, 위축이나 과잉 행동을 보입니다.

불안-회피형 아이들의 양육자들은 아이가 배가 고프거나 외롭거나 고통스럽거나 할 때 거의 무반응으로 대응했거나, 울면 혼내고 야단을 치거나 한 경우가 많습니다. 감정적으로 방임형 또는 억압형이라 할 수 있습니다. 그리고 아주 어릴 때부터 혼자 따로 자게 하는 등 지나치게 독립성을 강조한 경우가 많습니다.

불안-회피형 애착 관계가 좋은 면도 있긴 합니다. 불안정한 애착 관계로 인해 갖게 된 회피하는 성향이 그 사람에게 도움이 될 수 있습니다. 예를 들어 학대하거나 위협이 되는 양육자로부터 거리를 둠으로써 상처나 고통을 피할 수도 있습니다.

하지만 이런 극단적인 경우가 아닐 경우 일반적으로 불안-회피형 애착의 대가는 매우 큽니다. 앞에서 예로 든 슬기의 경우처럼 아이가 부모를 불신하고 거리를 두면서 담쌓기를 합니다. 아이가 컸을 때 부모가 다가가려 해도 외면하거나 비웃거나 화를 냅니다. 부모가 더 나이가 들면 노쇠한 부모를 양로원에 맡기고 찾아오지 않을 확률도 큽니다.

정선아(36세) 씨는 아직도 친정에 가는 것이 시댁에 가는 것보다 불편하고 거부감이 든다고 합니다. 어릴 때 부모님이 장사를 하느라 새벽에 나갔다 밤늦게 돌아오면 '숙제 안 했다, 방 어질렀다' 하고 야단을 맞았던 기억만 남아서 지금도 가능한 한 얼굴을 안 보고 살고 싶다고 합니다.

저는 미국에 살 때 양로원에서 봉사활동을 한 적이 있습니다. 노인들은 자녀들이 일 년에 한 번도 찾아오지 않아서 외로움에 젖어 있었습니다. 그래서 일주일에 한 번 자원봉사자가 오면 너무나 기뻐하고, 헤어질 때는 무척 아쉬워했습니다.

당시에는 어떻게 미국 자녀들은 부모를 양로원에 맡기고 돈으로 부양하거나 정부에 맡기는지 의아했습니다. 이제 보니 어릴 때 돌봄을 제대로 받지 못하고 자란 자녀가 성인이 되어 부모와 거리를 두거나 남처럼 대한 것은 아닌가 하는 생각이 듭니다.

어찌할 바를 모르는 아이들 : **혼란형 애착**

혼란형 애착은 양육자에게 뒷걸음으로 다가가는 것 같은 이상한 행동을 보입니다. 이 아이들은 양육자에게 강하게 다가가다가 강하게 도망가거나, 양육자와 재회할 때 멍하거나 어디로 가야 할지 모르는 것처럼 방향을 잃고 혼란스러워합니다. 대개 학대와 방치가 번갈아 있었던 경험 속에 자란 아이들의 경우 혼란형 애착을 보입니다.

성인이 된 후 이성이 가까이 오는 걸 거부하는 사람들이 있습니다. 누군가를 사랑하게 될까 봐 불안해합니다. 사랑이 결별로 이어지는 고통을 당하는 게 너무 두려운 것입니다.

제가 독일에서 심리치료를 배울 때 보았던 60대 남성이 있습니다. 체격도 좋고, 얼굴도 잘생겼으며, 고학력에 전문직까지 가졌으니 수많은 여성들이 관심을 보였을 만한데, 놀랍게도 그 나이가 되도록 한 번도 결혼을 하지 않았다고 했습니다.

그는 생후 5개월 무렵 부모님이 이혼한 후 어머니는 일을 하고 할머니, 이모, 옆집 사람 등 여러 명에게 양육을 받았다고 합니다. 정이 들고, 애착이 형성될 만하면 헤어지는 것을 반복하다 보니 누군가와 정드는 것이 불안하고 두렵다고 했습니다. 물론 그도 멋진 여성과 사랑에 빠지는 것만큼은 즐겼습니다. 그러나 상대 여성이 동거나 결혼 등 장기적인 관계를 원하면 그 즉시 온갖 구실을 대며 상대를 속이거나 피해왔다고 고백했습니다.

그의 행동은 상대 여성들에게도 무척이나 혼란을 주었겠지만, 문제는 그도 자신이 왜 그런 행동을 하는지 몰랐다는 것입니다.

4장

사람의 일생에
영향을 미치는
발달 트라우마

DDT보다 더 독한
DTD

1960년대에 우리의 부모님들은 자녀의 머리와 몸에
DDT를 마구 뿌렸습니다. 당시 만연하던 벼룩과 이를 퇴치하기 위해서
였지요. 정부에서 권장하던 일이라 아이의 건강을 위하는 일이라고 믿
고 뿌렸습니다. 그러나 미국에서는 1962년부터 DDT의 위험성을 국민에
게 알리기 시작했습니다. DDT는 맹독성 물질로 인체에 흡수되면 암을
비롯한 여러 이상 증세를 일으키고 환경을 파괴한다는 것이었습니다.
1972년에는 미국 정부가 DDT 사용을 금지했습니다. 하지만 한국에서
는 7년이나 더 지난 1979년이 되어서야 사용이 금지되었습니다.

발달 트라우마 장애(DTD, Developmental Trauma Disorder)로 이어질
수 있는 애착손상의 현실이 그와 비슷합니다. 우리는 지금 갓난아기를

남에게 맡기고, 젖을 물리는 대신 우유병을 쥐어주고, 온종일 TV를 틀어놓습니다. 또한 조금 자라면 혼자서 스마트폰과 놀게 하고, 공부하라며 마구간 같은 독서실에 가둡니다.

남들도 다 그렇게 하니까 나도 그렇게 합니다. 그래도 되는 걸까 걱정이 되기도 하지만 잠시뿐입니다. 아이가 보채고 울어댈 때 TV나 스마트폰을 켜주는 것보다 더 쉬운 일이 없습니다. 정부가 보태주는 육아 비용을 그렇게 쓰는 부모들도 있습니다.

하지만 무분별하거나 장기적인 '양육 외주'는 애착손상과 DTD로 이어질 수 있습니다. 미국 임상심리학회에서는 2009년에 DTD를 『정신 장애 진단 및 통계 편람(DSM)』에 포함시킬 정도로 심각한 문제라고 주장하였고, 2017년에는 DTD가 성인 정신질환의 근본 원인이라고 할 정도로 문제의 심각성이 제기되고 있습니다. 하지만 한국의 부모들은 아직 DTD라는 단어조차 들어보지 못했습니다. 그래서 계속해서 아이들에게 애착손상을 입히고 있습니다.

DTD는 DDT보다 훨씬 더 독합니다. 금수저를 흙수저로 변질시킬 정도로 강한 독입니다. 그 독한 DTD에 대해서 구체적으로 알아보도록 하겠습니다.

아이들의 세계에 '나중에'란 없다

작년에 한 대기업의 30~40대 사원들을 대상으로 강의를 한 적이 있습니다. 강의를 하다 보니 맞벌이 부부들의 육아에 대한 불안감이 크게 느껴졌습니다. 한 부부는 강의가 끝난 후 저를 찾아와 걱정스러운 얼굴로 물었습니다.

"초등학교 3학년인 딸이 좀 이상해요. 우울증 같기도 하고, 표정이 없어요. 묻는 말에는 다 모른다고 합니다. 몇 마디 더 물어보면 짜증을 내면서 말하기 싫다고 합니다. 벌써 사춘기인 걸까요?"

저는 그 부부에게 이렇게 물었습니다. "두 분께서 원하셨던 임신이었나요?" 둘은 마주 보면서 고개를 저었습니다. 그리고 남편이 말문을 열었습니다.

"사내 연애를 했기에 조심스러웠고 천천히 결혼하려고 했는데 임신이 되는 바람에 서둘러 결혼식을 올렸습니다. 그때 아내는 승진을 앞두고 스트레스가 심했어요. 아이를 지울까 고민도 했는데 첫아이를 지우면 불임이 될 수도 있다고 해서 임신한 것이 티 안 나게 하느라 스트레스를 많이 받았습니다."

저는 출산 및 육아 내력을 물었습니다. 아내는 조산기가 있어서 제왕절개를 했고, 아기는 인큐베이터에 3주 정도 있었다고 합니다. 퇴원 후에 아내는 두 달 만에 직장에 복귀했고, 이후 여러 명의 아이돌보미들이 있었다고 합니다.

저는 이 아이가 애착손상과 발달 트라우마를 둘 다 겪고 있는 것으로 보았습니다. 심리치료의 3대 거장 중 한 사람으로 일컬어지는 앨버트 페소(Albert Pesso) 교수에 의하면, 부모가 임신된 아이를 원치 않으면 아이는 태아 때부터 그 사실을 혈류로, 호르몬으로, 심장 파동으로 감지한다고 합니다.

아기가 인큐베이터에 있을 때 전두엽이 아직 발달되지 않았을 때라도 감각과 감정으로 기억이 남습니다. 이것을 '몸의 기억'이라고 합니다. 언어 발달이 미숙하고 두뇌에서 기억을 관장하는 해마가 아직 발달하지 않았기에 명시적으로는 '알거나 말하지' 못하더라도 느낌과 신체감각으로는 남는다는 뜻입니다.

또한 아기는 양육자가 여러 번 바뀔 때마다 분리의 고통을 수없이 겪었을 것입니다. 그리고 불안감을 표정, 칭얼거림, 뒤척임 등의 행동으로 표현했을 겁니다. 하지만 아침에 아기를 잠시 보고 종일 떨어져 있다가 퇴근 후에 지친 상태로 씻기고 재우기 바쁜 부모님은 이런 아이의 '신호'를 거의 알아채지 못했을 것입니다.

이처럼 정서적으로 돌봄을 받지 못한 아이들은 차츰 욕구를 잘 표현하지 않게 되고 마음의 문도 닫습니다. 아이의 눈에는 부모가 전지전능하고 당연히 자신이 필요한 것을 안다고 믿습니다. 그래서 부모가 자신의 고통을 몰라주는 것은 자신을 사랑하지 않기 때문이고 자신은 무가치한 존재라고 여깁니다. 마음속에 외로움, 공허감, 불만, 정서적 허기, 불신이 가득하지요. 그래서 말로 표출하지 않는 짜증과 분노가 표정과 몸짓으로 전달되는 것입니다.

이 아이의 경우처럼 애착이 형성되는 영유아기만이 아니라 유치원때와 초등학교 때에도 아이들은 부모의 관심과 돌봄이 필요합니다. 아이들의 세계에 '나중에'란 존재하지 않습니다. 넘어져서 누군가의 위로와 보살핌이 필요할 때 엄마나 아빠가 없으면 아이는 그 순간에 받았어야 할 정서적 지지를 받지 못한 채로 성장합니다.

물론 이 아이의 경우 치료가 가능합니다. 다만 치료는 빠를수록 좋습니다. 아이가 커가면서 문제는 더욱 깊어지고 전반적인 불신과 분노를 다루기가 몇 배로 어려워지기 때문입니다.

그렇다면 발달 트라우마는 일반적으로 알려진 트라우마와 무엇이 다를까요?

'없어야' 할 일과 '있어야' 할 일

2014년 4월의 세월호 참사로 피해자 가족들은 물론 이를 지켜본 전 국민이 트라우마를 겪었습니다. 이때 겪은 트라우마는 '사건 트라우마'입니다. 마땅히 '없어야' 할 일이 벌어짐으로써 정신적·심리적 외상을 당하는 것을 사건 트라우마라고 합니다. 자동차 사고, 폭력, 납치, 고문, 성폭력, 지진, 전쟁 등은 사건 트라우마를 일으킵니다.

반면 마땅히 '있어야' 할 경험을 하지 못함으로써 생기는 트라우마를 '발달 트라우마'라고 합니다. 이는 태내에서부터 성장기까지 정상적인 발달을 위해 반드시 있어야 할 기본 요소들, 이를테면 양육, 보호, 지지, 정서적 교감, 훈육 등이 없거나 부족할 때 발생할 수 있는 정신적 외상으로, 일명 '감춰진 트라우마'라고도 합니다.

한 유명 인사의 자녀를 상담한 적이 있습니다. 이십 대 중후반의 남매는 겉으로는 문제가 없어 보였습니다. 인물과 체격이 준수하고, 예의 바르고, 세련된 옷차림이었습니다.

이 남매의 부모는 아이들의 학교 성적이 부모의 기대에 미치지 않자 중학교 때부터 외국에 보내서 대학까지 마치게 했습니다. 문제는 대학을 졸업하고 귀국한 후 남매가 아무 목표도, 의욕도 자신감도 없이 부모에게 의존한 채 컴퓨터만 붙들고 지낸다는 것이었습니다. 딸은 인터넷 쇼핑 중독이었고, 아들은 게임 중독이었습니다. 둘 다 사람 만나는 것을 꺼리고, 친구가 없었으며, 부모와 거리를 두면서도 혼자 결정을 못 내렸습니다.

스물아홉 살 딸 예진 씨는 저를 만나자마자 자기는 할 얘기가 없다고 했습니다. 어렵사리 말문이 트인 후 저는 그녀에게 가장 바라는 소망이 있다면 세 가지만 말해 보겠냐고 물었습니다. 그러자 즉각 이렇게 답했습니다. "내가 우리 부모의 딸이라는 걸 아무도 몰랐으면 좋겠어요. 다른 소망은 없어요." 그리고 한참 뜸을 들인 후 이렇게 덧붙였습니다. "실컷 쇼핑할 돈만 많았으면 좋겠어요. 엄마 아빠가 내 삶에 상관 안 했으면 좋겠어요."

스물일곱 살 아들 정훈 씨는 어릴 때부터 만성 불안증이 있었는데, 지금은 우울과 무기력감 때문에 더 힘들다고 했습니다. 게임은 그의 우울과 불안의 도피처였습니다.

고학력, 전문직, 고소득 부모를 둔 소위 '금수저' 자녀들이 어쩌다 이렇게 되었을까요? 답은 자명했습니다. 아이들은 생후 줄곧 부모가 아닌 돌보미들에게 맡겨졌고, 부모의 근무처에 따라 학교를 여러 번 옮겼기에 친구를 사귈 만하면 헤어져야 했습니다. 그 결과 정서적으로나 관계적으로 대지에 뿌리를 단단히 박지 못한 채 성장했습니다.

부모님은 자신들의 업무와 사교 활동으로 늘 바빴고, 아이들과 같이 지내는 시간은 어쩌다 외식할 때 정도였습니다. 값비싼 장난감과 명품 옷, 신발 등은 많지만 따뜻한 대화, 경청, 감사, 관심, 사랑 등 정서적 교감은 거의 없는 삭막한 집에서 자라던 남매는 어릴 때부터 방학이면 해외로 보내졌습니다. 평소에는 명문 학원, 특수 과외 등으로 키워졌습니다.

아이가 3학년 때 쓴 일기장에는 이렇게 적혀 있었습니다. '우리 부모는 날 낳기만 했지 키워주지 않는다. 자기네 일이 나보다 중요하니까. 난 평범한 집 아이들이 부럽다. 걔네들은 집에 가면 반겨줄 엄마가 있고, 재미있게 놀아주는 아빠가 있다. 우리 엄마와 아빠는 너무 유명한 사람들이라서 아이들과 놀 줄은 모르나 보다.'

남매는 관계와 애착의 부재 속에 정서적 허기와 결핍을 폭식, 쇼핑, 게임 등으로 채워보려 했지만 마음에 뻥 뚫린 구멍을 메울 수가 없었습니다. 특별한 학대나 사건 트라우마를 입지 않았더라도 이처럼 성장기에 정서적 유대감, 친밀감, 신뢰감이 부족한 상태로 크면 심각한 발달 트라우마로 이어질 수 있습니다.

불행하게도 많은 사람들은 이런 신뢰와 애착 형성의 중요성과 발달 트라우마의 문제에 대해 모르거나, 잘못 알고 있습니다. 심지어 영유아와 엄마의 단절을 정상적인 것이나 바람직한 것으로 여기기도 합니다.

이들의 치료는 과연 가능할까요? 가능하지만, 중요한 조건은 본인들이 변화를 원하고 치료에 적극적으로 응해야 한다는 것입니다.

수많은 '장애'로 진단되어 온
발달 트라우마

발달 트라우마 장애 혹은 발달 트라우마 증상에 대해 선구적인 연구를 한 사람은 하버드 대학교 의과대학 교수였던 베셀 반 데어 콜크(Bessel van der Kolk) 박사입니다.

콜크 박사는 발달 트라우마를 연구하면서 트라우마가 뇌 발달과 신체생리적 반응에 미치는 영향을 방대하게 연구했습니다. 특히 심리치료로는 거의 효과가 없어서 대개 정신병원에 장기 입원을 시키는 해리장애, 경계선적 성격장애, 중증 자해, 자살 시도 등의 원인과 연결고리를 발달 트라우마에서 찾았습니다.

콜크 박사는 발달 트라우마 장애의 진단과 치료를 위해 수만 명의 아동을 대상으로 연구를 실시했고, 그 결과 발달 트라우마 장애의 개념을 『정신 장애 진단 및 통계 편람』 최신판(DSM-5)에 정리, 수록하는 데 중요한 역할을 했습니다. 그리고 지속적인 방치, 예측 불허성, 위험, 학대 등의 결과로 발달 트라우마 장애가 생긴다는 것을 밝혀냈습니다.

안타깝게도 아동 학대의 80퍼센트는 그 아이가 가장 믿고 의지해야 할 부모에게 당하고, 영유아기에 양육자로부터 방치, 침범, 협박, 공격, 거부, 착취 등을 당하면서 보호나 지지를 받지 못할 때 심각한 발달 트라우마 장애가 일어납니다. 유치원 교사나 외부 사람에게 당하는 것보다 부모한테 당하는 것이 훨씬 더 깊은 트라우마가 될 수 있습니다.

아이들은 가장 신뢰하고 의지해야 할 부모가 자신을 외면하거나 학대할 때 비참함과 버려졌다는 기분을 느끼고, 누구를 믿고 따라야 할지 배우지 못하며, 성장에 필요한 보호와 사랑을 받지 못하는 자신을 탓하며 자책, 자학, 자해를 하게 됩니다. 심각한 발달 트라우마 장애를 입은 사람의 대표적인 특징이 자해와 자살 시도라는 것은 트라우마 전문가들에게는 임상적으로 잘 알려진 사실입니다.

위에서 '침범'이라는 용어를 썼는데, '침범'이란 무엇일까요? 침범이란 폭행이나 추행을 하는 등 아이의 신체적·심리적 경계선(바운더리)을 소중한 인격체로 지켜주거나 배려하지 않고 훼손하는 것입니다.

발달 트라우마를 겪으면 아이는 세상을 매우 위험하고 냉정하며 믿지 못할 곳으로 느끼고, 내면 깊이 자신이 무가치하다고 느낍니다. 그리고 이러한 내적 작동 모델이 두뇌 속에 깊이 형성됩니다.

문제는 일회성으로 당하는 사건 트라우마와 달리, 정서, 인지, 신체, 사회성이 발달하는 과정에서 오랫동안, 지속적이거나 간헐적으로 이런 경험이 누적되다 보면 자신과 트라우마를 동격화할 수 있다는 점입니다.

'자아를 잃어버린 미아'로 떠도는 아이들

앞에서 소개한 예진 씨와 정훈 씨처럼 겉으로는 체격도 좋고 외모도 괜찮은 성인이지만 내면에는 성장하지 못한 아이가 외롭게 내재되어 있을 수 있습니다. 그래서 상처를 입을까 봐 진실한 인간관계를 피하고, 정신적 허기를 채우기 위한 피상적인 교제 속에서 위장된 친밀감을 과장되게 표현하고, 삶의 목적과 의미를 찾지 못하며, 무언가에 의존하거나 도피하는 '자아를 잃어버린 미아'가 될 수 있습니다.

아기나 아동은 자신을 보호할 자원이 미약하기에 이런 위협이나 위험이 불가항력으로 느껴집니다. 어린아이의 힘으로는 양육자의 방치를 저항하거나 막을 수도 없고, 도망갈 수도 없으니, 감당할 수 없는 크기와 무게로 느껴집니다. 상대적으로 자신의 힘은 과소평가하게 되고 무기력감을 느껴 자신감과 자존감이 잘 자라지 못합니다.

즉, 남들이 볼 때는 객관적으로 전혀 위협이 아닌 자극에도 꼼짝을 못하거나, 얼어붙거나, 과잉 반응을 보일 수 있습니다. 일반적인 외상후 스트레스 장애(PTSD)는 생명의 위협이 될 정도의 사건을 겪은 후 나타나는 증상이라고 규정하나, 발달 트라우마는 아이가 직접 학대를 당하지 않더라도 입을 수 있습니다.

그래서 콜크 박사는 일반적인 외상후 스트레스 장애의 진단으로는 발달 트라우마 장애를 이해하기가 어려워서 지금까지 엉뚱한 진단을 내려왔다고 지적합니다. 경계선적 성격장애, 기분장애, 선택불능장애, 주의력결핍 과잉행동장애(ADHD) 등 '장애'라는 명칭만 붙여놓았지 제대로 원인을 규명하거나 진단을 내리지 못했다고 말합니다.

발달 트라우마 장애와 외상후 스트레스 장애

발달 트라우마 장애(DTD)와 외상후 스트레스 장애(PTSD)는 둘 다 정상적인 성장과 심리적 안녕(well-being)에 위협이 된다는 공통점이 있지만 아래와 같이 차이점도 있습니다.

첫째로, PTSD는 사건 트라우마의 경우 인식 분별이 되는 특정한 외상성 사건에 의해서 생깁니다. 예를 들어 전쟁, 지진, 화재, 자동차 사고, 개에 물린 경우 등에 생깁니다. 하지만 DTD는 특정한 한두 가지 사건을 겪어서 생기는 게 아니라, 성장과 함께 일련의 트라우마가 발생하여 뇌의 구조와 기능에 부정적 영향을 주는 상태입니다.

둘째로, PTSD는 대개 상처와 관련한 자극이 없으면 반응이 나오지 않습니다. 가령 개한테 물려서 PTSD를 겪는 경우, 개가 나타나지 않는 한 개에 대해서 늘 불안해하는 건 아닙니다. 하지만 DTD는 특별한 자극이 없어도 지속적이고 만성적인 후유증을 남길 수 있습니다.

이것은 공포와 불안의 차이라고 볼 수도 있습니다. 공포는 어떤 특정 경험이나 대상에 대한 두려움입니다. 고소공포증, 폐쇄공포증 등은 높은 곳이나 엘리베이터 내부 등 특정 공포 대상만 없으면 일상생활에 별다른 어려움을 끼치지 않습니다. 하지만 범불안증은 무언가가 자극을 주지 않아도, 가만히 있어도 늘 뭔가 불안하고, 뭔가 공허해서 일상생활이 괴롭고 어렵습니다. 그러면서도 무엇이 자신을 불안하고 불편하게 하는지를 꼭 집어서 인식할 수가 없습니다.

애착손상이
지속적으로 벌어질 때

발달 트라우마와 애착손상이 같은 것은 아니지만 애착손상이 지속적이고 만성적으로 벌어질 때는 발달 트라우마가 될 수 있습니다. 아기가 태어나서 첫 3년 동안 학대나 방치 등으로 애착 형성이 잘되지 않으면 뇌의 회로, 구조, 기능, 신경계 발달에 지장이 생깁니다. 그 결과 정서적·인지적·관계적 발달에 문제가 발생합니다.

발달 트라우마는 대개 아이의 무의식에서 벌어집니다. 만 3세까지는 아직 합리적으로 생각하거나 이해하거나 분별할 능력이 없고, 언어로 정확하게 의사 표현을 할 수도 없습니다. 뭐가 옳고 그른지를 분별할 능력이 있어야 '내가 받을 걸 못 받았구나' 하고 알겠지만, 인지 발달이 미성숙하기 때문에 방치되거나 학대를 받아도 아이는 모르는 상태로, 즉,

무의식중에 트라우마를 겪습니다.

유아기에 적절한 돌봄을 받지 못한 경험은 이처럼 무의식에 각인되어 어른이 된 뒤에도 '알고는 있지만 생각나지 않는, 뭐라고 꼬집어서 말로 표현하거나 의식적 기억을 하지 못하는' 상태로 남습니다. 더 놀랍고 걱정스러운 것은 아이들을 사랑하는 양육자들도 아동의 정서적·사회적 욕구에 대해서는 무지할 수 있다는 사실입니다. 그 사이 아이의 욕구에 적절한 반응이 부재할 때 어떻게 아이가 결핍되어 가는지 잘 모를 수 있다는 것입니다.

한때 서양에서 인기를 끌었던 양육법에도 이런 무지나 왜곡된 믿음이 반영되어 있기도 합니다. 앞서 소개했듯이 1930~40년대에 미국에서 '양육의 권위자'로 불렸던 존 왓슨 박사는 "아기가 울 때 안아주지 마라. 어렸을 때부터 빨리 혼자 놔두어야 아이가 독립적으로 큰다. 그래야 아이가 씩씩하고 부모에게 매달리지 않는다"라고 가르쳤습니다.

당시에 유행하던 극단적인 행동주의 육아법입니다. 하지만 이런 주장은 어른을 위한, 어른에 의한, 어른 중심의 매우 왜곡된 신념에 기초한 것이었고, 이런 주장대로 키운다면 나쁜 의도가 없다 해도 자녀에게 발달 트라우마를 입히는 결과를 초래할 것입니다.

1장에서 소개한 사춘기 남학생 성준이, 30대 주부 혜선 씨, 그리고 네 살 연아는 발달 트라우마의 증상을 보이고 있었습니다.

성준이는 영유아기의 애착손상이 오랜 기간 잠복되어 있다가 왕따를 계기로 자퇴와 도피, 마약으로 힘든 사춘기를 보내며 '숨겨진 트라우마'로 고통받고 있었습니다.

혜선 씨는 성장기 내내 부모에게 정서적 돌봄을 받지 못하여 아이를 낳고 키운다는 것이 너무나 두렵고 자신감이 없어서 임신에 공포감을 느끼면서 낙태를 고려했던 것입니다. 그리고 출산 전후로 남편이 옆을 지켜주지 않음에 심한 배신감과 적대감을 느끼면서 이혼 직전까지 갔고, 딸과의 관계가 처음부터 뒤틀리게 되었습니다.

연아도 아기 때부터 부모로부터 정서적 돌봄을 받지 못하고 부모의 불화로 인해 만성 불안감이 뒤섞여서 복합적 발달 트라우마 증상을 보이고 있었습니다. 민감한 발달기에 여러 트라우마를 수차례 겪은 것입니다. 연아의 어머니(혜선 씨)가 연아를 노골적으로 적대시하는 모습을 보면 아이의 상태는 겉보기보다 더 심각할 수 있겠다 짐작이 되었습니다.

연아의 심리적·신체적 상태는 부모로부터 물려받은 것입니다. 유전적으로 물려주지는 않았지만 엄마가 받은 트라우마의 후유증이 아이에게 전달되어 그 자체가 아이에게 트라우마가 되었고, 후유증에 시달리고 있는 것입니다.

현재 상태가 지속된다면 연아의 미래는 밝지 않습니다. 아동기를 거치고 사춘기를 보내면서 얼마나 힘들어할까요? 그로 인해 연아의 엄마는 또 얼마나 힘들고 아이를 못마땅하게 여길지, 서로가 서로에게 얼마나 많은 고통을 주고받을지 참으로 걱정됩니다.

이런 우려는 단순한 개인적인 걱정이 아닙니다. 이미 방대한 연구 결과 그 후유증이 심리적·정신적 질병만이 아니라 의료적인 질병과 밀접한 관련이 있으며, 그 비용 또한 개인·가족·기업·국가 차원에서 막대하다는 것을 알 수 있습니다.

아동기 부정적 경험의
위험성

미국 카이저 병원의 예방의학과 과장이었던 빈센트 펠리티(Vincent Felitti) 박사는 당시 세계 최대 규모의 의학적 스크리닝 프로그램을 갖춘 카이저 병원의 비만 클리닉에 온 한 여성의 사례에 주목했습니다. 간호조무사로 일하던 이 여성은 185킬로그램의 고도 비만을 51일 만에 60킬로그램으로 감량했습니다. 그런데 몇 달 후 이 여성의 체중은 다시 급격히 불어났습니다. 왜 그랬을까요?

날씬해진 몸매에 반한 남자 동료가 치근대고 섹시하다고 말하자 그녀는 다시 음식을 마구 먹었다고 합니다. 어떤 날은 아침부터 저녁까지 폭식하고 늦은 밤에도 음식을 꾸역꾸역 먹었다고 합니다.

펠리티 박사는 이 여성처럼 비만 클리닉을 찾는 질병 수준의 고도 비만 환자들 대다수가 어릴 때 성적 학대를 당한 경험이 있고 각종 가정 문제 등이 있었음을 알게 되었습니다. 그는 286명 환자의 인터뷰 결과를 1990년 북미비만연구연합회에서 발표했는데, 당시 전문가들은 냉담한 반응을 보였습니다. "그런 환자들의 말을 어떻게 믿을 수 있나?" 또는 "인생의 실패 이유를 그럴듯한 이야기를 지어서 변명하는 것 아닌가?"라고 말입니다.

그러나 이 무렵부터 ACE(Adverse Childhood Experience, 아동기의 부정적 경험) 연구가 시작되었습니다. 아동기의 부정적 경험의 예는 다음과 같습니다.

방치	부모의 이혼
신체적 학대	부모의 중독
성적 학대	부모의 수감
심리적 방치	

펠리티 박사는 예방의학과에 온 환자 2만 5천 명 중 1만 7,421명의 동의를 얻어 역학조사를 했습니다. 그 결과 아동기에 부정적 경험을 한 사람이 무려 세 명 중 두 명이나 되었습니다. 놀랍게도 이들 대부분은 40~60세의 중산층 백인으로 고학력에 경제적 안정을 누리고 있던 사람들이었습니다.

아동기의 부정적 경험은 0~10점으로 수치화되었는데, 이를 'ACE 점수'라고 합니다. ACE 점수가 높을수록 어릴 때 부정적 경험을 중복적으로 겪었다는 뜻입니다. 1만 3,000명의 응답자 중 3분의 2가 ACE 1점 이상, 4분의 1은 2점, 8분의 1은 4점 이상으로 집계되었습니다. 연구 결과는 다음과 같습니다.

ACE 4점 이상을 받은 사람은 0점인 사람에 비해 학습 문제와 행동 문제가 17배 더 많았습니다. 성인기 우울도 ACE 4점 이상 여성의 66퍼센트, 남성의 35퍼센트에게 나타났으며, 자살 시도는 ACE 6점이 ACE 0점보다 무려 5,000배, 알코올 중독은 7배, 마약 복용은 4,600배 더 많았습니다.

성인기 여성의 성폭행 피해 비율은 일반인의 경우는 5퍼센트였지만 ACE 점수가 높은 경우는 33퍼센트나 되었습니다. 아동기에 가정 폭력을 목격한 남성이 자신의 파트너를 학대할 위험은 7배 높았고, 흡연, 비만, 계획하지 않은 임신, 여러 명의 성적 파트너를 동시에 만남, 성병 감염 등 위험한 라이프스타일을 추구하며 살아갈 확률은 훨씬 높았습니다.

또한 ACE 점수는 건강 문제와 직결되었습니다. ACE 6점이 ACE 0점에 비해 만성 폐쇄성 폐질환, 허혈성 심장병, 간질환 등 사망률 1위부터 10위에 해당되는 병에 시달리는 비율이 15퍼센트 더 높았고, 암 발생률은 2배, 폐기종 발생률은 4배 높았습니다. 그 원인은 지속적인 스트레스로 신체가 계속 타격을 입기 때문으로 밝혀졌습니다.

펠리티 박사가 눈여겨 보았던 고도 비만 간호조무사 여성은 어땠을까요? 그녀는 2년 후 비만 수술로 체중을 44킬로그램 감량했으나 그동안 자살 시도와 자살 충동 문제를 해결하려고 정신과 병원 다섯 곳을 전전했고, 효과가 없자 전기충격 치료를 세 번 받았습니다.

그녀의 증상은 중독자의 치료 과정과도 흡사했는데, 문제의 해결책이 바로 문제가 되기에 치료가 실패하거나 재발하거나 다른 문제들이 더 생기게 되는 것입니다. 즉, 중독자들이 중독에서 벗어나면 걷잡을 수 없는 무기력감, 불안, 수치감 등을 감내해야 하는데 대개 애착손상에서 비롯된 실존적 외로움과 뿌리 깊은 우울감, 불안감 등이 또다시 중독으로 빠져들게 한다는 뜻입니다.

성적 트라우마를 입은 사람들은 비만으로 자신의 몸을 무장하고, 이를 자신의 몸을 보호하는 무의식적 방패로 삼는 경우가 있습니다. 이들은 살을 빼서 날씬해지면 또다시 성적 대상물로 여겨져서 성적 트라우마를 입지 않을까 하는 불안감을 갖고 있습니다. 여성 비만인들 가운데 "체중이 많이 나가면 (남성들의) 눈길을 안 받잖아요. 저한테 필요한 게 바로 그거예요"라고 하는 경우를 자주 봅니다. 남성 비만인들의 경우 "단순히 배가 고파서 먹은 게 아니에요. 먹어야 안전하다고 느꼈던 거죠. 몸이 크면 안전하게 느껴지니까요"라고 말하는 사람도 있습니다.

방치와 학대, 자연재해보다 심각한 상흔들

미국의 보건 문제에서 가장 심각하고, 가장 큰 비용이 발생하는 문제는 대부분 아동기의 부정적 경험에 기인하는데 이 비용은 암이나 심장질환으로 인한 비용보다 비쌉니다. 반대로 아동기의 긍정적 경험은 우울증을 2분의 1, 알코올 중독을 3분의 2 정도 감소시킵니다. 또한 자살과 마약 중독, 가정 폭력을 4분의 3 감소시키고, 수감자 비율도 대폭 줄일 수 있습니다.

이러한 결과를 본다면 정서적 흙수저에서 정서적 금수저로 아이들을 기르는데 우리나라 부모, 기업, 정부가 나서야 할 근거가 충분하지 않습니까?

아직도 서구 사회에서는 아동기의 부정적 경험에 의해 발생하는 여러 문제들을 대개 향정신성 약물로 치료함으로써 아이를 고분고분하게 만듭니다. 이러한 약물 치료는 즐거움과 호기심을 느끼는 능력, 정서적·지적으로 성장하고 발전할 기회, 사회의 일원으로 공헌할 능력을 손상시킨다고 콜크 박사는 우려합니다.

이를 조기에 발견하고 효과적인 치료 개입을 위해 트라우마 연구의 선구자인 하버드 대학교의 주디스 허먼(Judith Herman) 박사와 아동기 애착 트라우마 연구의 권위자인 베셀 반 데어 콜크 박사는 어릴 때 트라우마를 겪었는지를 물어보는 질문을 공동으로 개발했습니다. 그 질문은 다음과 같습니다.

- 사는 곳은 어디인가요?
- 누구와 함께 살고 있나요?
- 식사 준비와 빨래는 누가 하나요?
- 일상생활에서 마음으로 의지하는 사람은 누군가요?
- 마음이 혼란스러울 때 누구와 대화하나요?
- 누가 정서적으로 실질적으로 버팀목이 되어주나요?
- 어릴 때 누구와 살았나요?
- 이사를 몇 번 다녔나요?
- 주로 돌봐준 사람은 누구였나요?

요즘 우리나라에서 외주에 맡겨져 자라는 많은 아이들은 위의 질문에 어떤 답을 할까요? 허먼 박사와 콜크 박사에 따르면 대부분의 아이들은 아동기에 적절한 정서적 돌봄을 받지 못한 경험에서 달아나거나 피할 방법을 찾지 못했고, 도움을 요청할 사람도 없었고, 숨을 곳도 없었다고 합니다. 하지만 아이들은 성장기 내내 어떤 식으로든 두려움과 절망에 대처하고, 아침에는 아무 일도 없었던 듯 학교에 가서 지냈을 것입니다.

이처럼 누적된 애착손상의 심각한 후유증인 양극성 성격장애 환자들의 해리증상이나 누구든 도움이 될 만한 사람에게 보이는 과도한 의존성은 스스로 감당할 수 없는 감정과 피할 수 없는 잔혹한 현실에 대처하던 경험에서 시작된 것이라고 합니다. 예전에 '조울증'이라고 불렸던 양극성 성격장애로 진단받은 사람의 81퍼센트가 심각한 방치와 학대를 경험했고, 그중 대다수가 일곱 살 이전에 학대를 받았음이 밝혀졌습니다.

이런 연구 결과는 존 볼비 박사의 주장과 일치합니다. 그는 "아동이 어떤 강렬한 경험을 자신에게서 완전히 끊어내야만 하는 경우, 타인에 대한 만성적 불신, 호기심의 억제, 자신의 감각에 대한 불신, 비현실적인 것을 찾으려는 경향 같은 심각한 문제가 발생한다"고 했습니다.

콜크 박사는 자기파괴적 행동을 계속하는 사람들은 대부분 어릴 때 함께 있으면 안전하다고 느낀 사람이 주위에 아무도 없었고, 거처를 이곳저곳 옮겨 다녔고, 아무도 신경을 써주지 않은 경우가 많았다고 합니다. 즉, 방치되었던 것입니다.

어릴 때 누군가와 함께 있으면 안전하다고 느낀 기억은 애정의 흔적이 되어 성인기에 일상생활 속에서 또는 치료를 통해 다른 사람과 조화를 이룰 때 다시 활성화됩니다. 반면에 깊이 사랑받고 안전하게 느낀 기억이 없으면 뇌에서 사람의 친절에 반응하는 수용체가 아예 발달하지 않습니다.

콜크 박사는 병원 환자들을 세 그룹으로 나눠서 비교해 보았는데 Ⓐ 최근에 가정 폭력을 경험한 경우, Ⓑ 최근에 자연재해로 피해를 입은 경우, Ⓒ 아동기에 신체적·정신적 학대를 당한 경우로 분류해 본 결과, Ⓒ에 해당하는 그룹이 다음과 같은 증상을 가장 많이, 심각하게 보였습니다.

- 집중력이 떨어짐
- 늘 궁지에 몰린 듯 초조해함
- 극심한 자기 혐오
- 친밀한 관계나 타협이 극히 서투름
- 무분별하고 위험하고 만족을 못 느끼는 성적 관계를 형성하다가
  돌연 성욕이 완전히 사라지기도 함
- 자해를 하는 경우가 많음
- 각종 의학적 질환에 시달림

콜크 박사는 어린 시절에 당한 방치나 배신, 학대로 인한 문제에 대처하려는 사람에게 우울증, 공황장애, 양극성장애, 경계선적 성격장애 같은 진단만 내린다면 해결하려는 문제를 제대로 다룰 수 없다고 말합니다. 양육자의 방치가 낳은 결과는 자동차 사고나 자연재해가 남긴 영

향보다 훨씬 더 복합적이고 만연하다고 합니다.

학교, 경찰서, 상담실에서 문제 행동을 보인 아동이나 청소년들이 자발적으로 학대나 방치 경험이 있었다고 말하는 경우는 거의 없습니다. 따라서 정신과 의사나 심리치료 전문가들도 문제의 원인을 제대로 밝히지 못하는 경우가 흔합니다. 왜냐하면 82퍼센트는 PTSD(외상후 스트레스 장애) 진단에 충족하지 않기 때문입니다.

부정적 경험을 많이 한 아이들은 세상과 담을 쌓거나 의심이 많거나 공격적인 특성을 보이는데 그러면 적대적 반항장애, 파괴적 기분조절 장애, ADHD 등 흔히 '장애' 진단을 받습니다. 대부분 시간이 지날수록 진단명과 문제 증상들은 점점 늘어갑니다. 약물 치료, 행동 교정, 노출요법 등으로 관리를 받지만 치료 효과는 거의 나타나지 않고 상처만 더 깊어지는 것이지요.

콜크 박사는 미 전역의 아동 트라우마 스트레스 네트워크를 통해 2만 명의 아동 데이터베이스를 구축하고, 전 세계 100명 이상의 아동·청소년을 대상으로 한 연구 논문 130편을 참고하였습니다. 열두 명의 아동 트라우마 전문가들과 4년간 논의한 끝에 '트라우마성 발달 장애'라고 진단명을 정했습니다. 나중에 더 살펴보겠지만 '트라우마성 발달 장애' 진단을 받은 아이들은 다음과 같은 증상을 보입니다.

- 조절장애가 신체에 범발적으로 일어남
- 주의력과 집중력에 문제가 발생함
- 자기 자신과도 타인과도 잘 지내지 못함
- 감정이 극과 극으로 급속히 바뀜

- 폭발적으로 짜증을 내고 혼란스러워하다가 무심하고 기복이 없는 상태 또는 해리 상태가 됨
- 위협을 상상하기만 해도 스트레스 호르몬이 계속 분출되어 수면장애, 두통, 원인 모를 통증이 발생하고 신체 접촉이나 소리에 과잉 반응함
- 긴장 해소를 위해 자위, 몸을 흔드는 행동, 자해, 피부 뜯기 등을 함
- 사소한 실망에도 자신을 비루하게 느끼며, 과도한 감정을 분출함
- 자신을 학대한 사람에게조차 절박하게 매달리고 도움을 구함
- 자신은 무가치하며 결함이 있는 존재라고 여기고, 타인을 불신함

콜크 박사를 비롯한 이 분야의 전문가들은 애착 관계가 제대로 형성되지 못하고 감정 조절력에 문제가 있으면 집중하기 어렵고, 목표 없는 생활을 하며, 바르게 살기 어렵고, 일관된 정체성을 못 느끼며, 자신의 능력을 인지하지 못한다고 합니다. 즉, 고유하고 고귀한 인생을 허비하면서 불행의 늪에서 사는 정서적 빈곤자가 된다는 것이지요.

저희는 이런 사람들을 정서적 흙수저라고 통칭합니다. 이들을 어떻게 도와줄지, 더욱 중요하게는 어떻게 예방할지를 고민하고 나아가 더 많은 사람들이 정서적 금수저로 살아갈 수 있는 방법을 연구하고, 교육하고, 전파하는 것이 이 책을 쓰는 목적이자 저희가 주력하는 '행복씨앗' 프로젝트의 핵심입니다.

연결이 끊어지면
건강한 성장과 발달도 어렵다

발달 트라우마는 왜 일어날까요? 아기는 주 양육자와 에너지적으로 교류합니다. 즉, 아기가 배가 고프면 양육자가 에너지를 채워주고, 정서적으로 놀라면 위로해 주고 다독여주고 진정시켜주는 등 신체적·감정적 에너지 교류와 공명 속에서 아이의 두뇌가 발달하고, 아이는 세상에서 살아갈 연습을 합니다.

성장에 반드시 있어야 할 긍정적 에너지 교류와 공명이 없을 때 아기는 상당히 민감하게 반응합니다. 이런 사실을 발달심리학자 에드 트로닉(Ed Tronick) 박사는 '정지 얼굴 실험'을 통해서 입증했습니다. 연구자의 지시에 따라 무표정한 얼굴로 있는 엄마의 반응에 3개월 정도 된 아기가 놀라고, 당황하고, 반응을 얻으려고 애쓰다가 안 되면 울면서 고개를 돌리는 실험입니다. 이 실험에 대해서는 뒤에서 좀더 상세히 설명하겠습니다.

발달 트라우마는 아기에게 일상적이고 정상적이며 미묘한 매일의 관계적, 에너지적 연결과 소통이 너무 자주 또는 너무 오래 단절될 때 일어납니다. 어쩌다 한 번 아기가 잠시 울었는데 주 양육자가 못 듣는 건 큰 상처를 남기지 않고 회복됩니다. 하지만 이런 일이 빈번하게, 또는 며칠이나 몇 달씩 지속된다면 아이는 두뇌·정서·인지 발달에 트라우마를 입게 됩니다.

그래서 저는 심리치료를 할 때 초기 면접에서 부모와 형제자매 등에 대해 묻습니다. 특히 몇 남 몇 녀의 몇째인지를 물어봅니다. 그런 다음 형제자매의 순서와 성별, 터울 등을 묻습니다.

그 이유는 숨겨진 트라우마가 있을 가능성을 타진하기 위해서입니다. 성별이나 서열상 차별대우를 받았을 수도 있고, 연년생일 경우 한 아이를 다른 사람에게 맡기거나 제대로 돌보지 않았을 수 있으며, 어린 시절에 동생들의 엄마 역할을 맡았을 수도 있습니다. 이런 것들이 모두 발달 트라우마의 요인이 될 수 있습니다.

미혼인 49세의 여성이 만성 우울증으로 저를 찾아온 사례가 있었습니다. 성희진 씨가 저를 찾아온 직접적인 계기는 함께 살고 있는 80대 노모가 미워서 둘 중 한 명이 죽어야 괴로움이 끝날 것 같아서라고 했습니다. 어머니를 양로원에 보내자니 죄책감이 들고, 한집에 살자니 너무 보기 싫다는 것입니다.

성희진 씨에게 형제 중 몇째냐고 물었더니 처음에는 맏딸이라고 했습니다. 밑에 여동생이 둘 있는데 둘 다 결혼해서 잘 살고 있고, 유독 자신만 결혼도 못하고 노모와 '지겹게' 같이 살고 있다고 했습니다. 제가 "딸만 셋이었나요? 다른 형제자매는 없었고요?" 하고 물으니, 희진 씨는 머뭇거리다가 이렇게 답했습니다.

"사실 제 위에 오빠가 셋 있었는데 모두 아주 어릴 때 홍역을 앓다가 죽었대요. 그 뒤로 딸만 낳으니까 엄마는 할머니한테 아들 못 낳는다고 엄청 구박을 받았고, 그 분풀이를 저에게 했어요. 엄마는 아들들이 어릴 때 죽은 것이지 아들을 못 낳은 게 아니라면서 억울하다고, 저보고 왜 딸로 태어났냐고 구박했어요.

오빠들이 죽은 건 내 잘못이 아니고, 내가 딸로 태어나고 싶어서 태어난 것도 아니잖아요. 그런데 아들 셋을 잃고 제가 태어나니까 엄마는 저를 윗목에 밀어놓고 젖도 안 줬대요. 이웃 할머니가 불쌍하다고 동네에 안고 다니면서 동냥젖을 먹여서 살리셨다고 해요.

저는 어릴 때 엄마 눈을 보는 게 무서웠어요. 사랑을 받으려고 공부는 엄청 열심히 했습니다. 그런데 엄마는 '저게 아들로 태어났다면 얼마나 좋았을까' 하면서 여전히 저를 예뻐해주지 않더라고요. 동생들도 엄마의 사랑을 받지 못했지만 제가 작은 엄마 역할을 하면서 동생들 빨래, 옷 입히기, 밥 먹이기, 숙제 봐주기 같은 걸 다 해줬어요."

희진 씨는 엄마의 품이 따뜻하다는 것이 어떤 건지 아직도 모르겠다면서 눈물을 흘렸습니다. 늘 마음에 찬바람이 불어오는 것처럼 시린 느낌이 있고, 사람들 앞에 서면 위축되고 긴장된다고 했습니다. 애착손상으로 인한 발달 트라우마의 후유증이 인생 중년기까지 따라다니는 것이었습니다.

대부분의 양육자가 아이의 신호를 놓치고 있다

갓난아기는 생존의 거의 모든 것을 양육자에게 의존합니다. 그런데 각종 생존의 욕구를 울음으로 표현해도 아무도 와주지 않고 응답이 없는 일이 지속적으로 일어나면 어떤 문제가 생길까요?

그럴 때 아기는 돌봄에 대한 '믿음'을 배우지 못합니다. 무언가가 필요할 때 누가 돌봐준다는 것은 기본적인 믿음의 토대가 됩니다. 이런 믿음이 생후 1년 안에 잘 형성되지 못하면 발달심리학자 에릭 에릭슨(Erik Erikson) 박사가 말하는 생후 첫 과업인 '기본 신뢰감'을 쌓는 대신 불신감이 자리 잡게 됩니다.

기본 신뢰감은 애착에 매우 중요합니다. 기본 신뢰감이 있어야 아기들이 입을 벌려 음식을 받아들이고, 안기고, 기대고, 의지합니다. 따라서 생후 첫 1년간 아기와 주 양육자 사이에 신뢰를 바탕으로 한 애착 형성은 매우 중요합니다. 이것은 양육자와의 관계에 지대한 영향을 미칠 뿐 아니라 아동기, 청소년기, 성인이 되어서도 대인관계에 영향을 미칠 수 있습니다. 교사, 친구, 동료, 배우자, 심지어는 자녀와의 관계에도 큰 영향을 미칠 수 있습니다.

많은 부모나 양육자들이 수유, 배변, 재우기, 목욕시키기 등은 열심히 해주지만 아기와의 연결과 소통에는 큰 관심을 두지 못할 수 있습니다. 아기가 얼굴을 찡그리거나 입맛을 다시거나 고개를 돌리는 등 미묘하지만 중요한 신호를 보내는데, 다른 일을 하다가 이런 신호를 알아차리지 못하고 지나칠 때가 많습니다.

또한 요즘은 여성의 경력 단절을 막는다며 정부에서는 아기를 낳아도 어린이집에 맡기면 된다고 합니다. 과연 여러 명을 돌봐야 하는 보육사들이 각각의 아기가 보내는 신호를 즉각 감지하거나 인내심과 애정을 갖고 친절하게 응답할 수 있을까요?

물론 아이를 사랑하는 마음으로 보육사 일을 시작했겠지만 한 사람이 아기 한 명을 돌보기도 힘든데 몇 명을 돌보다 보면 인내심과 체력의 한계에 부딪칠 것입니다. 하지만 이는 모두 어른들의 사정이고, 아기들의 입장에서는 자신이 보내는 신호에 양육자로부터 즉각적이고 적절한 응답을 받는 것이 가장 중요합니다.

아기가 보내는 신호는 약해도 매우 중요합니다. 보통 아기는 우유병을 빨면서도 사람을 응시합니다. 자신을 돌봐주는 사람을 응시하면서 접촉 위안을 받고자 합니다. 아기가 울 때 부모나 주변 어른들이 그 신호를 놓치거나 무시하면 아기는 자신의 요구나 욕구가 간과되는 충격을 받아도 그것을 어떻게 처리하고 표현할지를 모르는 상태로 성장합니다. 그리고 그런 상태를 '정상'으로 여기게 됩니다.

양육자와 아기의 소통과 조율이 결핍되면 아기는 스트레스를 받고, 아기의 두뇌 회로와 신경계가 영향을 받아서 뇌 부위가 제대로 형성되지 못합니다. 그래서 자신의 감정을 잘 조절하지 못하거나, 상대의 감정을 파악하지 못하게 됩니다. 결국 주변의 사회적 단서와 분위기를 감지하기 어려워하게 됩니다.

청소년이나 성인이 된 후에도 유아기의 경험과 비슷한 일들에서 지속적으로 문제가 일어납니다. 예컨대, 사소한 일에서 거부를 당해도 유아 같은 반응을 보이며 어쩔 줄 몰라 합니다. 필요한 것이나 원하는 것을 아예 말하지 않거나 말하더라도 공격적으로 혹은 엉뚱하게 표현하고,

거부에 대해 극도로 민감하고 분노합니다.

또 자신의 욕구를 충족하려고 할 때 상호 존중의 방식이 아닌 착취나 의존 등의 방법으로 해소하는 등 부정적이고 반대로 행동할 수 있습니다. 거부와 무시가 기본적 대인관계의 패턴이 될 수 있는 것입니다.

아이들이 과민 행동을 보이거나, 친구와 자주 싸우거나, 말끝마다 반박을 하거나, 혹은 아무 반응을 보이지 않을 때는 그들의 초기 애착 도식을 주의 깊게 살펴볼 필요가 있습니다.

아이의 주 양육자가 엄마였고, 엄마가 특별히 직장 생활을 하거나 집을 비우지 않았다 하더라도, 아이를 학대하거나 미워하지 않았다 하더라도, 미묘한 상호작용을 해야 할 시점에 장기간의 산후우울증이나 부부간의 불화, 입원이나 집안 문제 등으로 아이를 정서적으로 잘 돌보지 못했을 때도 아이는 발달 트라우마를 입을 수 있기 때문입니다.

춤을 추듯
아기와 조율하라

　　미국에 〈NOVA〉라는 TV 다큐멘터리 시리즈가 있습니다. 거기서 2000년에 〈Life's First Feelings〉라는 작품이 방송되었습니다. 그 작품의 주제는 아기들은 태어나서 영유아기 1년 동안 여러 가지 감정을 느끼는데, 대부분의 경우 부모나 양육자들이 그 감정을 놓쳐버린다는 것이었습니다. 그럴 때 아기들이 얼마나 충격을 받으며 어떤 반응을 보이는지를 자세히 보여주는 프로그램이었습니다.

　　이에 대해서 수십 년 전에 선구적인 연구를 한 사람이 앞에서 소개한 에드 트로닉 박사입니다. 그는 1986년에 '정지 얼굴 실험'을 했습니다. 그 실험 과정은 다음과 같습니다.

　　엄마가 생후 3~4개월 된 아기와 함께 웃고 상호작용을 하다가 실험자가 지시를 내리면 무표정을 짓습니다. 화난 얼굴이 아니라 무표정이었습니다.

아기의 미소에 엄마가 무표정한 얼굴로 대하자 아기가 깜짝 놀라며 반응을 보입니다. 우선 '이게 뭐야?' 하는 의아한 표정을 짓고, 그다음에는 '내가 싫어요?' 하는 표정으로 눈이 동그래집니다. 그다음에는 긍정적 반응을 얻고자 엄마가 이전에 좋은 반응을 보였던 여러 가지 행동을 합니다.

트로닉 박사의 실험 녹화 영상을 보면, 아기가 "까르르르르르" 하는 소리도 냅니다. 보통 때는 그런 소리를 내면 엄마가 "아이, 예뻐라!" 하면서 따라 했기 때문입니다. 아니면 손가락으로 엄마를 찔러보거나 발을 버둥거리기도 합니다. 이렇게 자기가 할 수 있는 것을 다 해봅니다.

그래도 엄마가 계속 무표정을 유지하자, 아기는 괴로워하고 울면서 화를 냅니다. '어떻게 이럴 수가 있어?' 하는 표정이지요. 그러다가 딸꾹질을 하고 토하기도 합니다.

이런 모습은 굉장한 스트레스를 받을 때 나오는 쇼크 반응들입니다. 쇼크 상태가 지속되면 아기의 몸에서는 수분이 빠져나갑니다. 몸에 있는 수분을 빨리 배출해서 도망가기 쉽게 만드는, 우리 몸에 진화적으로 장착된 스트레스 반응입니다. 그래도 엄마의 무표정이 지속되자 아기가 엄마로부터 얼굴을 돌려버립니다. 더 이상 감당이 안 되는 것이지요.

요즘은 이런 실험이 아기에게 트라우마가 될 수 있기에 실시하지 못합니다. 마치 아기의 피부가 화상을 입으면 어떻게 되는지 보려고 실제 불에 데는 실험을 하는 것이나 마찬가지이기 때문입니다. 하지만 에드 트로닉 박사가 이 실험을 했던 1980년대에는 엄마의 무표정이 아기에게 그렇게 부정적인 영향을 미치는지 실험자도 잘 몰랐습니다. 이 실험의 결과 아기들은 아무것도 모르는 게 아니라 양육자의 표정과 감정적 반응에 상당히 민감하다는 사실이 밝혀졌습니다.

처리되지 못한 상처는 그대로 남는다

엄마와 아기는 함께 춤을 추듯 정서적으로 조율하는 관계입니다. '정지 얼굴 실험'에서 엄마의 무표정에 아기가 좌절하고 괴로워한 것은 조율이 이루어지지 못했기 때문입니다.

아기가 엄마와의 조율에 실패할 때 할 수 있는 일은 별로 없습니다. 자기 손을 멍하니 바라보거나 빨거나 할 뿐입니다. 무심한 양육자는 이런 신호를 놓치고 '가만히 있네. 울지 않네' 하고 별로 신경을 쓰지 않습니다.

그러면 아기는 스트레스를 받고, 이런 스트레스가 상처(트라우마)가 됩니다. 이런 트라우마는 뼈가 부러지거나 멍이 들도록 때리는 '큰 트라우마(T-trauma)'가 아니라 '작은 트라우마(t-trauma)'입니다. 하지만 발달기에 이런 일이 빈번히 발생하면 아기에게는 거부감, 소외감, 단절감, 버려진 느낌, 무가치한 존재라는 느낌 등이 깊이 각인됩니다. 이런 단어들은 애착손상을 입고 자란 청소년이나 성인이 자주 사용하는 단어입니다. 성인이 되었다고 사라지는 것이 아니라 '미해결 과제'나 상처가 되어 여전히 남아 있는 것입니다.

예전에 형제자매가 많던 시절에 자란 사람들 중에 유독 어떤 이는 부모에게 원망과 분노를 느끼는 반면, 어떤 이는 같은 부모님을 감사와 그리움으로 기억하는 경우가 드물지 않습니다. 여러 원인이 있겠지만 어릴 때의 애착 관계를 돌이켜보면 답이 나올 때가 많습니다. 예를 들어, 황정순 씨는 7남매 중 셋째였고, 6·25 직후에 태어났습니다. 피난 중에 경황이 없던 부모님에게 제대로 돌봄을 받지 못했던 황정순 씨는 부모가 자기만 미워한다고 믿었고, 일흔에 가까운 나이가 되어서야 부모님을 이해할 수 있게 되었다고 합니다.

저는 심리치료 중에 인형이나 찰흙을 이용한 작업을 합니다. 먼저 찰흙으로 가족을 빚어보라고 합니다. 이후 자신의 찰흙 인형 앞에 엄마와 아빠의 찰흙 인형을 차례로 '모셔 와서' 어릴 때 꼭 했어야 하지만 하지 못했던 말들을 해보라고 합니다.

이 작업을 하다 보면 충족되지 못한 성장기의 절실한 요구가 표출됩니다. 어릴 때 미처 언어로 표현하지 못했던 상처와 고통이 터져 나옵니다. "어머니나 아버지로부터 받고 싶었는데 받지 못했던 것은 무엇인가요?" 하고 물으면 대개 나오는 대답이 비슷합니다. 사랑, 관심, 수용, 인정, 지지, 위로, 격려 등입니다.

황정순 씨는 상상 속의 부모가 "많이 힘들었지?" 하고 안아주는 생각을 하면서 엄청나게 눈물을 쏟았습니다. 영유아기 때부터 쌓여온 처리되지 못한 갈망, 욕구, 상처가 눈물과 함께 터져 나온 것입니다. 그것들이 몇십 년 동안 미해결 과제로 남아 있었다는 표시입니다.

황정순 씨에게 "부모로부터 받고 싶지 않았는데 받은 것은?" 하고 물었더니 "차별대우, 무시, 무관심" 등이라고 답했습니다. 그다음에는 "어머니에게 혹은 아버지에게 가장 바라는 것은?" 하고 묻는데, 앞의 두 과정이 제대로 처리되지 않으면 이 이야기가 잘 안 나옵니다. 감정적 단절의 걸림돌과 막힘이 제거되지 않으면 원하는 것을 제대로 말하지 못하기 때문입니다.

때로는 자신이 진정 무엇을 원하는지 모르기도 합니다. 아니면 말을 해도 들어주지 않을 거라는 불신 때문에 말하고 싶지 않을 수도 있습니다. 이런 과정은 본인이 의식하지 않아도 일어납니다.

발달 트라우마 도식이 우리 두뇌와 인격 체계에 얼마나 오래 영향을 미칠 수 있는지를 보면 성장기에 양육자와의 정서적 조율과 다정다감한 유대감이 얼마나 중요한지를 알 수 있습니다.

아이가 합리적으로 생각할 수 있도록 지지와 안전감을 주어라

어떤 외상성 사건을 겪더라도 양육자와의 충분한 조율로 안전감을 느끼는 상황에서 겪는다면 시간 감각이 길어집니다. 대뇌 피질에서, 특히 전두엽에서 '이런 일이 벌어졌구나. 이럴 때는 어떻게 하는 게 최선일까?'를 생각할 틈이 있다는 뜻입니다.

넘어져 다쳤다면 '엄마 아빠한테 가서 말을 하면 되겠구나' 하는 식으로 문제를 처리할 수 있습니다. 사건이나 경험으로부터 교훈을 얻거나 의미를 찾을 수도 있습니다. '선생님이 내가 미워서 혼낸 게 아니라 공부를 더 잘하라고 혼낸 거겠지' 이런 식으로 해석하거나 의미를 부여할 수 있습니다.

정신적으로 차분하고 침착할 수 있고, 신체적으로도 흥분하거나 과도하게 스트레스를 받지 않습니다.

그런데 별로 안전하게 느끼지 못하는 상황에서 외상성 사건을 겪는다면 뇌는 뇌간이나 변연계가 주로 작동하고 시간 감각은 초 단위 이하로 단축됩니다. 또한 원초적인 생존 반응을 주로 하게 됩니다. 이성적·논리적·합리적으로 생각하는 게 아니라 주로 감정으로 정보를 처리하게 됩니다. 변연계에서 '싫어' '좋아' '무서워' 등 감정으로 즉각 처리하기에 '뭐가 싫은데?' '어떻게 하면 되지?' 같은 생각이 잘 안 납니다.

아이들이 정보를 감정으로 처리하지 않고 전두엽까지 이끌어서 그곳에서 처리할 수 있게 해주려면 안전감을 주고 지지를 해줘야 합니다. 어른이 좀더 성숙하게 상황을 이해하고 아이의 연결을 도와주지 않으면 아이 두뇌의 변연계에는 '선생님은 날 미워해' '엄마와 아빠는 날 싫어해' '난 나쁜 애야' 같은 생각이 깊이 남을 수 있습니다.

부모님이 내가 미워서 혼낸다고 생각할 수도 있지만, 사실 정말 밉다면 혼내지 않을 수도 있습니다. 사랑의 반대는 미움이 아닙니다. 사랑의 반대는 무관심입니다. 사랑하는 사람이라서 관심을 주는 것입니다. 그런데 아이들은 '나한테 화를 냈다, 내가 원하는 걸 거절했다'를 '엄마 아빠는 날 미워해, 난 나쁜 애인가 봐'라고 믿어버립니다. 객관적으로 보면 비논리적이더라도 말입니다.

변연계에서 위협을 느끼면 이완과 재충전을 해주는 미주신경이 차단되기 때문에 침착하거나 편안하게 대응하지 못하고 경계하거나 얼어붙는 반응이 나옵니다. 긴장 상태로 투쟁이나 도피를 해야 하기에 몸이 편하게 이완하지 못합니다. 스트레스 호르몬이 올라가고, 심장은 빨리 뜁니다. 트라우마가 더 심한 상태가 되면 시간 감각을 잃어버립니다.

그렇게 큰 충격을 받을 때는 파충류의 뇌가 작동하며 영장류의 뇌인 대뇌피질 쪽으로는 혈류가 가지 않기에 합리적인 판단과 선택을 할 수 없게 됩니다. 마치 뱀이 도망치듯 아무 생각 없이 '걸음아 날 살려라' 하면서 도망칩니다. 이것이 '트라우마 도식'입니다. 이 도식을 제대로 알아야 미해결 과제를 해결하고 성장할 수 있습니다. 도식을 모른 채 증상만 없애려고 한다면 자동적·반사적·습관적 트라우마 반응에 '나쁜 성격'이라는 낙인을 찍게 됩니다.

분노 조절 장애, 주의력결핍 과잉행동장애(ADHD), 편집적 성격장애, 반사회적 성격장애, 연극성 성격장애, 경계선적 성격장애, 강박성 성격장애, 의존성 성격장애, 회피성 성격장애 등이 과연 '장애'라는 낙인과 약물로만 치료가 가능할까요? 아닙니다. 그 사람이 경험해 온 애착 도식을 보고, 안전하고 편안한 '관계'를 회복할 수 있도록 도와주는 게 치료 비용을 낮추고 효과를 높이는 비결입니다.

발달 트라우마가
아동 발달에 미치는 영향

　　발달 트라우마는 사람에게 매우 광범위하게 영향을 미치기 때문에 정확한 진단과 치료 개입이 없으면 발달 궤도를 왜곡하거나 전 생애 주기의 인생사에 지속적으로 막중한 영향을 미칠 수 있습니다. 발달 트라우마는 일반적으로 다음 열 가지 면에서 영향을 미칩니다. 하나씩 살펴보겠습니다.

신체 건강을 위협한다

　　첫 번째는 신체적인 영향입니다. 영유아기에 발달 트라우마를 입은 사람들은 흔히 소화, 식욕, 배설, 수면, 면역, 체온 등 신체 조절에 어려움을 겪습니다. 소아과 의사들에 따르면 최근 들어 점점 더 많은 아이들이 아토피와 알레르기성 비염 등 면역과 관련된 질환으로 병원에 온다고 합니다. 저는 이것이 우연한 현상이 아니라고 봅니다. 점점 더 많은 아이들이 양육자와 안정적인 애착 속에서 자라지 못하고 발달 트라우마를 겪고 자라기 때문에 그런 증상이 많이 나오는 게 아닐까요?

스탠퍼드 대학교 소아과 병원의 소아뇌외과 전문의인 조리나 엘버스 박사에 따르면 아기들이 원인 모를 호흡 곤란, 소화 불량, 구토, 설사, 피부질환, 멍함, 흐느낌, 만성 두통, 위경련 등의 증상을 보일 때는 애착과 관련하여 살펴볼 필요가 있다고 합니다. 아기들이 급성 또는 만성 트라우마를 겪을 때 어른들의 트라우마 반응과 비슷한 신체, 생리, 두뇌 반응을 보인다는 것입니다.

위험에 대한 신체적 감각은 가슴 상반부에 집중되는 경향이 있습니다. 보통 위협을 느끼면 가슴이 조여오지 않습니까? 가슴이 짓눌리는 것 같아 병원에 가면 의학적 문제는 없다고 하는 경우가 대부분입니다. 그런데 심리치료를 해보면 발달 트라우마를 입은 사람들에게 흔히 나타나는 증상이 '가슴에 묵직한 돌덩이가 있는 것 같다, 뭔가 가슴을 꽉 막고 있는 것 같다'입니다. 다 커서 의식적으로는 기억이 안 나더라도 뭔가가 촉발되면 가슴이 답답하거나, 쑤시거나, 아프거나 하면서 가슴 상반부에 강한 영향을 받을 수 있습니다.

가슴 통증 외에도 소화 불량, 속 쓰림, 더부룩함, 배변 문제, 체중 문제, 두통, 안면근육 마비 등 병원에서 검사 결과 별 문제가 없는, 즉 의학적 원인을 동반하지 않는 심인성 신체 증상이 있다면 발달 트라우마와 연결해 볼 필요가 있습니다.

두 번째 영역이 면역력입니다. 어릴 때 느꼈던 위험이나 위협에 대해 만성적으로 과반응을 보이면 면역력이 약해집니다. 우리 몸은 위협을 느끼면 코르티솔 같은 스트레스 호르몬이 분출되면서 에너지가 고갈됩니다. 직접적인 위협이 온 게 아니더라도 생각만 해도 스트레스 호르몬이 나오면서 신체의 면역력이 떨어집니다.

면역력이 떨어지면 알레르기 증상과 천식, 기관지염 등의 신체 증상이 많이 일어나는데, 대개 병원에 가면 증상에만 주로 집중해서 의료적 증상 완화 치료를 하기 때문에 이것이 발달 트라우마와 관련되었을 수 있다는 사실을 모를 수 있습니다. 발달 트라우마는 최근에 등장한 개념이어서 상담과 심리치료를 하는 전문가들조차 모를 수 있습니다.

물론 발달 트라우마 장애가 모든 병의 근원은 아니지만, 그만큼 다양한 신체 증상으로 발전될 수 있다는 뜻입니다. 그리고 같은 트라우마에도 반응이 사람마다 다를 수 있어서 원인과 결과를 확정 짓기가 어려울 수도 있습니다. 다양한 병리 증상을 개별적 질환이 아닌 '외상후 스트레스 장애'라는 트라우마 공통분모로 귀결한 지도 30년 정도밖에 되지 않았습니다.

발달 트라우마 반응에 약물 처방이나 의학적인 처치만 할 경우 증상은 일시적으로 경감될 수 있습니다. 그러나 원인 치료를 간과하면 결국 만성화되며, 효과적인 치료를 못 받은 상태로 더 많은 증상과 고통을 겪을 수도 있습니다. 앞서 살펴본 아동기 부정적 경험(ACE)의 후유증이 의료적인 문제로 나타나기도 한다는 연구 결과와 일맥상통하는 바입니다.

예를 들어서 아토피, 알레르기, 피부질환, 류머티즘, 당뇨, 백내장 등이 노인성 질환 같지만, 최근 들어 만성적으로 스트레스를 많이 받은 아이들에게도 나타나는 경우가 있습니다. 또한 만성 복통과 설사를 유발하는 크론병, 류머티즘성 관절염, 비염, 궤양성 대장염, 눈 점막과 구강 점막에 염증이 생기는 베체트병, 피부가 딱딱하게 굳는 경피증, 지루성 피부염, 천식, 전신성 홍반성 루푸스, 원형 탈모, 피부 건선, 혈관염, 쇼그렌증후군, 다발성 경화증, 갑상선 기능저하증, 갑상선 기능항진증 같은 자가 면역성 질환이 나타나기도 합니다. 이들 대부분의 원인이 아직 밝혀지지 않았다고 하는데, 콜크 박사는 태아 때부터 영유아기까지의 지속적인 발달적 스트레스를 주요 원인으로 주목합니다.

언어 표현의 어려움과 해리

세 번째가 언어적인 영향입니다. 트라우마를 겪으면 대개 언어로 잘 표현을 못합니다. 이것은 진화적 관점에서 이해할 수 있습니다. 예를 들어 호랑이나 곰이 잡아먹으려고 덤벼들 때 사람이 죽을힘을 다해서 도망치다가 더 이상 뛸 힘이 없어서 바위 뒤에 숨었다고 합시다. 이럴 때는 죽은 듯이 소리를 내지 말아야 합니다. 울거나 떠들거나 소리치면 죽을 수 있으니까요.

그래서 극도의 공포 상황에서는 두뇌의 언어 영역이 제어당합니다. 감당하기 어려울 정도의 큰 트라우마 경험을 했을 때는 말을 하지 못하고 입을 다물어버리지요. 그런 일이 오랫동안 지속되면 말을 더듬을 수 있고, 스트레스를 받을 때 더 심하게 말을 더듬는 예를 종종 봅니다.

요즘 아이들에게서 흔히 보이는 선택적 함묵증의 경우, 누구에게 어떤 트라우마를 겪었는지 내력을 살펴볼 필요가 있습니다. 물론 말을 잘하지 않는 아이에게 물어봐야 답을 듣기 어렵겠지요. 그럴 때는 놀이나 활동을 통해 어떤 트라우마를 입었는지 유추해 볼 수도 있습니다.

남자 교사를 보면 입을 다물고 회피하던 여중생을 상담한 적이 있습니다. 처음부터 아무 말을 안 해도 된다고 하고, 놀이와 활동으로 연결을 맺다가 차츰 글로 대화를 주고받았습니다. 이후 아이가 말문을 열었습니다. 아이는 친한 친구 집에 갔다가 친구가 그 친구 엄마의 동거남에게 성폭행을 당하는 끔찍한 사건을 목격한 후로 충격에 휩싸여 아무말도 못했던 것입니다.

발달 트라우마를 겪은 아이들은 평소에는 친구하고 잘 떠들고 놀다가도 여러 사람 앞에서 발표하거나 스트레스를 주는 대상 앞에서 말하려면 심하게 말을 더듬습니다. 어른이 돼서도 말을 편하게 하지 못하고 '아, 어, 저, 그, 에, 저, 또' 같은 표현을 많이 쓴다면 스트레스를 받은 언어적 흔적이라고 볼 수 있습니다.

네 번째가 해리(dissociation)입니다. 해리는 '현실과 분리가 된다'는 뜻입니다. 자신이 지금 어디 있는지도 잘 모르고, 꿈인지 생시인지도 모르고, 몸은 어떤 장소에 있지만 심리적·정신적으로는 그 자리에서 벗어나 있는 상태를 '해리'라고 합니다.

트라우마 상태에서 감정, 감각, 지각, 생각 등이 해리가 된다는 것은 경험과 기억이 조각조각 흩어져서 통합적으로 이해하지 못하는 상태를 말합니다. 해리와 기억의 편린화가 상황 파악에 대한 이해를 방해하며, 기억 처리도 잘 안 되고, 신체에서 벌어지는 일에 대해서도 잘 알아차리지 못할 수 있습니다. 가슴이 두근거리거나 토할 것 같은 몸 상태는 신체적·감각적으로 알아차려야 뭔가를 호소하거나 도움을 요청할 텐데, 그 자체를 알아차리지 못할 수도 있다는 뜻입니다.

또 발달 트라우마를 겪은 아이들은 '경험 안 함'으로 자신을 조직화합니다. 특히 아무에게도 도움이나 보호를 받지 못하는 상황에서 지속적인 학대나 성폭행을 당한 아이들이 자주 해리를 일으킵니다. 예를 들어 여섯 살 때부터 성추행을 당했던 여자아이는 그 남자가 몸을 만지기 시작하면 몸의 감각을 느끼지 않고, 상상 속에서 자신은 몸을 빠져나갑니다. 몸은 남겨두고 감정적으로 차단하는 것이지요. 상상 속에서 집밖으로 나와서 놀이터에서 놀다가 행위가 다 끝나면 자기 몸으로 돌아갑니다. 이런 것이 해리의 '경험 안 함'의 흔한 예입니다. 어떤 면에서는 그랬기 때문에 살아남을 수 있었으니 그 상황에서는 생존을 위한 자기방어적 수단이었을 것입니다.

외상성 사건이 발달 시기에 반복되거나 지속되면 해리가 어려운 현실을 대하는 패턴으로 고착화할 수도 있습니다. 학교에서 선생님이 꾸중하면 정신이 멍해지고 소리가 안 들립니다. 또한 친구들이 놀리거나 때리거나 해도 경험을 못하는데, 이는 현실과 감각, 감정이 차단됐기 때문입니다.

그런 상태로 자기 경험을 조직화하면 많은 시간을 몸은 있되 마음은 없는 상태로 지내기 때문에 새 정보를 정확히 입력하거나 처리하거나 내면화하지 못합니다. 어려운 일이나 실수를 통해 교훈을 얻거나 바르게 대처하지 못하고, 멍하니 당하기를 반복할 수 있습니다. 결국 학습에도 어려움을 느끼며, 경험으로부터 배우거나 미래를 예측하거나 계획하지 못하게 되면서 전반적인 일상생활이 와해됩니다.

미혼모 시설에서 만난 주영이는 19살에 셋째 아이를 낳았습니다. 15살, 16살, 18살에 임신을 할 때마다 죽을 것같이 힘들고 수치스러웠지만, 아이를 낳은 후 몇 달 만에 또다시 남자들을 만나고 성관계를 했습니다. 임신을 하면 미혼모 시설에서 아이를 낳고 떠나는 일을 반복했습니다.

도시로 돈을 벌러 떠난 주영이의 부모님은 농촌에 남겨졌던 어린 주영이가 다섯 살 때부터 이웃집에 살던 할아버지 친구로부터 수년간 성추행과 성폭행을 당하다가 중1 때 가출했던 사연은 전혀 몰랐습니다. 그리고 주영이가 가출하면 데려와서 때리고 감금하였습니다. 그러면 다시 주영이가 가출하는 일이 반복되고 있었습니다.

감각 체계의 문제와 집중력 저하가 일어난다

다섯 번째는 감각 체계의 문제입니다. 관계적 조율에서 양육자가 오랜 기간 아이의 욕구에 적절하게 대응하지 않았을 때 아이들은 상호작용과 관련된 감각들을 잘 처리하지 못한 채 성장합니다.

못 듣고 못 보고 하다 보면 마치 외양상 감각기관 자체에 문제가 있는 것처럼 보입니다. 하지만 실제로는 감각기관의 문제가 아니라 이런 감각 정보를 처리할 수 있는 뇌의 영역이 제대로 발달하지 못하거나 문제가 생겨서 일어나는 현상입니다.

'눈 뜬 장님'이라는 말이 있습니다. 눈은 떴고 시각 처리에 문제가 없는데 안 보이는 것입니다. '쇠귀에 경 읽기'처럼 아무리 말을 해줘도 뇌에 등록이 안 됩니다. 청각에 이상이 있는 건 아닌데 말뜻을 이해하지 못하거나 정보 처리를 제대로 하지 못한다는 뜻입니다.

　정신적 외상을 입은 사람들은 분노, 소외감, 외로움, 슬픔, 수치심 등 부정적 감정들이 만성적으로 충전되어 있어서 감각 처리가 안 되는 경우를 종종 봅니다. 비유하자면 라디오 자체가 망가진 게 아니라 라디오의 주파수를 맞추지 못해서 '지지지직' 하는 잡음 때문에 깨끗한 신호음이나 음악이 잘 잡히지 않는 것과 마찬가지입니다.

　캐나다의 뇌과학 기반 심리치료사인 루시앵 래리 박사에 따르면, 영유아기에 양육자와 적절하고 충분한 소통을 하지 못하고 자란 아이들은 시신경근육, 청각기관의 음운을 분별하는 미세 신경세포들이 제대로 발달하지 못한다고 합니다. 그래서 시력 자체는 이상이 없으나 글자를 잘 못 읽고, 청력 자체는 이상이 없으나 단어를 잘 구분하지 못해서 학습을 따라가지 못하는 경우가 많다고 합니다. 가령 '국가'라는 소리가 '북가'라고 들린다면 아이는 수업에서 맥락을 잃고 헤매다가 흥미를 잃고 집중을 못하게 된다는 뜻입니다.

　또한 부모님이나 선생님이 화난 얼굴을 하면 감정적 외상 촉발로 인해 갑자기 아무 소리가 안 들리는 경우도 있습니다. 또는 밥을 천천히 먹는다고 엄마가 "너 밥 안 먹고 뭐 해? 지금 밥투정하는 거야?" 하면서 혼을 내면 밥을 먹어도 밥맛을 미각으로 느끼지 못하는 경우도 있습니다. 감각기관에 문제가 있는 것이 아닙니다. 두려움, 불안감, 수치심 때문에 감각적 마비 상태가 되는 것입니다.

　요즘 어린이집에는 밥을 우물우물 먹다가 뱉다가 하면서 한 시간씩 먹는 아이들이 많아졌다고 합니다. 보육교사들이 인내심에 한계를 느낄 정도의 일들이 많습니다. CCTV로 보육교사를 감시하고 처벌하기보다는 영유아기 때부터 생길 수 있는 발달 트라우마의 후유증으로 이해하고 예방하는 것이 시급합니다.

여섯 번째는 집중력 체계에 미치는 영향입니다. 발달 트라우마를 입으면 집중력을 높여주는 도파민 수치의 조절이 어려워지고 스트레스 호르몬인 코르티솔 수치가 만성적으로 높아져서 집중력이 떨어질 수 있습니다. 그리고 전두엽의 실행기관이 교란되어 차분하게 생각하거나, 미래를 예측하거나, 대응하는 것이 어려워집니다.

또한 트라우마 경험은 아이들의 자연스러운 호기심과 탐구력도 둔화시킵니다. 강아지나 고양이도 보살핌을 잘 받고 자라면 눈이 반짝반짝하고 호기심이 많습니다. 그러면서 세상과 만나고 세상을 알게 되고 자기 영역을 확장합니다. 사람의 아이들도 당연히 그렇지 않겠습니까?

반대로 학대받은 강아지나 고양이는 무표정하고 호기심도 안 보입니다. 보통 강아지들은 사람이 다가가면 꼬리를 치는데, 학대받은 강아지는 꼬리를 두 다리 사이로 감춰버립니다. 아동기에 부모로부터 방치나 학대를 당한 아이들 가운데 지적 발달 장애, 주의력 결핍 장애, 감정 조절 장애를 보이는 경우가 많습니다.

수현이도 그런 아이 중의 한 명이었습니다. 수현이의 부모는 은행 지점장이었습니다. 직장에서 만난 두 사람은 각자 최선을 다해 일했고, 둘 다 지점장으로 승진했을 때는 성공 신화를 이룬 것 같아 행복했습니다. 그런데 5학년이던 외아들 수현이가 학교를 자퇴하겠다고 선언하자 부모는 거의 '멘붕' 상태에 빠져 저를 찾아왔습니다.

수현이는 생후 3개월부터 외할머니, 조선족 가사도우미, 유치원까지 전전하며 애착손상이 심한 채로 컸습니다. 유치원 때부터 산만하고 제멋대로 행동하여 '생각하는 의자'에 자주 앉았는데, 그럴 때도 앉아 있지 않고 돌아다녔습니다. 하지만 자신이 좋아하는 트랜스포머 장난감만큼은 늘 손에 쥐고 다녔습니다.

수현이는 저희 상담실에 와서도 한곳에 집중을 못했습니다. 이것 저것 만지고 현관으로 나갔다 들어왔다, 강아지를 보다가 금세 고양이를 만지려 하고, 엄마를 힐끗 보다가 뒷걸음쳐서 나가는 등 동선이 종횡무진이었습니다. 시선을 어딘가에 고정하는 시간도 매우 짧았습니다. 이런 상황이니 학습이 어려울 것은 자명했습니다.

사립초등학교에 다니던 수현이는 4학년 때까지는 어떻게든 학습을 해보려고 했지만 집중은 점점 더 어려워졌고, 학습량까지 대폭 늘면서 학습 수준을 도저히 따라갈 수 없게 되자 학교를 다니지 않겠다고 선언한 것이었습니다. 수현이 같은 아이의 집중력을 높일 방법이 있을까요?

답은 '있다'입니다. 저는 우선 다양한 놀이와 감정 네비게이션을 통해 수현이의 집중력과 감정조절력을 키워주었고, 재발 방지를 위해 부모님에게 감정코칭을 가르쳐드렸습니다. 신체적·정서적으로 조율하는 방법을 통해 궁극적으로는 수현이와 부모의 조율이 친구, 교사, 세상과의 조율로 이어지기 때문입니다. 수현이는 요즘 축구를 통해 친구도 사귀고, 학습에도 흥미를 보이며 학교에서 있었던 일을 부모와 이야기하면서 자신감도 향상되었다고 합니다.

경험과 인격, 판단이 통합되지 않는다

일곱 번째는 파편화, 혼동, 방향감의 혼란(disorientation) 문제입니다. 이는 사물을 전체적·종합적으로 파악하거나 통합된 형태(게슈탈트)로 인식하지 못한다는 뜻입니다. 동서남북의 방향감각뿐 아니라 좋고 싫음, 안전한 상황이나 위험한 상황에 대한 판단도 무뎌집니다.

애착 이론에 따르면 양육자의 한계 혼란이 아동의 한계 혼란으로 이어지는 경우가 많습니다. 예를 들어 양육자가 아이를 때릴 때 스스로 조절을 못하고 한계 없이 미친 듯이 때린다면, 아이는 자기가 무엇을 잘못했는지, 그렇게 큰 벌을 받을 정도로 잘못했는지, 무엇을, 어떻게 해야 하는 건지 혼란스럽고 경계의 끝을 모르는 극단으로 치달을 수 있습니다.

또 아이가 음식을 안 먹겠다는데 "너 여기 남긴 음식 다 먹어!" 하면서 강제로 먹이고, 먹다가 토하면 "토한 것도 먹어!" 하는 경우도 있습니다. 가끔 뉴스에 어린이집에서 음식을 억지로 먹이는 학대 사례가 나옵니다. 그런 일을 겪으면 아이는 자기 한계와 감각을 잃고 배가 부른지, 고픈지, 혼란스러워질 수 있습니다.

폭음을 하거나 주사가 있는 사람 중에는 단순히 술버릇을 잘못 들인 사람도 있지만, 애착과 관련하여 처리되지 않은 트라우마가 있는 경우도 많습니다. 즐겁게 기분 좋은 정도로 마시지 못하고 필름이 끊길 때까지 마십니다. 한계가 모호해지고 경계가 제대로 세워지지 않는 것입니다.

아이들은 양육자의 감정, 즉 거부하거나, 보복하려 하거나, 기피하는 것을 재빨리 감지합니다. 의식을 못하면서도 암묵적으로 빨리 알지요. 가령 친할머니가 올 때면 엄마의 얼굴 표정이 굳어지고 싫어하는 기색이 느껴지면 아이는 '아, 할머니가 오면 뭔가 안 편하고 엄마가 싫어하는구나' 하고 직감적으로 느낍니다. 재빨리 터득하고 내재화합니다. 그리고 그것이 일종의 금지구역이 됩니다.

이런 금지구역이 부모와 관련하여 생긴다면 아이의 자아상 형성과 구성이 편린화됩니다. 아이가 이혼 후 같이 살지 않는 부모에 대해 물어보았는데 어른들이 불편해하면 이에 대해 금지구역이 설정됩니다. 그래서 아이 안에 있는 부모와 관련된 모습, 행동, 습성 등에 대해서 불편함과 두려움을 느낍니다. 따라서 그런 면을 거부, 위장, 또는 부인해 버리는 수가 있습니다. 이러한 자아 형성의 편린화는 성장하면서 계속 경험의 왜곡, 파편화, 편린화를 일으킵니다. 왜곡으로 인한 편린화가 또다시 왜곡의 결과이자 왜곡의 원인이 되는 악순환이 일어납니다.

자아의 내적 구성의 편린화는 지각과 경험의 통합을 방해함으로써 감각·정서·인지·행동을 통합하기 어렵게 하여 생각과 말, 행동이 통합되기 어렵습니다. 그래서 남들이 보기에 도무지 이해하기 어려운 기이한 언행, 습성 등을 보이기도 합니다. 가장 흔한 증상이 습관성 거짓말입니다. 이는 거짓말을 하려고 해서라기보다 말과 생각, 행동이 따로인채 통합이 안 되기 때문에 거짓말을 하는 경우가 많습니다.

또랑이는 출생 직후 베이비 박스에 놓여졌습니다. 부모가 키우지 못해 시설에 맡긴 것입니다. 이후 또랑이는 입양과 파양 등의 과정에서 심한 애착손상을 입었습니다. 또랑이는 거짓말을 자주 해서 친구들에게 왕따를 당했습니다. 초등학교 3학년 때는 친구의 시계를 훔쳐 차고, 그런 사실을 모두가 다 아는데도 아빠가 사준 거라고 우기다가 반 친구들에게 미움을 샀습니다.

또랑이는 친구의 시계를 보는 순간 '내 거면 좋겠다'는 생각이 들었는데, 한 번만 차보자고 청했다가 거절당하자 마음이 상했습니다. 그 후 시계 주인이 체육 시간에 시계를 책상 위에 놓고 나간 것을 보고 손목에 차보았습니다. 또랑이는 시계가 갖고 싶어서 잠시 가진 것이 뭐가 나쁘냐고 반문했습니다. 또랑이는 내 것과 남의 것의 한계 설정이 모호하고, 갖고 싶은 마음이 곧바로 행동으로 이어지며, 거짓말이 들킬까 봐 더 큰 거짓말을 하는 악순환의 고리에 빠진 상태였습니다.

경험과 인격의 통합이 어려우면 인생 전반의 여러 상황에서 다양한 문제가 나타납니다. 예를 들어 초등학교 때는 거짓말을 한다고 친구들에게 왕따를 당하고, 중·고등학교 때는 뒷담화를 했다고 폭력을 당하고, 대학교에 가서는 복잡한 이성교제로 낙인이 찍히기도 합니다. 직장에서는 교활한 사람으로 손가락질 받기도 하고, 결혼 후에도 많은 오해와 갈등이 생기는 등 삶이 복잡하게 얽히고 수습하기 어려워지기도 합니다.

부모나 교사가 발달 트라우마에 대한 이해가 없다면 아이가 파편화, 혼동, 방향감의 혼란을 보일 때 너그럽게 이해하거나 대하기 어렵습니다. 버릇을 고쳐준다고 더 크게 꾸짖고 모욕을 주면 아동은 또다시 세상이나 어른에 대한 적대감을 경험하게 됩니다.

초등학교 2학년인 정효는 새 학기에 담임선생님이 처음 보았을 때는 참 귀엽고 똘똘한 인상을 받았습니다. 그런데 발달 트라우마가 있는 정효는 내적인 파편화와 편린화로 인해 선생님 앞에서는 착한 언행을 보이다가도 약한 아이를 몹시 괴롭히곤 했습니다. 이에 놀란 선생님이

"너 이제 보니 가식과 거짓말투성이구나!" 하고 야단을 쳤습니다.

선생님을 믿고 따르려던 정효는 오해받고 배반당한 기분이 들어 세상은 믿을 수 없고, 사람들이 다 자신을 미워하고 싫어한다고 생각했습니다. 이런 식으로 원인과 결과의 악순환이 되풀이됩니다.

감정 알아차림의 실패와 얼굴 표정의 각인

여덟 번째가 감정 알아차림의 문제입니다. 자기 파편화는 자신의 감정과의 단절을 초래합니다. 느끼는 감정을 있는 그대로 받아들이거나 수용하지 못하는 것입니다. 어렸을 때 칭찬만 받고 자란 아이일 경우 자신의 감정을 그대로 받아들이지 못하는 경우가 많습니다.

보통 아이들은 칭찬받을 일만 하지 않습니다. 장난을 칠 때도 있고, 게으를 때도 있고, 잘할 때도 있고 못할 때도 있고, 감정도 다양하고 변화무쌍합니다. 특히 사춘기에는 감정의 기복이 심합니다. 그런데 칭찬만 받고 자란 아이는 화를 내면 안 되고 누굴 미워하면 안 된다고 생각하며 '착한 아이' 역할만 하느라 자신의 감정을 흑백으로 양분화하여 한쪽만 알아차립니다. 그래서 어른들로부터 칭찬받지 못하거나 어른들이 싫어할 만한 감정들은 없는 걸로 부인합니다.

그런데 사람이 한쪽 감정만을 느끼고 행동하다 보면 입체감이나 현실감이 사라집니다. 마치 동상이 앞면만 있고 뒷면이 없는 것과 같습니다. 뒤를 보면 아무것도 없거나 전혀 다른 모습을 보이거나 합니다. 받아들이기 어려운 상처를 받았을 때 감정을 차단한 채 몇 달을 고립되어 있다가 자살을 택하기도 합니다.

아이들이 자신의 감정을 알아차리기 어려운 대표적 상황은 부모가 심하게 싸울 때입니다. 아이들은 대개 자기가 보기에 약자로 보이는 쪽의 편을 듭니다. 부모는 싸울 때뿐 아니라 이혼을 할 경우에도 상대방을 아예 없는 사람 취급하거나 "네 아비(어미)는 인간도 아니야!" 이런 식으로 험담하고 원망하는 경우가 있습니다. 아이들의 몸 안에는 양쪽 부모로부터 받은 DNA가 50퍼센트씩 있는데, 자기 안에 있는 반을 부모가 싫어하고 배제하고자 하면 자신에게서 그런 부분이 나타날까 두려워하고, 부인하고, 왜곡하고, 감추려 듭니다. 결과적으로 감정을 잘 못 느끼고 알아차리지 못하면서 감정 조절 능력에 이상을 일으키게 됩니다.

자신의 내적 감정과 단절이 일어나면 타인의 감정과도 연결하기 어렵습니다. 결국 공감 능력이 제대로 발달하지 못하여 아동기의 애착뿐 아니라 또래 관계, 이성 관계, 성인기의 애착에 나쁜 영향을 미칩니다. 유치원이나 학교에서 유난히 교사들로부터 눈을 떼지 못하고 졸졸 따라다니는 아이들이 있습니다. 각종 선물 공세를 퍼붓기도 합니다. 처음에는 아이가 말도 잘 듣고 생글생글 웃거나 심부름을 잘하니까 좋게 보겠지만, 그것이 집착으로 이어진다면 점점 난처해집니다.

스토킹은 심한 발달 트라우마의 후유증일 경우가 많습니다. 스토커들은 누군가가 자신에게 어머니나 아버지, 또는 정서적 허기를 충족시켜 줄 역할을 해주는 사람으로 인식되면 그동안 받지 못했던 애정과 관심을 그 사람으로부터 받을 것이라는 비현실적인 환상과 기대를 갖고 집착합니다. 대개 의식적으로 하는 행동은 아닙니다. 보통 자신의 감정도 잘 느끼지 못하면서 필사적으로 매달립니다. 상대가 자신을 한 번만

처다봐주면 정서적 허기가 채워질 것 같고, 한 번만 위로해 주면 살 것 같습니다.

안타깝기도 하지만, 아무리 만나주고 위로해 줘도 정서적 허기는 밑 빠진 독에 물 붓기처럼 채워지지 못하니 결국 실망이 증오로 변할 수 있는 위험한 현상입니다. 자신의 감정을 잘 알아차리지 못할 경우, 상대가 싫어하고 피하는 것을 눈치채지 못하거나, 심하면 자신을 좋아하는데 더 좋아하게 만들려고 게임을 하는 거라고 망상까지 할 수 있습니다.

아홉 번째가 얼굴 표정의 각인 문제입니다. 아기는 양육자의 표정으로부터 도망갈 수 없습니다. 양육자가 아기에게 화난 얼굴을 보이면, 양육자는 화를 낸 다음 떠났더라도 아기의 머릿속에는 화난 얼굴이 각인되기 때문입니다. 두뇌에 각인되면 어디를 가든 양육자의 얼굴 표정에 갇히게 됩니다.

양육자의 화난 얼굴이 트라우마의 촉발제가 되어 나중에 선생님, 친구, 배우자가 화를 내면 어릴 때 받았던 트라우마가 촉발되기 쉽고, 시선 회피와 신체적 거리감을 일으킴으로써 타인과의 건강한 애착 형성이 어려워집니다.

아버지가 무섭게 화를 내면 아이는 그 모습이 보기 두렵고, 싫고, 떠올리고 싶지 않습니다. 하지만 나중에 배우자나 직장 상사가 비난하거나 야단을 치면 그 모습에서 아버지의 화내던 모습이 떠올라 그대로 무너져버리거나, 싸우거나, 도망가는 경우도 있습니다. 심지어 아이를 낳은 후에는 아이가 공포나 분노의 감정을 표현하면 감당하기 어려워서 묵살하거나 억압하거나 회피함으로써 자녀와도 애착 형성이 힘들고, 시선을 잘 마주치지 못하고, 신체적으로 거리를 두기도 합니다.

180

왜곡된 내적 작동 모델을 형성한다

마지막으로 발달 트라우마는 아동의 내적 작동 모델 형성에 영향을 미칩니다. 인간의 뇌에는 뉴런의 가지(수상돌기)들이 있는데, 이것들은 경험을 통해서 연결됩니다. 아이가 울어도 아무도 와주지 않거나, 양육자가 어떤 때는 오고 어떤 때는 안 오거나 하는 일이 반복되면 그런 경험이 감정이나 기억, 행동, 생각에 패턴을 만들게 됩니다. 그런 패턴을 '도식'이라고 합니다.

자신과 타인에 대한 개념이 형성되는 것입니다. 아무도 와주지 않으면 자신은 중요한 존재가 아니구나 생각하고, 누가 일관적으로 따뜻하고 반갑게 맞아주면 자신에 대한 혹은 타인과 세상에 대한 신뢰가 형성됩니다.

그런 감정, 기억, 기대, 행동, 생각 등의 체계를 '내적 작동 모델'이라고 합니다. 머리 안에 세상을 바라보는 인식의 구조나 틀이 생기는 것입니다. 그리고 그 틀에 따라 이후에 자신이 겪는 일들에 의미를 부여하는 '인생 대본'이 만들어집니다. 유치원이나 학교에서 만난 사람들과의 관계에서, 동료나, 이웃이나, 배우자와의 관계에서, 혹은 자녀와의 관계에서도 내적 작동 모델이 작용합니다.

돌봄을 제대로 받지 못하는 아이에게 세상은 고통과 상처를 주는 곳으로 각인되고, 그런 고통과 상처를 피할 수 없다는 도식이 만들어질 수 있습니다. 고통과 상처는 그림자처럼 붙어다닐 것이고, 스스로를 끔찍하고 나쁜 존재로, 또는 흉측한 존재로 인식하게 합니다. 자아상이 왜곡되고, 찌그러지고, 비뚤어지는 것입니다. 그러면 트라우마 경험을 계속 예상하게 됩니다. '난 나쁜 애니까 누구한테나 야단을 맞을 거야. 어디를 가도 사람들은 나를 미워할 거고, 어딜 가나 고통은 늘 있을 거야.'

이렇게 트라우마 경험을 기대하게 되는 것은 일종의 부정적 자기충족적 예언(self-fulfilling prophecy)입니다. 어디를 가도 사람들에게 미움을 받는다고 믿으니 미움받을 만한 행동을 하다가 정말 그런 대우를 받는 것이지요. 그런 환경을 스스로 선택하면서도 '운명적으로 어쩔 수 없다'고 믿으면서 벗어나지 못합니다. 그렇게 내적 기대를 충족함으로써 내적 일관성을 유지하고 길들여집니다. 남이 도와준다고 해도 도움을 거절하면서 '아무도 나를 안 도와줘, 나 혼자 알아서 살아야 해' 하는 식으로 자기충족적 예언을 합니다. 그리고 자신의 행동이 나쁘거나 틀렸다고 생각하기 때문에 사랑받고 싶고 의존하고 싶으면서도 요구를 잘 못합니다.

이처럼 내적 작동 모델은 우리의 행동, 관점, 해석, 예측을 조절합니다. 그에 따라 행동하고, 예측하고, 반응합니다. 다행스러운 것은 충분한 긍정적 경험을 통해서 내적 작동 모델이 수정되거나 변경될 수 있다는 점입니다.

발달 트라우마는
다양한 증상으로 나타날 수 있다

전문직 중년 부부가 경계선 지능을 가진 딸(22세)에 대한 고민으로 찾아온 적이 있습니다. 딸이 초등학교 4학년 때부터 공부하기를 너무 싫어해서 중1 때 IQ 검사를 해보니 71이 나왔다고 합니다. 그때부터 약 10년 동안 이 부부는 아이를 어떻게 키워야 할지 걱정이 많았다고 합니다.

왕따나 사고 경험 등 일반적인 사건 트라우마에 해당되는 사항은 거의 없었습니다. 그래서 임신했을 때부터 출산, 육아 등 발달 과정의 양육 히스토리를 물어보았습니다. 첫째인 아들은 부부가 유학 중에 낳아서 유치원에 보낼 때까지 직접 키웠고, 둘째인 딸을 임신했을 때는 학위를 받고 귀국하자마자 취직했을 때여서 아기를 지울까 많이 망설였다고 합니다. 딸을 낳자마자 바로 가사도우미에게 맡기고 직장에 나갔고, 부모는 둘 다 일로 바빠서 아이와 가사도우미 사이에 어떤 일이 있었는 지 잘 몰랐습니다.

유치원까지는 기억이 안 날 정도로 무난히 다녔는데, 초등학교에서 학년이 올라갈수록 아이가 자신감이 없어지고 말이 없어졌다고 합니다. 학습에도 점점 재미를 못 느끼고, 산만했습니다. 어머니는 아이가 더 크기 전에 공부를 확실히 잡아줘야겠다고 생각해서 딸의 학습 지도 를 직접 하기 시작했고, 혹독하게 가르쳤습니다. 아이의 입장에서는 엄 마와 애착 형성도 잘 안 된 상태에서 자꾸 야단을 맞으니 머릿속이 더 멍해지고, 어머니는 아이가 학습을 따라가지 못하니 자꾸 다그치고 하 면서 3~4년을 서로 힘들게 보냈습니다.

결국 아이가 중1 때 대학 병원에 가서 IQ 검사를 했고, 그 결과가 71점 이었습니다. 그런데 그 나이는 전두엽이 리모델링되기 시작하는 시기이 고, 아이는 검사하기 전날 어머니에게 많이 혼난 상태에 졸리기도 해서 불성실하게 검사에 임했다고 합니다. 그래서 점수가 낮게 나온 것이었 습니다.

이 딸은 지능이 낮은 게 아니라 발달 트라우마였습니다. 그러나 이처 럼 부모가 발달 트라우마를 모르고, 병원에서도 발달 트라우마 증상을 단순한 지적 발달의 문제로 진단하는 경우가 많습니다. 특히 어릴 때 발달 트라우마를 겪으면 아이의 연령, 기질, 환경 등에 따라 다양한 증 상을 보일 수 있습니다. 그래서 잘못된 진단이 내려질 수 있습니다.

그렇다면 발달 트라우마로 인해 나타날 수 있는 증상들에는 무엇이 있을까요? 아동기에 가장 흔한 증상은 징징대고 매달림, 떨어지는 것에 대한 극도의 공포와 불안감, 밥을 안 먹거나 지나치게 천천히 먹음, 멍한 표정, 거짓말, 핑계, 꾸물거림, 감정 기복이 심함, 자주 잊어버리고 집중을 못함, 깊이 잠들지 못하고 잘 때 옆에 누가 없으면 몹시 불안해함, 학습 부진 등이 있습니다.

청소년기에는 거짓말을 자주 하고 도벽이 생기기도 하고, 친구들과 거리를 두거나 빨리 깊이 사귀다 급히 헤어짐을 반복하기도 합니다. 말을 하지 않거나 지나치게 많이 하기도 하고, 불안감을 까부는 것으로 위장하기도 합니다. 돈으로 친구들의 환심을 사려 하기도 하고, 화장, 옷차림 등 외모에 지나친 관심과 시간을 들이기도 합니다. 문신을 하거나, 나이에 맞지 않게 성적으로 조숙하거나 반대로 지나치게 둔하거나 하는 모습이 나타납니다.

"내가 너무 바보 같아요"

발달 트라우마의 이러한 증상들 외에 심각한 문제 중 하나는 깊은 죄책감과 수치심을 지니고 산다는 점입니다. 일반적으로 트라우마를 입은 사람은 죄책감과 수치심을 느끼는 경우가 많습니다. 트라우마를 입은 것은 자신의 잘못이 아니고 트라우마를 입을 거라는 걸 예상하지 못했는데도 말입니다.

특히 어릴 때 그런 일을 겪으면 자기 탓이라고 믿습니다. 어린아이들은 대개 그런 일을 자기중심적으로 이해하기 때문입니다. 어른이 강도를 당했다면 자신의 잘못이 아니라는 것을 인지하는데, 어린아이들은 주변에서 어떤 나쁜 일이 일어나면, 예컨대 부모가 싸우는 것을 보아도 마치 자기가 뭔가 잘못한 것처럼 느끼는 것이지요.

이처럼 발달 트라우마를 입은 아동들은 보살핌, 양육, 보호를 받지 못한 것이 자신이 무가치하거나, 못났거나, 나쁜 짓을 해서라고 생각하며 죄책감과 수치심을 느낍니다. 이것을 '트라우마-수치심 연계'라고 합니다. 트라우마는 수치심을 일으키고, 수치심은 트라우마로 인한 상처를 더 자극하면서 시멘트와 철근이 들러붙듯 공고화된다는 뜻입니다.

트라우마를 겪은 아이는 당시에 도망가지 못한 것에 대해서, 부적절한 접촉을 물리치지 못한 것에 대해서, 그냥 당할 수밖에 없었던 것에 대해서 자학적인 혐오를 할 수도 있습니다. 자신이 너무 나쁘고 한심하고 바보 같이 느껴져서, 가장 많이 하는 말이 "내가 바보 같아요. 어떻게 그런 일을 당했는지, 어떻게 그렇게 속았는지, 어떻게 그렇게 맞았는지" 하는 식으로 자책하고 치부처럼 감추고 살기 쉽습니다.

이처럼 발달 트라우마는 한 사람의 전 생애에 걸쳐 건강한 몸과 마음을 갖는 데에 지대한 영향을 미치기에 그 예방과 치료에 각별히 신경을 써야 합니다.

양순숙 씨는 초등학교 5학년 때까지 남부럽지 않은 여유로운 가정에서 자랐습니다. 그러던 어느 날 아버지가 홀연히 종적을 감춘 뒤 갑자기 가세가 기울었고, 중학교에 갈 나이에는 언니 둘과 함께 남의 집 가사도우미로 들어가 눈칫밥을 먹고 자랐습니다. 두 해 만에 아버지를 찾았는데 어이없게도 아버지는 젊은 여성을 데리고 예전에 살던 집 근처로 이사를 왔습니다.

예순을 바라보는 지금도 양순숙 씨는 아버지 생각만 하면 눈앞이 캄

캄해지고 가슴에 시꺼먼 연기가 가득한 느낌이 든다고 합니다. 아버지가 돌아가시기 전에 단 한 번이라도 "왜 그러셨어요?"라고 묻지도 따지지도 못했던 자신이 부끄럽고 화가 난다고 합니다. 아직도 사람들 앞에 서면 쪼그라들고 자기주장을 펼치지 못하는 자신이 한심하다고 자책했습니다.

이후 치료자의 안전한 지지 속에 양순숙 씨는 아버지의 외도는 자신의 잘못이 아니었으며, 아버지의 부재와 무관심 또한 자신이 책임질 일이 아니었음을 깨닫게 되었습니다. 그럼에도 불구하고 어머니의 사랑과 헌신으로 자신이 이만큼 살아올 수 있었음에 감사함을 느꼈습니다. 이후 수치심이 느껴질 때마다 심장호흡과 그라운딩을 통해 스스로를 안정시켰고 지금은 사이버 대학에서 아동학을 배우고 자원봉사 활동을 하며 행복하게 지냅니다.

5장

누구나
안전 기지가 필요하다

성인에게도
애착 관계가 중요하다

애착 관계는 아이와 부모(또는 돌봐주는 어른) 사이에서만 형성되고 성장과 일상생활에 지대한 영향을 미치는 게 아닙니다. 성인 사이에도 애착이 중요하고 형성됩니다. 놀랍게도 성인 사이의 애착 관계는 아이와 부모 사이의 애착 관계와 매우 비슷합니다.

연애를 막 시작한 연인들의 모습은 유치찬란합니다. 서로 눈을 떼지 못하고, 애교를 부리고, 말 한마디에 맞장구치고, 즉각 반응을 보입니다. 함께 웃고 울면서 공감하며, 입을 맞추고 손을 잡고 스킨십을 합니다. 밥을 떠먹여 주고, 장난을 치고, 온종일 함께 있고 싶어 합니다. 커플티를 맞춰 입고, 커플링을 끼는 등 서로 연결되어 하나임을 강조하고 온 세상에 드러내고 싶어 합니다.

이처럼 성인이 서로 연결해 나가는 행동은 마치 부모가 아기에게 하는 행동과 전혀 다를 바가 없습니다.

애착은 아이가 성숙한 인간으로 발달하기 위한 필수 요인이듯이 연인과 부부가 온전한 관계로 발전하고 유지하기 위한 필수 요인입니다. 아이는 부모와의 애착 관계를 토대로 유대감, 친밀감, 소속감, 안전감, 안정감이 지속될 것이라는 믿음과 타인에 대한 신뢰를 갖게 됩니다. 연인과 부부 역시 애착을 서로 주고받아야 합니다. 그래야 '일편단심'이라는 신뢰가 생겨나고 결혼하면 '검은 머리가 파뿌리 되도록' 지속할 것이라는 헌신으로 '백년가약'을 맺을 수 있기 때문입니다.

물론 차이도 있습니다. 아이의 경우, 애착은 부모(어른)가 아이에게 수직적으로 보금자리와 보살핌, 지지를 제공하고, 훗날 부모가 늙어서 아기처럼 됐을 때 성인이 된 자녀가 노부모에게 보금자리와 보살핌, 지지를 되돌려 주는 '시간 차' 상호작용이라고 할 수 있습니다. 성인의 경우, 애착은 수평적인 관계로 동시에 서로 주고받아야 성립될 수 있습니다.

성인 애착손상이 생길 수 있는 상황들

성인 애착은 마치 벨크로(velcro, 찍찍이)와 같습니다. 벨크로에 이물질이 묻어서 잘 붙지 않는 경우, 이물질만 걷어내면 다시 새것처럼 사용할 수 있습니다. 하지만 아예 벨크로가 없다면 붙이기 어렵습니다. 즉, 만남 초기에 애착이 충분히 형성되었던 부부는 이후 아무리 갈등이 심해도 재연결이 가능합니다. 하지만 애초에 연결이 없거나 빈약한 경우에는 연결이 잘 되지 않습니다.

성인 애착이 형성되지 않아서 나중에 관계가 힘들어지는 상황이 많이 있습니다. 첫째, 부부가 처음 만났을 때의 경험이 그다지 긍정적이지 않은 경우입니다. 서울가정법원의 외부 상담기관으로 지정받은 저희 상담실에는 심각한 갈등으로 이혼까지 고민하는 부부가 많이 찾아옵니다. 저희는 부부의 갈등 상태를 파악하고 회복 가능성을 타진하기 위해 그들에게 "처음에 어떻게 만나셨어요? 그때 첫인상이 어땠어요?" 하고 빠짐없이 질문합니다.

만약에 첫 만남이 좋았거나 충분히 서로 좋은 감정을 나누면서 연결이 되었다고 회상하는 부부라면 회복할 수 있습니다. 그러나 첫인상이 별로 안 좋았거나, 달콤한 신혼생활이 거의 없었거나, 집안끼리 정략결혼을 했거나, 어쩌다 결혼까지 하게 된 경우에는 회복이 더디거나 힘들 수 있습니다.

둘째, 신혼 때 주말 부부로 살면서 상당한 기간을 서로 떨어져 사는 경우입니다. 실제 신혼기는 양면성이 존재하는 때입니다. 서로 성격, 기질, 습관, 사고방식, 가치관, 꿈 등이 다르기 때문에 자주 부딪치고 해결하기 어려운 갈등이 생기게 됩니다.

동시에 '깨가 쏟아지는' 신혼기에는 페닐에틸아민이라는 호르몬 분비로 사랑에 빠지게 됩니다. 이는 누군가에게 애정을 느끼며 함께 있고 싶은 갈망과 돕고 싶은 강렬하고 긍정적 감정입니다. 문제는 이 호르몬의 유효 기간은 대략 2~3년이라는 것입니다. 그래서 신혼의 열정은 언젠가는 식게 되어 있습니다.

그러니 적응 시기에 부부가 함께 시간을 보내야 '사랑'의 도움으로

'갈등'을 관리할 수 있습니다. 서로 떨어져 지낼 경우, 가끔 만날 때에 다시 연애하는 기분을 만끽할 수는 있지만 어차피 지속시켜 나가기 어려운 구조여서 한평생이라는 장기적 안목으로 볼 때 그다지 바람직한 상황은 아닙니다.

셋째, 남자가 마마보이인 경우입니다. 시어머니가 부부 사이에 끼어들어 아들이 아내와 애착 관계를 형성하는 데 방해합니다. 물론 친정을 먼저 챙기거나 남편보다 친정식구와 더 많은 시간을 보내는 아내의 경우도 마찬가지입니다.

자신의 부모와 형제자매와 가깝게 지내는 것은 매우 바람직합니다. 하지만 결혼을 했다면 부부 관계가 최우선입니다. 부부가 먼저 안정적 애착 관계를 맺은 후라야 나머지 관계가 평화롭습니다.

신혼 때 애착이 안정적으로 형성되었더라도 심각하게 손상되는 경우가 있습니다. 가장 흔한 경우는 임신, 출산, 육아로 힘들고 외로울 때 배우자로부터 따뜻한 지지나 보호, 위로나 관심을 받지 못할 때입니다.

또한 몸이 아프거나 괴로울 때 배우자가 무관심하거나, 화를 내거나, 심지어 폭력을 쓰거나 외도를 하는 경우에도 심각한 애착손상을 입을 수 있습니다. 즉, 힘들 때 곁에 있어 주지 않고 무관심하거나, 냉대하거나, 홀대할 때 깊은 배신감을 느끼며 믿음이 깨집니다.

배신감 중에서 가장 심각한 타격을 주는 것이 외도입니다. 외도는 신뢰와 헌신에 대한 배반입니다. 그때의 배신감은 이루 다 말할 수 없는 고통을 줍니다.

놀랍게도 외도는 화목한 부부 사이에 갑작스럽게 벌어지는 경우도 있지만, 대부분 애착 연결이 잘 안 된 부부 사이에서 잘 벌어집니다. 그러니 외도는 불안정한 애착의 결과라고 볼 수 있습니다.

외도에 관해 30여 년간 연구했던 셜리 글래스(Shirley P. Glass) 박사와 부부 치료에 선구자 존 가트맨 박사, 그리고 정서 기반 치료의 창시자 수잔 존슨 박사는 공통적으로 외도와 배반의 온상은 정서적 거리감과 외로움이라고 합니다. 그리고 외도는 배우자뿐 아니라 자녀에게도 애착 트라우마를 일으킬 수 있습니다.

성인의 경우 애착손상은 어떻게 알아볼 수 있을까요?

뇌 기반 교육자인 사라 페이턴(Sarah Peyton)에 따르면, 애착손상은 자신과의 관계와 타인과의 관계에서 드러난다고 합니다. 특히 친밀한 사람과의 관계에서 어떤 식으로 화를 내는지, 어떤 식으로 책임을 회피하는지, 어떤 두려움에 얼어붙을 정도로 마비되는지 등을 보면 어릴 때 애착손상을 입었는지 유추할 수 있다고 합니다.

다음 두 가지 질문에 여러분은 어떻게 답하겠습니까?

1. 사람과 연결하기보다 술, 담배, 마약, 게임, 음식, 쇼핑 중독에 빠지는 게 쉬운가요?

2. 자기혐오, 절망, 수치감, 격노가 마치 지뢰를 밟듯 느닷없이 터져 나올 때가 있나요?

이런 질문에 '예'라고 답한다면 성인이 되었어도 치유되어야 할 애착손상이 있다는 증거입니다.

양육자로서
나의 애착 유형은?

부모 자신의 어린 시절 애착 형태, 트라우마로 인한 우울, 불안, 스트레스와 두려움 등이 무의식적으로 깊이 작동하는 경우도 많습니다. 그렇기에 자신의 자녀와 좋은 애착 관계를 형성하기 위해 먼저 부모 자신의 애착 형태를 살펴보는 것은 매우 중요한 일입니다. 지금부터는 성인의 애착 유형에 대해 알아보도록 하겠습니다.

존 볼비와 메리 에인스워스가 아동의 애착 관계에 대한 이해의 초석을 마련한 후 수십 년간 애착 이론은 주로 아동과 양육자 사이의 관계에 대한 연구로 이어졌습니다. 그러다가 1980년대 후반부터 성인 애착 연구의 선구자인 신디 헤이즌(Cindy Hazen)과 필립 셰이버(Phillip Shaver)가 애착 이론을 성인에게 적용하기 시작했습니다. 여기서 말하는 성인 애착은 우정, 낭만적 관계, 배우자와의 관계 등을 포함합니다.

헤이즌과 셰이버는 성인들 사이에도 아동과 양육자 사이와 흡사한 상호작용이 있다는 것을 알게 되었습니다. 예를 들어, 사랑하는 커플은 서로 가까이 있기를 바라며, 애착 대상이 옆에 있을 때는 편안해하고, 헤어지거나 멀어질 때는 허전해하며 불안하고 외로워한다는 것입니다. 어른도 스트레스를 받거나, 도전을 받거나, 아프고 힘들 때는 사랑하는 사람에게 접촉 위안을 받고 싶어 하며 그 사람을 정서적으로 안전한 피신처와 안전 기지로 삼는다는 것이지요.

물론 미성숙한 아이와 양육자 사이의 애착과 성인 간의 애착에는 분명한 차이도 있습니다. 하지만 애착 이론의 핵심 원리는 같습니다. R. 크리스 프레일리(R. Chris Fraley)와 셰이버는 어른이든 아이든 애착이 진화적으로, 생물학적으로 생존에 꼭 필요하다는 사실에 기반을 둔다고 보았습니다. 즉, 애착이 잘되어야 생존율이 높아진다는 뜻입니다.

생존에 필요한 애착이 어떤 이유에서든 잘 형성되지 않거나 위협을 받을 때 아이든 어른이든 불안감과 스트레스를 받고, 생존의 위협에서 나름대로 적응하는 행동 패턴과 내적 도식이 만들어지며, 한번 만들어진 도식은 대개 지속적으로 작동합니다. 성인의 애착 유형은 영유아기와 아동기에 주 양육자(주로 부모)와의 애착에 대한 개인적 경험과 내력에 따라 자신, 타인, 세상에 대한 믿음 체계가 이루어집니다. 이것이 내적 작동 모델로 내재화하면서 이후의 관계에도 영향을 줍니다.

물론 내적 작동 모델이나 애착 유형은 고정불변은 아니지만 쉽게 변하지도 않습니다. 따라서 유아기 이후 청소년기, 성인기, 심지어 노년기까지 많은 심리적 부적응과 장애가 불안정한 애착과 왜곡된 내적 작동 모델에 기인한다고 추정했습니다.

애착이 평생에 걸쳐 심신의 건강과 사회적 관계의 질에 지대한 영향을 준다는 주장은 최근 들어 상당히 받아들여지기 시작했습니다. 어른이 되어서도 생물학적으로 애착을 형성하는데, 그 방식은 어릴 때 애착 경험에 의해 형성된 내적 작동 모델의 영향을 받는다는 것입니다. 즉, 타인이 나를 어떻게 볼지, 어떻게 대할지, 나의 행동이 타인에게 어떤 영향을 얼마나 미칠지 등에 대한 기대, 믿음, 반응, 태도 등이 어릴 때 형성된 양육자와의 경험에 따라 결정된다는 것입니다.

이에 따라 개인의 정신 건강은 물론 친밀한 관계에서 긍정적인 선순환 또는 부정적인 악순환이 일어나고 전 생애에 걸쳐 삶의 질에 영향을 미칠 수 있다는 뜻입니다.

몇 해 전에 세상을 떠난 어떤 분의 실화입니다. 1930년대에 그분의 부모님이 일본 도쿄에서 유학생활을 하던 시절, 결혼 전에 이분을 임신했다고 합니다. 당시는 혼전 임신이 용납받기 어려운 시대여서 일본인 하녀에게 양자로 주려고 하다가 결국 이분이 세 살이 넘어서야 부모님이 정식으로 결혼하고 출생신고를 했다고 합니다.

이분은 성장기 내내 부모님을 어려워했고, 사람들과 거리를 두었으며, 만성 우울증으로 고생하면서 평생 독신으로 살다가 80세에 세상을 떠났습니다. 요즘 같으면 애착손상 후유증으로 설명할 수 있겠지만 당시에는 '괴팍한 사람, 이상한 사람, 뭔가 신체적 결함이 있어서 혼자 사는 사람' 등으로 오해받기 십상이었지요.

성인 애착의 유형은 안정형, 불안-집착형, 일축-회피형, 공포-회피형으로 구분됩니다. 성인의 안정형 애착은 아동의 안정형과 상응하고, 성인의 불안-집착형은 아동의 불안-양가형과 흡사합니다. 하지만 성인의 일축-회피형과 공포-회피형은 아동의 불안-회피형과 다소 유사하지만 성인 애착에서만 나타납니다.

바르톨로뮤(Bartholomew)와 호로비즈(Horowitz)는 피에트로모나코(Pietromonaco)와 바렛(Barrett)이 실시한 성인 면접 연구를 토대로 네 가지 성인 애착 유형을 정리했습니다.

친밀함과 독립성이 균형을 이룬다 : 안정형 애착

결혼 5년차 김수빈(33세) 씨와 황찬영(33세) 씨 부부는 둘 다 부모님의 사랑을 충분히 받고 자란 안정형 애착 유형에 속합니다. 이들은 중학교 때 같은 학교에서 학생회 일을 하며 친하게 지냈습니다. 대학 때는 각기 다른 도시에 있는 학교에 다녔지만 가끔씩 안부를 주고받았습니다. 대학 졸업 후 두 사람은 다시 만났고, 수빈 씨는 찬영 씨가 남편감으로 믿음직하고, 가정적이고 좋은 아빠가 될 것 같아서 찬영 씨의 청혼을 받아들였습니다. 이들의 결혼은 양가의 축복 속에 순조롭게 진행되었습니다.

이 부부처럼 안정형 애착 유형을 지닌 사람들은 자기 자신과 인간관계를 긍정적으로 보고, 관계에 대한 믿음과 희망이 굳건합니다. 그래서 학업, 직장, 군복무 등으로 잠시 떨어져 있어도 각자 일에 충실하면서 유대감과 신뢰감을 유지할 수 있습니다. 친밀함과 독립성이 균형을 잘 이루기에 지나치게 독립적이거나 지나치게 의존적이지 않고 건강한 균형을 이룹니다.

이 부부는 좋은 부모가 되기 위해 신혼 시절 '감정코칭' 부모 교육을 받았고, 세 살 터울로 딸과 아들을 낳아 힘들어도 보람을 느끼며 잘 키우고 있습니다.

김수빈 씨와 황찬영 씨같이 안정형 애착 스타일을 지닌 성인들은 대개 이렇게 말합니다. "배우자와 정서적으로 가까워지는 것이 쉽고 자연스러워요. 나도 배우자에게 의존할 때가 있고 배우자도 나한테 의존할 때가 있다는 사실이 편안합니다. 혼자 있는 것이 별로 걱정되지 않고, 남이 나를 받아들이지 않는다 해도 크게 상관하지 않아요."

이런 태도를 가질 수 있는 것은 어릴 때 양육자로부터 따뜻한 애착 경험을 받았기 때문입니다. 안정형 애착과 적응력은 양육자가 자녀의 요구에 정서적으로 적절히 즉각적으로 응해주고, 정서적 지지와 보호가 필요할 때 곁에 있어주며, 양육자 자신이 스스로 부정적 감정과 긍정적 감정을 다 수용하고 적절하게 조절할 수 있는 능력이 있을 때 키워집니다. 감정코칭형 부모들이 대개 이런 유형입니다.

정서적으로 '완전한' 결합을 원한다 : **불안-집착형**

유민희(39세) 씨는 결혼 6년차인데 남편이 자신을 사랑하지 않는 것 같아 너무 힘들고 슬프고 화가 난다고 했습니다. 검사 결과 우울증과 불안증, 스트레스 지수가 모두 매우 높았습니다.

유민희 씨의 불만은 신혼 때부터 시작되었습니다. 석 달의 짧은 연애

기간에는 맛집도 찾아다니고 같이 영화도 보는 등 다정다감한 줄 알았던 남편이 결혼하자 돌변했다고 했습니다. 이제는 팔짱을 끼는 것도 귀찮아하고, 저녁에 대화를 하자고 하면 피곤하다고 한다며 애정이 식은 것 같아 속상하다고 하소연했습니다.

유민희 씨는 1남 2녀의 둘째였습니다. 어머니는 첫째인 오빠는 맏이이자 아들이라며 총력을 기울여 키웠고, 여동생은 막내인 데다 선천적으로 심장에 이상이 있어 많은 관심을 기울여 키울 수밖에 없었습니다. 둘째이자 건강한 민희 씨는 별 관심을 받지 못했습니다. 부모님의 사랑이 늘 부족하고 목마르게 느껴져서 공부라도 잘해서 부모님의 관심을 받으려 애썼다고 합니다.

결혼을 하면 남편과 시댁의 사랑을 충분히 받고 싶었는데, 남편은 자신의 요구에 시큰둥하게 대하거나 귀찮아하는 것 같다고 합니다. 민희 씨는 높은 수준의 친밀함을 원합니다. 늘 팔짱을 끼고 다녀야 하고, 문자를 하루에 30번 이상 보내며, 남편으로부터 끊임없이 반응과 인정을 기대합니다. 그리고 남편에게 지나치게 의존적이라서 옷 하나를 사도 혼자 결정하지 못합니다.

기본적으로 민희 씨는 자존감이 낮고 자신감이 부족하여 걱정과 불안감이 높습니다. 충동구매도 잘하고, 감정 표현이 과도합니다. 감정 기복이 심하고, 힘들면 죽겠다는 소리도 많이 합니다. 화가 나면 평소와 완전히 다른 모습을 보입니다.

특히 남편이 자신을 소홀히 대하거나 다른 사람에게 관심을 보이는 것 같으면 강한 질투와 집착을 보입니다.

민희 씨는 전형적인 불안-집착형이라 할 수 있습니다. 그녀는 이렇게 말합니다. "남편과 정서적으로 '완전한' 결합을 원하는데, 남편은 내가 가까워지고 싶은 만큼 친밀해지길 꺼리는 것 같아요. 날 매일 꼭 안아 주지 않으면 허전하고 우울한데, 남편은 내가 그를 소중히 여기는 만큼 날 소중히 여기지 않는 것 같아서 불안하고 허전하고 슬퍼요."

불안-집착형은 부정적 자아상을 갖고 있습니다. 그래서 역설적이게 도 막상 애착 대상이 다가오면 '나의 실체를 알면 떠날지 몰라'라는 불 안감에 뒷걸음질을 치기도 합니다. 자신감이 없고 자존감이 낮기에 애 착 대상이 반응을 별로 보이지 않으면 스스로를 탓하고 자괴감을 갖고, 스트레스 상황에서 폭식 또는 거식 등 음식으로 정서적 허기를 채우려 고 합니다.

영국의 고(故) 다이애나 비도 여섯 살 때 부모님의 이혼 후 새 애인 에게 빠진 어머니와 공사다망하던 아버지 사이를 오가며, 경제적으로 는 상류층이었지만 정서적으로는 빈곤하게 자랐습니다. 세기의 결혼 을 했지만 남편으로부터 따뜻한 사랑과 지지를 받지 못하자 신경증적 폭식 장애를 겪었습니다. 그녀는 외로울 때면 초콜릿, 아이스크림, 케 이크 등으로 허기를 채운 뒤, 체중 증가가 두려워서 바로 토해내곤 했 다고 합니다.

독립심과 무심함으로 위장하며 산다 : 일축-회피형

권세일(42세) 씨는 마흔 살에 가족의 성화에 못 이겨 결혼 정보 회사 를 통해 맞선을 보고 두 달 만에 결혼했습니다. 아내가 크게 마음에 들지도 않았지만 싫지도 않았습니다. 가족들은 조건이 좋다며 일사천리로 상견례와 결혼식을 서둘러 진행했습니다.

문제는 신혼여행에서부터 시작되었습니다. 신혼여행지에서 크게 다툰 두 사람은 각자 다른 비행기를 타고 돌아와서 거의 2년째 각방을 쓰고 있습니다.

발단은 이랬습니다. 신혼여행지로 가는 비행기 안에서 피로에 젖은 아내가 권세일 씨의 어깨에 기대려고 했는데, 세일 씨는 어깨를 받쳐주기는커녕 신문을 보면서 모른 체했습니다. 아내가 그에게 뭔가 기분 안 좋은 일이 있는지 물었습니다. 그러자 권세일 씨는 "난 누가 나한테 기대고 의지하려는 건 딱 질색이야"라고 냉정하게 대답했습니다.

그 후로 공항에서 택시를 탈 때나 호텔에 도착해서 체크인할 때나 권세일 씨는 자기 트렁크만 들고 내리고 아내의 짐은 전혀 들어줄 생각을 하지 않았습니다. 무거우니 좀 들어달라고 아내가 부탁했더니 오히려 짐을 쓸데없이 많이 갖고 왔다며 짜증을 냈습니다.

아내가 "나랑 결혼한 것 후회해? 날 사랑하지 않을 거면 왜 결혼했어?"하며 따지자 권세일 씨는 "결혼이 서로 좋아서 하는 거냐? 집안끼리, 조건이 맞으니까 그냥 하는 거지. 지금이라도 싫으면 헤어져. 난 원래 혼자 사는 게 편하고, 앞으로도 연애 따윈 하지 않을 거야"라고 답했습니다.

권세일 씨의 부모님은 결혼 5년 만에 별거에 들어가서 40년째 각각 다른 도시에 살고 있습니다. 세일 씨와 세 살 위의 누나가 어렸을 때 아버지는 늘 곁에 없었고, 어머니는 하루 종일 화장품 외판일을 하며 돈을 벌었습니다. 그래서 남매는 거의 방치되어 자랐습니다.

아버지는 가끔 집안 모임이 있을 때만 집에 왔고, 세일 씨는 부모님이 다정하게 대화하는 모습을 본 적이 없습니다. 그나마 누나가 세일 씨를 돌봐줘서 밥은 굶지 않았고, 학교에 다니면서 내성적이고 별 탈 없이 공부를 잘했습니다. 대학 졸업 후에는 공무원 시험에 합격하여 어머니는 이제 세일 씨를 결혼만 시키면 되겠다고 생각했습니다.

그런데 세일 씨는 친한 친구도 없고, 가족과도 별로 말을 하지 않으며, 여자 친구 한 번 사귀지 않았습니다. 결혼 후에도 자신의 통장과 적금 등을 스스로 관리했고, 아내에게는 월급이 얼마인지, 예금이 얼마인지 알려주지 않았습니다. 대화하는 것을 싫어하고, 각자 보고 싶은 프로그램을 보자며 혼수로 TV를 두 대 사 오라고 했을 정도입니다. 세일 씨의 아내는 계속 살아야 할지 이혼해야 할지를 고민하고 있었습니다.

권세일 씨는 전형적인 일축-회피형으로 보입니다. 인지 능력에는 별 이상이 없으니 공부도 잘했고, 사회생활에서도 남을 간섭하지 않고 남에게 의존하지도 않으니 깔끔하고 독립적이며 유능한 사람이라는 평을 받을지 모릅니다.

문제는 누구와도 정서적 친밀감을 갖는 것을 불편해한다는 것인데, 이것은 부부 사이에서 크고 어려운 문제입니다. 권세일 씨의 주장은 이렇습니다. "난 사람들과 거리를 두고 사는 게 편해요. 독립적으로 사는 게 중요하거든요. 난 남에게 기대지 않고 남이 나에게 기대는 것도 싫어요."

이렇게 일축-회피형은 자유와 독립을 원하면서 애착 자체를 피하는 것처럼 보입니다. 그들은 취미생활이든 운동이든 혼자 하고, 혼술, 혼밥 등 혼자 생활하는 데 익숙한 사람들입니다.

이들은 쉽게 정을 주는 사람이나 헤어짐의 아픔으로 상심하는 사람들을 비웃기도 합니다. 타인에게 예의 바르게 대하지만 정서적으로 다가올 곁을 내주지 않습니다. 그래서 자신은 정서적인 친밀감에 따르는 헤어짐과 거부를 당하지 않을 거라고 믿습니다. 관계에서 친밀감의 욕구를 부인하거나 무가치하게 여기고, 항상 자신을 다른 누구보다 더 중요하게 여깁니다.

연구에 의하면 사실 일축-회피형은 마음속 깊은 곳에 있는 상처를 꼭꼭 숨기고 감추는 방어적인 특성을 보인다고 합니다. 이들은 자신의 진짜 감정을 억누르고 숨기는 경우도 많습니다. 어릴 때 양육자로부터 다정한 정서적 돌봄을 받지 못했던 깊은 상처와 외로움을 '독립심과 무심함'으로 위장하면서 살아가는 것입니다. 또한 상대로부터 거부당할지도 모르는 위험성을 감수하기보다 정서적 거리를 둠으로써 거부당할 상처를 아예 차단합니다.

대개 이런 사람들은 자존감이 낮으면서도 겉으로는 대단한 사람인양 허세를 부립니다. 그리고 배우자를 하찮게 여기거나, 결점을 찾아 깎아내리려 합니다. 배우자에게 신체적·정서적 거리를 두며 섹스리스인 경우도 많습니다.

친밀한 관계를 원하지만 두렵다 : 공포-회피형

정수아(29세) 씨는 어릴 때 부모님이 헤어지면서 큰아버지 댁에서 자랐습니다. 큰아버지는 조카인 수아 씨를 자상하게 대해주었지만, 트럭 운전수였던 큰아버지는 일주일에 한두 번 볼까 말까 했습니다.

큰집에서 눈치를 보며 자라던 수아 씨는 5학년 때 당시 고1이었던 사촌 오빠로부터 성폭행을 당했습니다. 처음에는 어릴 때 잘 놀아주던 사촌 오빠가 자신을 좋아해서 그런 거라고 믿었지만, 두렵고 혼란스러웠다고 합니다. 그런 일이 다 자기 탓인 것 같아서 아무에게도 말을 못한 채 중2 때까지 성폭행을 당하다가 결국 중3 때 가출하고 말았습니다. 그 후 종교 시설의 도움으로 검정고시를 치르고 지금은 샌드위치 가게에서 아르바이트를 하면서 혼자 살고 있습니다.

수아 씨는 얼굴도 예쁘고 키도 크고 날씬해서 손님 중에 사귀자고 하는 사람도 많고, 때로는 혼자 사는 게 외로워서 누굴 만나볼까 하는 마음이 들 때도 있습니다. 하지만 믿음이 안 생기고, 자신이 누군가에게 또 이용당하고 거부당할까 봐 두려움이 앞선다고 합니다.

수아 씨처럼 아동기나 청소년기에 애착 대상(부모)을 상실하거나 성적 학대 같은 트라우마를 겪은 사람은 공포-회피형이 될 수 있습니다. 이들은 다음과 같은 생각을 주로 합니다.

'나는 다른 사람과 친근해지는 게 어쩐지 불편해. 누군가와 정서적으로 가까워지고 싶긴 하지만 그 사람을 완전히 믿거나 의지하기는 어려워. 상대랑 너무 가까워지는 걸 허용했다가 상처 받을까 봐 두려워.'

공포-회피형은 친밀한 관계에 대해 복잡한 양가감정을 갖습니다. 한편으로는 친밀한 관계를 원하지만, 동시에 정서적으로 가까워지는 것이 불편하고 두렵습니다. 이런 복잡한 감정들은 대개 무의식적이고, 자신과 애착에 대한 부정적 관점과 혼재된 상태일 때가 많습니다. 스스로가 애착 대상에게 무가치한 존재라고 여기거나 상대가 자신을 이용하려 한다고 의심하면서, 애착 대상의 선의를 신뢰하지 않습니다.

일축-회피형과 비슷하게 공포-회피형도 애착 대상에게 친밀감을 별로 추구하지 않고, 자신의 감정을 부인하거나 억압합니다. 따라서 애정 표현을 하는 것이 몹시 어색하고 불편합니다.

불안-집착형은 친밀감을 극도로 원한다고 했는데 공포-회피형은 친밀한 것을 별로 원하지 않고 감정을 더 억누릅니다. 정에 끌리면서도 정이 들까 봐 두려워합니다. 두려워서 정을 못 주면서도, 외로우니까 누군가가 자신을 좋아해주기를 바랍니다. 그래서 남들이 보기에는 유혹하는 것 같기도 하고 다가가면 피하는 것 같은 종잡을 수 없는 행동을 합니다.

앞에 소개한 김수빈 씨와 황찬영 씨 부부처럼 어릴 때부터 안정적 애착 속에 긍정적인 관계를 맺어가는 사람은 정서적 금수저라고 할 수 있습니다. 반면에 유민희, 권세일, 정수아 씨의 사례는 어릴 때의 불안정한 애착 경험이 관계의 도식이라는 내적 작동 모델을 형성하여 성인이 되어서도 관계에서 어려움을 겪게 하고 있습니다.

여기서 벗어나기 위한 첫 번째 일은 자신의 애착 도식을 인지하고 받아들이는 것입니다. 그런 사람들이 애착 회복을 위해 노력하면서 놀라운 치유와 성장이 일어나는 것을 저는 심리치료 중에 수없이 보아왔습니다. 본인이 긍정적 변화를 원하는 것과, 상담자와 함께 자신의 변화와 성장에 대해 실존적 책임을 지는 것이 정서적 금수저로 거듭나는 관건입니다.

영국의 고(故) 다이애나 비는 심리치료 후 열심히 체력 관리를 했고, 자신보다 더 열악한 환경에 있는 아프리카 고아들과 에이즈 환자들에게 따뜻한 손길을 내주면서 여성으로, 인간으로 성숙해져 갔습니다. 그리고 아들 윌리엄과 해리 왕자에게도 충분하고 정서적인 돌봄을 주는 어머니가 되려고 노력했습니다. 얼마 전 방영된 그녀의 사망 20주기 추모 다큐멘터리에서 두 아들은 어머니에게서 받은 사랑을 아직도 소중히 간직하고 있는 모습이었습니다.

모성과 부성의
대물림

지난 60~70년 동안 우리나라가 극빈국에서 전 세계 경제 규모 12위로 올라오기까지 소득과 소비가 가파르게 증가하면서 양육도 눈에 보이는 것에 치중해 온 경향이 있습니다. 아이의 마음을 헤아리고 정서적으로 풍요롭고 건강하게 키우는 것까지 돌볼 여유가 없었습니다. 먹고살기 바빴던 시대에 태어나 자란 부모들은 자신도 부모로부터 충분한 정서적 돌봄을 받고 자라지 못한 경우가 많습니다. 따라서 아이의 정서적 욕구에 적절하고 신속하게 대응하며 조율하는 방법을 잘 몰랐을 수 있습니다.

진현주(38세) 씨는 초등학교 4학년 때부터 어머니와 함께 육교 위에서 병아리를 팔며 생계를 꾸렸습니다. 아버지는 가끔씩 집에 들어와서 모녀가 차가운 시멘트 바닥에서 힘겹게 번 돈을 빼앗아 갔습니다. 그때마다 어머니는 "너 때문에 내가 네 아버지와 헤어지지 못해!"라고 딸을 탓했습니다. 현주 씨는 걸핏하면 매를 맞고 집에서 쫓겨났습니다.

현주 씨는 지금 세 아이의 엄마가 되었습니다. 아이들을 호강시키겠다는 일념으로 남편과 일군 사업으로 경제적으로는 어느 정도 성공했습니다. 하지만 아이들이 숙제를 하지 않거나 말을 듣지 않을 때 소리를 지르고 화를 내고 때리는 모습은 자신이 그렇게 싫어하던 친정 어머니의 모습과 꼭 닮아 있습니다.

부모의 애착손상이 자녀와의 관계에서 재연된다

현주 씨처럼 많은 부모들이 자신이 자녀의 신호에 대응하는 방법이 자기 부모의 방식과 닮았다는 것을 의식하지 못한 채 반복하는 경우를 흔히 봅니다. 이것이 제가 '모성 대물림' '부성 대물림'이라고 부르는 현상입니다.

애착 연구에 따르면, 엄마와 아기의 애착 유형의 70~75퍼센트는 그 아기가 자라서 엄마가 되었을 때 반복된다고 합니다. (아빠들의 애착 대물림에 대한 연구는 아직 부족합니다.) 즉, 자신의 엄마와 안정적인 애착을 형성했던 엄마의 70~75퍼센트는 자녀와 안정적인 애착을 형성한다는 것입니다. 마찬가지로, 불안정한 애착 속에서 자란 엄마의 70~75퍼센트는 자녀와 불안정한 애착을 맺고, 회피형 애착 속에서 자란 엄마들의 70~75퍼센트는 자녀에게 회피형 애착으로 대한다는 것입니다.

자신의 부모와 부정적인 관계 속에서 성인이 된 사람이 부모 역할을 할 때 불안해하는 경우를 종종 봅니다. 김보우(38세) 씨는 아버지의 학대와 어머니의 방치 속에 자랐습니다. 두 살 때 부모님이 이혼한 후에는 조부모 밑에서 자랐습니다.

　그런데 그는 성인이 된 후 결혼을 약속한 사람에게 아이를 낳지 않겠다고 했다가 헤어지고 말았습니다. 아기를 낳기 싫은 건 좋은 아빠가 되기 어려울 것 같아서라고 했습니다. 혹시 아이를 방치하거나 학대하거나 버리고 떠날까 봐 불안해서 아이를 낳지 않겠다고 했던 것입니다.

　때로는 자신이 받지 못하고 자란 것을 자녀가 받을 경우 질투하는 부모도 있습니다. 가장 흔하게 볼 수 있는 상황이 아이가 생긴 후 배우자가 자신보다 아기를 더 챙겨주는 것 같아 소외감과 질투를 느끼는 것입니다. 아이가 좀 크면 이런 질투심을 자녀에게 직접 말하기도 합니다. 상담실에서 부모가 자녀에게 이렇게 말하는 것도 보았습니다. "나는 네 나이 때 투정 한 번 제대로 못 부렸는데, 넌 호강에 겨웠구나!"

　상담을 하다 보면, 어머니 자신이 몹시 불행한 결혼생활을 했는데 성장한 딸이나 아들이 행복하고 안정적인 결혼생활을 하면 그것이 다행이고 기쁜 일이라는 걸 머리로는 알면서도 마음속에는 은근히 질투가 난다는 이야기를 들을 때가 있습니다. 그래서 "네 신랑이 너한테 하는 것의 반만이라도 네 아버지가 나한테 해줬다면……" 하는 식으로 푸념과 하소연을 한다는 것입니다.

　이런 질투의 표현은 자녀에게 미안함과 죄책감을 느끼게 할 수 있습니다. 자기가 가진 것이 부모에게 기쁨과 흡족함을 주는 게 아니라 불편함을 준다는 기분이 들기 때문입니다. 특히 자수성가한 사람의 자녀들이 힘들어하는 경우가 많습니다. 부모는 자꾸 자신이 어렸을 때 고생했던 것과 누리지 못했던 것들을 되풀이해서 말합니다. "내가 네 나이일 때는……" 하고 말을 꺼내면 자녀 입장에서는 미안함을 넘어서 '그래서 나보고 어쩌란 말이야?' '엄마 아빠가 힘들게 산 게 내 탓이야?' 같은 반응을 보일 수도 있습니다.

어릴 때의 지나친 결핍은 때로 자녀에 대한 과잉 보상으로 발현되기도 합니다. 자신이 적절한 돌봄을 받지 못했기 때문에 아이에게 지나치게 배려하고, 지나치게 쩔쩔매는 것입니다. 원래 모든 아이는 건강하게 균형을 잡을 수 있는 힘이 있습니다. 그런데 심한 과보호나 과배려를 하면 건강하게 자랄 기회를 박탈할 수 있습니다.

이렇게 불안, 질투, 투사, 보상 심리 등이 안정적 애착에 방해가 되고 불안정 애착이나 회피형 애착을 대물림하게 만드는 요인이 될 수 있습니다.

애착손상의 대물림과 악순환을 막으려면

학대를 받고 자란 아이들은 총체적으로 외상후 스트레스 장애를 보일 확률이 그렇지 않은 아이들보다 높습니다. 일반적으로 정신적 외상을 겪은 후에는 스트레스가 높고, 집뿐 아니라 학교에서도 적응이 어렵습니다. 집중을 못하고, 또래와 잘 싸우고, 학교에 잘 빠지고, 자꾸 꾸지람을 듣고, 공부를 못하고……. 이런 식으로 악순환의 고리가 생깁니다.

이런 부정적 고리가 청소년기가 되면 학대의 재생산을 일으킵니다. 즉, 부모에게 받은 학대를 친구들이나 자기보다 약한 아이들 또는 반려

동물에게 되갚아줍니다.

학대를 받은 아이들은 원만한 대인 관계 기술을 잘 모르고 감정 조절이 어렵습니다. 그렇기 때문에 쉽게 왕따와 학교 폭력의 표적이 되거나 폭력을 휘두르는 자가 되어 어려서 가정에서 받았던 학대를 재경험합니다. 학대받은 아이들은 대부분 사춘기에도 스트레스가 높으며 우울증과 불안증도 높습니다. 또래 관계에서 소외되는 것을 견디기 어려워 중·고등학교 때 학교를 그만두는 경우도 많습니다.

요즘 우리나라에서는 매해 약 50만 명의 학생들이 학교를 중퇴한다고 합니다. 학업 중퇴와 애착 트라우마를 연결해 보면 해결책을 찾기가 쉬워지지 않을까 생각합니다. 애착 트라우마는 역경을 견뎌낼 힘, 용기, 희망 등 심리적 면역력을 떨어뜨리기 때문입니다.

이런 아이들이 사춘기에 닥치는 외로움과 괴로움, 고통과 스트레스를 어떻게 처리할까요? 대개 술, 담배, 인터넷, 게임, 마약, 섹스 같은 것으로 대체합니다. 도피성입니다.

학창 시절이 끝나고 어른이 되면 어떻게 될까요? 문제가 더 복잡해지고 많아집니다. 직장을 갖거나 유지하기 어려워하고, 대인관계를 기피하고, 결혼을 했다 하더라도 자녀에게 부모 역할 하는 것을 힘들어하고 피하려고 합니다. 그리고 가족 안에서 폭력의 피해자나 가해자가 되기도 합니다.

이런 악순환과 대물림에서 벗어나는 좋은 방법은 예방입니다. 가능한 한 이런 연쇄 고리를 초기에 없애는 게 좋습니다. 영유아기, 유치원 시절, 초등학교 때 막지 못하면 중·고등학교에 가서는 더 어렵습니다. 중·고등학교 때도 막지 못하고 사회에 나가면 더 큰 사회적 비용이 들고 많은 혼란과 고통이 일어날 수 있습니다. 호미로 막을 걸 가래로 막지 않도록 아이가 어릴 때 안정적 애착 속에 키우는 것이 절실한 이유입니다.

감히 제안하자면, 혼인신고나 출생신고를 하기 전에 애착에 대한 최소한의 부모 교육을 받는 제도를 만들면 어떨까 합니다. 독일에는 860만 마리의 반려견이 사는데, 인구 비례로 유럽에서 가장 많습니다. 2000년 함부르크에서 여섯 살 남자아이가 개에게 물려서 사망한 사건이 발생한 후, 독일에서는 맹견을 키우려면 미리 공부를 해서 관련 지식과 소양을 갖췄는지를 평가하는 시험에 통과해야 한다고 합니다.

이처럼 반려견을 키우는 데도 교육이 필요한데, 관련 교육을 전혀 받지 않은 부모에게 육아를 맡기거나 낳기만 하면 정부가 무상 보육을 해주겠다는 것은 참으로 위험천만하고 어리석은 정책이 아닐까 싶습니다.

훗날 부모가 아이가 잘못된 데 대해 죄책감과 후회를 갖지 않고, 잘못될까 봐 미리 불안해하지 않으면서 육아의 즐거움과 보람을 느끼게 하려면 마치 운전자에게 운전면허시험을 치게 하는 것처럼 건강한 애착육아에 대한 기본 교육을 제도화하는 게 어떨까요?

저희 부부는 지난 10여 년 동안 '행복씨앗' 프로젝트를 통해 고위험군, 저소득층 부부에게 이틀간의 무료 교육을 진행해 왔습니다. 그 효과는 놀라웠습니다. 이혼 위기의 부부가 회복되었고, 억압과 방임형 부모의 90퍼센트가 감정코칭형으로 변했습니다. 2010년에는 EBS〈마더쇼크〉라는 다큐멘터리로 변화 과정을 담았는데, 이 프로그램은 여성가족부의 양성평등상을 받았습니다. 이틀간의 교육으로 이 정도의 효과를 본다면 저출산 대책 비용이나 고위험 학생과 학교 밖 청소년 대책 비용보다 훨씬 저렴하고 효과적이지 않을까요?

과잉 애착은
독친으로 이어진다

아이를 방치하는 것도 발달 트라우마를 입히지만, 지나친 간섭, 침범, 통제도 트라우마를 입힐 수 있습니다. 이렇게 자녀를 지나치게 통제하려 드는 부모를 '독친(毒親)'이라고 부릅니다. '자녀에게 독이 되는 부모'라는 뜻의 신조어입니다.

'독친(toxic parents)'이라는 용어는 미국의 수잔 포워드(Susan Forward)가 쓴 책에서 유래했습니다. 우리나라에서 독친은 주로 지나치게 학업을 중시하며 자녀를 통제하는 부모를 가리키지만, 사실 독친에는 술이나 마약에 중독된 부모, 잔인한 언행으로 심리적·신체적 위협과 고통을 주는 부모, 성추행이나 근친상간 등으로 성적 학대를 하는 부모, 양육과 보호의 의무를 저버린 부모 등 다양한 방법으로 자녀에게 해가 되는 부모가 모두 포함됩니다.

독친은 왜 그렇게 독한 방법으로 자녀에게 상처를 줄까요? 그 이유는 일반적으로 두 가지입니다. 하나는 부모 자신의 열등감 때문이고 또 하나는 부모의 성공이나 실패의 인생대본을 자신의 아이에게도 그대로 적용하기 때문입니다.

대부분 부모들은 자신이 겪은 가장 큰 고통을 자녀가 겪지 않기를 바라고, 반대로 자신이 이룬 가장 큰 성취나 가장 하고 싶었던 소망을 자녀가 이루게 해주고 싶어합니다. 하지만 이때 적절한 경계(바운더리)와 존중과 배려가 부족하면 자녀를 지나치게 침범함으로써 정서와 자아 발달에 상처를 줄 수 있습니다.

이런 부모들은 자수성가형이나 완벽주의자가 많으며, 자녀를 자신의 분신이나 대리만족 대상으로 여기고, 자랑거리로 삼으려는 경우도 있습니다. 결과적으로 아이와 관련된 일에서 아이의 뜻을 묻기보다는 부모의 취향, 목표, 의지대로 결정합니다. '너를 사랑하고 위하기 때문에'라고 하면서 아직 미성숙한 자녀를 대신해서 아이의 삶에서 중요한 결정을 부모가 믿고 바라는 대로 내립니다.

'독친'에게 길들여지는 자녀들

부모가 자녀 위에 군림하는 신처럼 행동하는 경우 아이는 부모가 무서워서 자신의 생각이나 의사를 표현하지 못하고 억누릅니다. 또한 부모의 뜻을 거스르면 나쁜 일이 생길까 봐 두려워하며, 자기가 원하는 바는 잘못되고, 바보스러우며, 쓸데없다고 믿게 됩니다.

무슨 일이 있을 때 자신의 생각과 감정보다는 부모가 뭐라 할까를 먼저 떠올리고, 이미 뇌리에 깊이 각인된 내재화된 부모의 부정적이거나 강압적인 어투나 음성을 들으면서 결국 부모가 바라는 일을 합니다. 그러면서도 불만, 원망, 무기력감, 자괴감, 분노 등이 쌓이게 됩니다.

자신의 인생이 부모로부터 원격 조종을 받는다고 느끼고, 스스로를 로봇처럼 여기면서 반항심을 키우기도 합니다. 부모에게 복수할 수 있는 최고의 방법은 부모를 고발하거나, 망신을 주거나, 망하게 하는 거라고 생각합니다. 또는 스스로를 파괴하거나 죽음을 택하는 것만이 탈출구라는 극단적인 생각을 하기도 합니다.

그러나 대개 청소년기나 초기 성인기 이후 자신의 목소리를 낼 수 있을 만한 신체적·심리적 힘이 생기면 부모를 거부하고 독립하기를 원합니다. 오히려 이것은 건강한 모습이라고 볼 수 있습니다.

물론 그 과정에서 부모와 심각한 갈등이 표면화되는 일이 빈번합니다. 하지만 이때 부모가 스스로를 돌아보고, 과잉 통제와 억압에 대해 반성하고, 자녀를 존중하고 양보와 타협할 마음과 태도를 지니면 부모와 자녀가 더욱 성장하는 계기가 될 수 있습니다.

아이가 독립하려고 하는데 부모가 변화를 거부하고 자신을 합리화하거나 자신의 방법이 최고라는 믿음을 고수한다면, 부모와 자녀의 관계는 심각하게 손상되어 의절하게 될 수도 있습니다. 극단적인 경우 자살이나 타살 같은 비극적 파국을 맞을 수가 있습니다.

설혹 자녀가 부모와 갈등을 빚지 않고 자란다 해도, 주어진 일은 잘 처리할 수 있지만 새로운 발상이 필요하거나 전례가 없는 일에는 제대로 대응하지 못하는 어른이 될 수 있습니다.

대학 3학년인 성혜랑(25세) 씨는 휴학을 할지 말지를 고민하고 있습니다. 부모에게 등 떠밀려 억지로 고등학교를 졸업하고 겨우 대학에 입학했지만, 학습 의욕이 없고 계속 그만두고 싶은데 부모님에게 속마음을 내비치지 못하고 있습니다. 휴학한다고 하면 아버지가 호통을 치고 난리가 날 것이 불을 보듯 뻔하기 때문이지요.

특히 성혜랑 씨의 아버지는 중학교를 중퇴한 후 자수성가한 분으로, 자식만큼은 최고의 학벌을 갖게 하고 싶은데 뜻대로 되지 않아서 혜랑 씨를 어릴 때 호되게 때린 적도 많았다고 합니다.

아버지가 무서워서 혜랑 씨는 죽은 듯이 공부했지만 성적은 오르지 않았고, 겨우 들어간 대학도 재미가 없어서 그만두고 싶었습니다. 전공인 관광경영학과도 자신의 뜻이라기보다는 아버지의 뜻이었습니다. 혜랑 씨는 아버지의 명령에 반항하거나 다른 주장을 해본 기억이 거의 없습니다.

혜랑 씨는 늘 우울하고, 무기력하며 50킬로그램 정도의 납덩어리가 가슴을 짓누르는 것 같다고 합니다. 아버지가 세상을 떠나시는 날이 자기가 해방되는 날이 될 거라는 생각이 들기도 하지만 그런 생각이 패륜인 것 같아 죄책감이 든다고 했습니다.

또한 독친에 길러졌지만 부모와 갈등을 빚지 않는 아이들은 순종적이고 얌전하여 남들에게 피해를 주지 않을 수 있지만, 누군가와 마음을 터놓고 지내거나 가까이 정서적인 친밀감을 나누기를 두려워할 수 있습니다.

대개 이런 사람들은 어린 시절부터 다른 아이와 놀아본 기억이 거의 없습니다. 유치원 시절부터 고등학교 때까지 친구들과 노는 것은 시간만 낭비하는 쓸 데 없는 짓이라고 믿고, 부모가 정해놓은 스케줄에 맞춰 학원을 다니고 과외를 합니다.

이때 기질적으로 순둥이(easy baby) 형 아이들은 싫은 것을 억지로 참아야 하기에 괴롭습니다. 한 박자 늦는(slow-to-warm-up) 형은 부모의 재촉과 성화에 스트레스를 몹시 받고 신체적 과각성 상태가 쉽게 촉발될 수 있어서 일을 늦추고 미루는 습관이 형성되기도 합니다.

체제거부(difficult child) 형은 과한 반항심이 있어도 어릴 때는 혼나는 게 두려워서 표현하지 못하다가 '한 방에 복수할' 상상과 계획으로 위안을 삼기도 합니다. 아니면 부모 몰래 부모가 싫어할 만한 일을 하면서 부모 위에 군림한다는 착각 속에 속이는 것을 즐기기도 합니다.

혼란-와해형 애착 유형을 지닌 아이들과 '독친'

애착 유형 가운데 혼란-와해형 아이들은 부모와 헤어졌다가 다시 만났을 때 얼어붙는 반응을 보입니다. 엄마와 헤어졌다가 다시 만나면 보통 아이들은 뛰어가서 안기지만 이런 아이들은 엄마가 오면 뒷걸음질을 칩니다. 무표정하게 그러기도 하고, 실실 웃기도 하고, 울기도 하고, 어떤 때는 울다가 웃다가 하기도 합니다. 이렇게 혼란스럽고 일관성 없는 행동을 보입니다.

유치원에 가거나 초등학교에 가서도 또래와의 관계를 힘들어하고, 아이들이 다가오면 싸우거나 도망가는 반응을 보입니다. 여자아이들은 여기에 더해서 얼어붙는 반응을 보이기도 합니다. 그리고 공격 또는 회피해 버리거나 위축돼 있는 양극단적 행동을 하는 경우가 많습니다.

혼란-와해형은 여러 가지 심리정신적 병리와 깊은 상관관계가 있습니다. 역할과 경계의 구분이 혼란한 엄마는 인생에 대해, 특히 남편이나 시댁 식구에게 불만이 있을 때 네다섯 살짜리 아이에게 "나 네 아빠 때문에 못 살겠어!" 하며 상담사 역할을 시킵니다. 그러면 아이는 무슨 이야기인지도 모르면서 들어줍니다. 그런데 뭔가를 해줘야 할 것 같은데 못 해주니 죄책감을 느끼고 불안감을 느낍니다. 아이에게 짐을 지우는 것입니다.

사실 아이들은 그런 걱정 없이 보살핌을 받으며 자라야 합니다. 그렇게 잘 자란 후에 자신이 받은 것을 훗날 자신의 자녀에게 넘겨줘야 하는데, 아이에게 아이 시기를 박탈해 버리고 양육자를 돌보게 하는 경우도 있습니다.

다양한 학대를 받는 경우에도 혼란형 애착이 생깁니다. 심리적 학대, 언어 학대, 신체적 학대, 때로는 성적 학대나 방치, 유린을 당하는 경우에도 혼란이 옵니다. 대개 이런 사람들은 부모가 독친이었을 확률이 높습니다.

나의 부모와 나는 독친인가?

혹시 자신의 부모가 독친인지 아닌지 판별할 수 있는 방법이 있을까요? 수잔 포워드는 다음 몇 가지 사항을 스스로 점검해 보라고 합니다.

당신이 어렸을 때

• 부모님으로부터 '너는 나쁜 아이고 무가치하다'는 말을 들었나요?

• 부모님은 훈육을 체벌로 아프게 했나요?

• 부모님이 부모 역할을 못해서 당신이 부모를 돌보아야 했나요?

• 부모님이 무섭다고 느낀 적이 종종 있었나요?

• 부모님이 했던 행동 가운데 비밀로 해야 하는 것이 있었나요?

(예 : 절도, 사기, 폭력, 도박, 마약, 근친상간 등 범법 및 범죄 행위, 매우 수

치스러운 행동)

당신이 성인이 된 후

• 부모님은 성인이 된 당신을 여전히 어린애 다루듯 하나요?

• 당신의 부모님과 같이 있으면 강한 신체적·감정적 반응이 일어나나요?

• 당신의 부모님은 위협이나 죄책감으로 당신을 통제하나요?

• 당신의 부모님은 돈으로 당신을 조종하나요?

• 당신이 어떻게 해도 부모님을 절대로 만족시키지 못할 것 같은 기분이

드나요?

그렇다면 자신이 현재 자녀들에게 독친인지 아닌지를 스스로 판단하
는 방법이 있을까요? 영국의 저널리스트 소프(JR Thorpe)는 다음 아홉
가지를 살펴보라고 합니다.

1. 자녀에게 부모를 돌보라고 강요하는가?

부모가 힘들다, 피곤하다, 화난다면서 '안마해라, 밥 차려라, 빨래 개

라, 돈 벌어 와라' 등을 자녀에게 시킵니다. 자신의 슬픔이나 화를 가라 앉히기 위해 자녀에게 춤을 추고 노래를 부르라고 시키는 등 자녀에게 부모를 돌보게 합니다.

2. 부모의 감정이 우선이고 자녀의 감정은 무시하거나 일축하는가?

부모의 감정이 거세지면 자녀의 입장이나 기분은 안중에 없고 폭풍 같이 화를 내거나 화가 풀릴 때까지 폭언을 퍼붓습니다.

3. 자녀에게 비밀을 아무에게도 말하지 말라고 하거나 거짓말을 시키는가?

자신의 범죄나 떳떳하지 못한 행동을 자녀가 발설하지 못하도록 "이 거 절대 아무에게도 알리면 안 돼!" 하고 겁을 주거나 거짓말을 하도록 강요합니다. 이는 자녀를 공범자로 만들 수 있고, 자녀는 세상에 대한 두려움과 수치심을 지닌 채 믿고 의지해야 할 부모의 말을 따라야 할지 말지 큰 혼란을 느끼게 됩니다. 이런 비밀을 간직한 아이들은 친구들로 부터 고립되고 집에서도 학교에서도 외톨이가 된 것 같아 이중으로 고 통받기도 합니다.

4. 돈으로 조종하거나 죄책감을 유발하는가?

자녀가 어릴 때는 "말 안 들으면 장난감 안 사준다" "갖다 버린다" "망 태 아저씨한테 준다" "학교 안 보낸다" "굶긴다" 등 겁주는 말과 행동으 로 조종합니다. 조금 컸을 때는 용돈을 안 주거나 휴대전화, 컴퓨터, 자 동차 등을 안 사주는 것으로 부모의 명령을 따르도록 하는 것이 독친 의 흔한 방식입니다. 특히 자녀가 말을 안 들었다고 해서 "너 때문에 엄마(아빠)가 골병들어 죽겠다"고 하는 것은 자녀에게 나쁜 짓을 한 것 같은 죄책감을 유발하는 말입니다.

5. 자녀가 철들고 자라는 것을 시기하거나 막고 있는가?

독친은 '다 너를 위해서야'라는 말로 자녀가 스스로 판단하고 결정할 수 있는 기회를 박탈합니다. 또는 신체적·성적 발육에 대해 심한 모욕감을 주면서 사춘기 자녀에게 초등학생의 옷을 사주고 머리 모양도 아이처럼 하고 다니기를 강요하기도 합니다. 자녀가 직장에 다니거나 결혼한 후에도 지시하고 간섭하고 대신 해주면서 자녀가 독립하는 것을 몹시 못마땅하게 여기기도 합니다.

6. 자녀의 경계(바운더리)를 존중하지 않고 침범하는가?

자녀의 방에 노크 없이 아무 때나 들어가거나, 일기장을 허락 없이 읽어보거나, 자녀의 휴대전화 통화 내역, 문자, 이메일 등을 아무 때나, 혹은 정기적으로 읽어보거나, 자녀가 잠을 자고 있어도 할 말이 있으면 깨워서라도 하고, 남이 있든 없든 야단치고, 화제를 정하거나 바꾸는 것은 부모의 권한이고 자녀는 절대 할 수 없다고 믿는다면 자녀의 신체적·심리적·정신적 경계를 침범하는 것입니다.

자녀가 자신의 경계를 존중해 달라고 요청하면 분노, 묵살, 조롱, 부인("내가 언제 그랬냐?") 또는 죄책감을 유발하는 말로 대응한다면 자녀는 심하게 부모를 회피하거나, 자신의 경계를 모르거나, 경계를 침범당해도 무기력하거나, 자기 자신이 되기를 포기할 수도 있습니다.

7. 자녀에게 끊임없이 잔소리, 비난, 질책을 하는가?

자녀의 키, 체중, 외모, 성적 그리고 크고 작은 결점이나 어쩔 수 없는 신체적 특성 등을 잔소리, 조롱, 경멸의 표적으로 삼고, 어쩌다 자녀가 화를 내거나 항의하면 "농담도 못하냐?" 하며 합리화한다면 자녀에게는 독이 되는 부모입니다. 설사 농담처럼 했다 하더라도 자녀를 깎아내려 부모의 지배력과 통치를 확실시 하려는 것이며, 자녀가 농담도 구분 못한다는 메시지를 줌으로써 자녀의 판단과 감정을 묵살하는 것이기 때문입니다.

8. 수동 공격의 정도가 병리적 수준인가?

"난 괜찮아" 하면서 뚱하거나 시무룩한 채로 식사 시간 내내 아무 말을 안 하는 것은 전형적인 수동 공격의 모습입니다. 감정 표현을 극도로 자제하면서 약간의 암시만으로 가족을 공포로 몰아넣는 것도 수동 공격의 모습입니다. 수동 공격도 결국 공격입니다. 단지 남이 탓하거나 법적인 처벌을 받지 못할 정도로 객관적인 수위를 낮출 뿐입니다. 하지만 이것은 자녀의 목을 조용히 조르는 것 같은 압박감과 공포를 줄 수 있기에 독이 됩니다.

9. 자녀가 부모를 공포스럽게 느끼는가?

자녀가 좋은 직장을 다니면서도 혹시 부모를 거역하거나 실망시킨다면 어떤 일이 일어날지 상상만 해도 진저리치고 겁이 난다면 그 부모는 독친입니다. 자녀가 부모로부터 상처받지 않기 위해, 소중한 것을 빼앗기지 않기 위해, 평정심을 잃지 않기 위해 고민하고 방도를 찾는다면 그 부모는 독친입니다. 부모에게서 온 전화나 편지를 보는 순간 자녀의 심장이 덜컥 내려앉고, 전화를 받아야 할지 말아야 할지 갈등이 일어난 다면 그 부모는 독친입니다.

자녀에게 독을 내뿜지 않으려면

다행히 좋은 소식이 있습니다. 독친이었던 부모도 얼마든지 변화할 수 있다는 사실입니다. 2016년에 저는 HD행복연구소 상담사 및 강사들과 팀을 이뤄서 MBC 스페셜 다큐멘터리 〈엄마와 딸〉에 참여했습니다. 엄마가 딸에게 모진 상처를 주어 성인이 된 딸이 힘들어하는 모녀들을 대상으로 관계 회복 치료와 모성 대물림이라는 악순환의 고리를 끊는 작업을 했습니다.

처음에는 서로 얼굴도 마주치지 않으려 하고 옆자리에 앉는 것도 기피하던 엄마와 딸들이 이틀의 치료 작업 후에는 서로의 상처를 이해하고, 얼싸안고 위로하며, 미안하고 고맙다는 말을 수없이 했습니다.

이런 일이 일어나려면 가장 중요한 것은 자신의 문제를 직시하고 변화를 원하는 일입니다. 남이 강제로 변화시키거나 변화를 강요할 수 없습니다. 이 프로그램에 참여했던 모녀들은 자발적으로 참여했습니다. 그리고 악순환의 고리가 어디서 비롯되었는지 깨닫고 선순환으로 변화할 수 있는 방법을 배웠습니다. 그러면서 마치 3도 화상 같던 상처가 아물고 새 살이 돋는 희망을 체험했습니다.

이 프로그램 참여자들의 다양한 사례가 보여주듯, 독친이 되는 원인은 다양합니다. 대개는 부모 자신이 어릴 때 학대와 방치 속에서 발달 트라우마를 입으며 자라거나, 건강한 부모의 모습을 본 적이 없는 경우가 많습니다. 자신의 강한 지배력 속에 극심한 열등감과 수치감을 지니는 경우가 많습니다. 한마디로 사랑을 제대로 받아본 적이 없고 사랑하는 방법을 모르기 때문으로 보입니다.

하지만 정서적으로 조율하는 방법을 배우면 부모가 자신의 감정을 잘 알 수 있게 되고 자녀의 감정에 조율할 수 있게 되면서 치유가 일어납니다.

아래 이메일은 6년 전 EBS 다큐프라임 〈마더 쇼크〉에 출연했던 한 어머니가 최근에 보내온 메일 내용 중 일부입니다. 부모로부터 많은 상처를 받고 자랐기에 자신의 딸에게는 독친이 되지 않으려고 방송에 자청하여 참여했습니다. 그 후에 변화된 상황을 알려왔습니다.

제가 EBS 〈마더 쇼크〉에 출연했을 때는 딸이 네 살이었는데, 벌써 열 살입니다. 돌아보면 딸과 저를 잘 키워준 과정이었던 것 같습니다. (중략) 저희 딸은 작년부터 취미로 배웠던 수영으로 올해 전국대회에 나가 1등을 했습니다. 운도 따라주었지만, 그동안 힘든 상황을 딸이 어떻게 이겨냈으며, 그 과정에서 엄마로서 제가 어떻게 덤덤히 있었는지를 우리 모녀는 서로 잘 알기에 너무나 기쁜 상이었습니다. 수영을 하는 딸을 보면서 또래에 비해 정신력이 강하다는 걸 느낍니다. 울고 뛰쳐나오고 싶은 상황인데도 버텨내는 걸 보면 저와 딸의 인생에 박사님께서 아주 큰 걸 심어주고 가셨음을 느낍니다. 예전의 저라면 심각하게 봤을 상황도 이제는 덤덤히 보려고 노력하고, 할 수 있는 것에 집중하고 있다는 걸 언제부턴가 느끼기 시작했습니다.

　그래서 지금의 저는 바로 흥분하지도 않고 실망하거나 저를 책망하지도 않습니다. (중략) 그렇게 저를 힘들게 했던 편두통도 많이 좋아졌습니다. 부모님과 저의 평행선 간격은 멀기만 했는데 그 간격도 어느새 조금은 가까워졌습니다. (중략)

　위 사례처럼 자신은 비록 부모님으로부터 방치되고, 학대를 받고 자랐다 하더라도, 자신의 아이와 조율하는 방법을 배우고 실천하면 애착 손상의 악순환을 선순환으로 바꾸는 일이 가능합니다.

6장

어떻게 정서적 금수저로
키울 것인가

부부 싸움 대신
부부 화목으로

　　미국의 유명한 뇌과학자인 존 메디나 박사는 영유아의 뇌 발달에 관한 책을 쓴 뒤에 부모 교육 특강을 많이 다닙니다. 강연 후 미국의 아빠들이 자주 하는 질문이 "어떻게 키워야 우리 아이가 나중에 하버드에 갈 수 있을까요?"라고 합니다. 이에 대한 메디나 박사의 답은 간단하고 명쾌합니다. "집에 가서 아내(아이의 엄마)에게 잘해주세요." 뇌과학자의 답치고는 좀 엉뚱하지 않습니까?

　　메디나 박사가 그렇게 답하는 까닭은 우리의 뇌는 지속적인 스트레스에 취약하고, 자기 조절 능력, 집중력, 호기심, 창의력, 사리 분별 능력, 문제 해결 능력을 관장하는 전두엽 부위와 기억력을 관장하는 해마가 위협을 느끼면 잘 발달하지 않거나 퇴화하기 때문이라고 합니다. 부부의 사이가 좋아야 그 밑에서 자라는 아이가 스트레스를 받지 않아서 뇌가 건강하게 발달하고, 그래야 공부도 잘하고 또래 관계도 원만해서 좋은 대학교에 갈 가능성이 높아지는 것이지요.

아동 학대에는 여러 종류가 있는데, 얼마 전 미국심리학회에서는 신체적·정서적·심리적·성적 학대 외에도 자녀가 보는 곳에서 부부 싸움을 하는 것을 아동 학대의 하나로 추가했습니다. 부모의 갈등과 불화는 영유아뿐 아니라 자라나는 아동과 청소년들의 뇌에 치명타를 입힌다는 방대한 연구 결과에 따른 것입니다. 그러니 부모가 진흙탕 싸움을 일삼는 집에서 자란 아이는 정서적 흙수저가 되기 쉽습니다.

또 미국 아동과 청소년들의 전반적인 학력 수준이 아시아의 학생들보다 낮은 것에 위기감을 느낀 미국 정부가 연구해 보니, 학생들의 학업 성취도를 알 수 있는 가장 큰 예측 인자는 '부모가 얼마나 안정적이고 화목하게 잘 지내는가'라고 합니다.

애착의 관점에서 보면 부모가 화목하고 다정한 정서적 환경은 아이가 부모 양쪽과 안정적인 애착을 형성할 수 있는 기본 토대입니다. 체계론적 가족 치료사인 살바도르 미누친(Salvador Minuchin) 박사에 의하면, 가족의 기본 하위 구조인 부부가 서로 안정적인 애착 관계를 이뤄야 자녀가 부모로부터 받는 애정과 지지를 통합하면서 성장할 수 있고, 훗날 기능을 제대로 하는 건강하고 화목한 가정을 이룰 수 있는 확률이 높다고 합니다.

이 모든 연구 결과를 요약한다면 한 마디로 '가화만사성(家和萬事成)'입니다. 드디어 서양의 과학적 연구 결과가 수천 년 동안 내려온 동양의 직관과 만났습니다. 집안이 화목하면 모든 일이 잘 이루어진다는 말은 실로 진리입니다. 그리고 집안의 중심은 부부입니다. 결국 화목한 가정에서 태어난 아이가 금수저입니다. 금괴를 지닌 부모가 아니라 금슬이 좋은 부모를 만나야 아이는 정서적 금수저가 됩니다.

　저희는 모든 부모가 이상적인 수준이나 목표에 도달하기 어렵더라도 '괜찮은' 수준만큼만은 되기를 바랍니다. 수영을 한다고 모두가 박태환 선수처럼 잘하기는 어렵겠지만, 최소한 물에 빠지지 않고 안전하고 즐겁게 할 수 있을 만큼은 배울 수 있지 않을까요? 다음 여덟 가지는 저희가 제안하는 '괜찮은 부모'가 되는 평범하지만 효과적인 방법입니다.

억압하지 말고
엄하게 키우자

"찍소리 말고 하라는 대로 해!"

흔하게 들을 수 있는 말입니다. 이런 말은 저에게는 매우 억압적으로 들립니다. 하지만 정작 이런 말을 하는 사람은 본인이 억압하는 게 아니라 '엄한 편'이라고 합니다. 과연 엄한 것과 억압적인 것이 같은 것일까요? 아닙니다.

엄한 것은 아이나 어른이나 모두 지켜야 하는 규칙이나 행동 규범을 알고 있는 상태에서 그 규칙과 규범을 따르게 하는 것입니다. 아이가 허락된 테두리를 벗어나면 지적하고 책임을 추궁하지만, 테두리 내에서는 상당한 자율권을 보장합니다. 그래서 엄한 태도에는 아이를 존중하고 책임감과 판단력 있는 성숙한 존재로 키워주고 싶은 진정한 관심과 돌봄이 깃들어 있습니다. 정서적 금수저가 번창할 수 있는 최적의 환경이며 보금자리입니다.

반면에 억압적인 경우 아이가 지켜야 하는 규칙은 바로 어른 자체입니다. 시도 때도 없이 새로운 규칙이 생겨납니다. 충분한 예고 없이 규칙이 발표되고, 명쾌한 설명 없이 적용됩니다. 그리고 규칙을 지키지 않아도 괜찮다가 갑자기 지적을 당하기도 합니다. 그래서 걸리는 사람이 재수 없는 것이고 걸리면 그저 억울합니다.

어른들은 나름대로 이유가 있으니까 새로운 규칙을 만들고 유연하게 적용했을 것입니다. 하지만 그 이유가 소통되지 않는다면, 그래서 아이들이 납득할 수 없다면, 아이들은 어른이 시키는 것을 군소리 없이 무조건 따라야 하는 노예와 같은 존재가 되어버립니다. 무엇이 옳고 그른지, 적절하고 부적절한지, 판단력을 키울 기회를 박탈당합니다. 이렇게 되면 성숙한 어른으로 성장하기 어렵습니다.

엄함과 억압은 얼핏 보면 비슷해 보입니다. 원칙과 규칙이 존재한다는 게 같고 위반하면 벌을 준다는 것이 같습니다. 그래서 혼동할 수 있습니다. 하지만 둘은 확연히 다릅니다. 엄함에는 사랑과 존중, 가르침이 있습니다. 억압에는 혐오와 멸시, 가리킴만 있습니다. 엄함에는 배움이 있고 인재를 탄생시킵니다. 억압은 증오를 대물림할 뿐입니다. 정서적 흙수저를 만들어내는 것입니다.

아이가 어릴 때는 엄하게 키우다가, 사춘기에 접어들면 허락된 행동의 범위를 넓혀가야 합니다. 사춘기는 부모로부터 독립하고 분리해 나가는 시기이기 때문입니다.

그러나 아쉽게도 많은 부모들이 정반대로 합니다. 아이가 어릴 때는 아이의 기를 죽이지 않기 위해서 어떤 행동을 해도 내버려둡니다. 그러다가 사춘기가 시작되는 무렵 아이를 '잡기' 시작합니다. 공부를 시키기 위해서입니다.

아이의 입장에서 보면 고삐 풀린 망아지처럼 자유롭게 행동하다가 갑자기 우리에 갇히거나 심지어 올무에 걸린 기분일 것입니다. 숨통을 쥐어오는 답답함에 우리를 박차고 나가고 싶은 충동을 억누르기 어려울 것입니다. 그래도 부모는 공부가 먼저라고 아이를 몰아붙입니다. 다 아이의 미래를 위해서라고 합니다. 이것은 아이에게 집착하는 것입니다. 애착은 집착이 아닙니다. 애착은 사랑이고, 집착은 사유(私有)이고 소유욕입니다.

아이가 어릴 때 충분한 애착(attachment)을 형성하고 사춘기에는 분리(detachment)해 나가야 성숙한 사람이 될 수 있습니다. 애착이 잘 형성되어 있지 않다면 분리 과정은 매우 거칠고 파괴적일 것입니다. 아이에게도 불안하고 부모에게도 불안한 과정이 됩니다. 애착이 없으면 신뢰도 없기 때문입니다.

저희가 제안하는 원칙은 단 두 가지입니다. '남을 해치는 행동은 안 된다. 그리고 자신을 해치는 행동은 안 된다.' 세부적인 규칙은 아이의 나이에 따라 달라집니다.

예를 들어, 유아기에는 'TV를 한 시간 보면 반드시 밖에 나가서 운동(뛰어놀기)을 한 시간 해야 한다' '해가 지면 밖에서 놀지 않는다' 등 수많은 사항들이 있습니다. 사춘기가 되면 '용돈 안에서 지출한다' '밤 10시 이후에는 전화를 사용하지 않는다' '친구 집에 놀러가기 전에는 부모님께 미리 허락을 받는다' 등입니다. 고등학생이 되면 '친구 집에 놀러가기 전에는 사전에 통보한다'로 바꿔서 허용의 범위를 넓혀줍니다.

어른은 아이에게 엄한 존재가 되어야지, 폭군이나 지배자가 되면 안 됩니다. 엄함은 가정과 학교의 생활 방식입니다. 억압은 교도소의 방식입니다. 학교와 가정이 억압하는 것이 아닌 엄한 보금자리여야 아이들이 자율성과 자발성이 조화를 이루는 정서적 금수저로 성장할 수 있습니다.

아이를 부모의 따뜻한
시선 안에 두자

　　부모가 자녀를 엄하게 키우기 위해서는 자녀를 부모의
시선 안에 두어야 합니다. 아이가 부모의 시선을 느낄 수 있어야 합니
다. 부모가 자신을 지켜보고 있음을 인지해야 아무렇게나 행동하지 않
고 규칙을 지킵니다. 그러나 감시용 CCTV처럼 차가운 시선이면 안 됩
니다. 따뜻한 안전함과 든든한 신뢰를 누릴 수 있는 시선이어야 합니다.
부모의 시선이라는 울타리 안에서 아이의 심성이 자라며, 아이는 부모
의 관심을 받을 때 행복합니다.

　　헬육아에 지친 부모는 아이의 양육을 남에게 외주로 주고 싶어 합니
다. 일단 아이가 시선 밖에 나가서 눈에 보이지 않아야 잠시나마 스트
레스에서 벗어날 수 있습니다. 부모가 일로 너무 바쁘거나, 서로에게 육

아의 책임을 떠넘기거나, 병에 걸렸거나, 세상을 떠났거나 해서 아이가 부모의 시야 밖에 놓이면 아이는 길을 잃은 것 같고, 불안감을 느낀 채 관심과 응시를 찾아 헤매게 됩니다. 활동 반경이 넓어지는 청소년기와 성인기, 심지어는 중년기에 가서도 방황하고 제자리를 못 찾기도 합니다.

물론 부모의 시선 안에서 자란다고 해서 아이가 물리적으로 늘 부모 눈에 보이는 곳에 있어야 한다는 것은 아닙니다. 그렇지 않더라도 '지금 유치원에 있을 텐데, 어떻게 하고 있을까?' '지금 학교에 있지' '친구랑 놀고 있지' 이렇게 정신적 시선 안에 있어야 합니다.

아이를 시선 안에 둔다는 것은 부모의 집착과 간섭으로 꼼짝 못하게 하거나 시키는 대로 하게 하는 것이 아닙니다. 넓은 울타리 안에 방목하되 울타리 밖을 넘나들지 않는지 멀리서 지켜보면서 위급할 때는 바로 달려가주는 것입니다.

저는 다행스럽게도 부모님의 사랑을 많이 받고 자랐습니다. 지금은 두 분 다 돌아가셨지만, 여전히 기쁜 일이나 힘든 일이 있을 때면 부모님의 얼굴이 떠오르고 부드러운 음성과 따뜻한 눈길이 느껴집니다. 부모님의 시선은 살아 계실 때에도 돌아가신 후에도 유효기간이 없습니다. 사랑이 깃든 것은 영원하니까요.

부모의 시선 안에서 사랑과 관심을 받고 자라는 아이들은 생명력과 자신감으로 충만합니다. 말랑하면서도 탄력성이 좋은 공 같은 모습이지요. 역경을 만나더라도 다시 튀어 올라올 수 있는 상처 회복 능력이 있습니다.

원천적인 해결책은 자녀가 부모의 시선 안에서 관심과 보살핌을 받고 자랄 수 있게 해주세요. 금수저를 아무데나 두지 않고 아무렇게나 다루지 않듯이, 자녀도 마찬가지로 부모의 시선 안에 두고 소중하게 여겨야 합니다. 부모의 애정 어린 눈길과 손길을 받으며 자상함과 엄격함의 균형 속에서 배려와 존중을 받고 자란 아이가 정서적 금수저입니다.

요약을 하자면, 태아는 엄마와 신체적으로 연결되어 성장하며, 갓난아기는 부모와 거의 밀착해서 손 안에서 연결되어 키워지며, 좀더 자라면 부모의 시선 안에서 눈빛으로 연결되어 자랍니다. 그러다가 물리적 시선에서는 벗어나더라도 정신적 시선으로 연결되어 살아가야 행복합니다.

놀이터에 보내지 말고
놀이터가 되자

예전에는 부모가 아이를 놀이터에 데리고 갔습니다. 그네를 밀어주기도 하고 미끄럼틀을 태워주기도 하며 신나게 놀았고, 다른 아이들과도 어울려 함께 놀았습니다. 그러나 요즘 놀이터에는 아이들이 보이지 않습니다. 다들 개인 놀이터에서 혼자 놀고 있습니다.

요즘 세상의 놀이터는 컴퓨터와 스마트폰의 가상공간으로 바뀌었습니다. TV, 게임기, 스마트폰이 아이들의 놀이터입니다. 인간과의 직접적인 상호작용이 점점 줄어들고 있습니다. 그런 놀이터의 아이들은 그저 신나는 경험의 소비자일 뿐입니다.

더 무서운 사실은 아이들이 부모의 시선에서 완벽하게 벗어나서 놀고 있다는 점입니다. 부모는 첨단 놀이터에 어떤 놀이가 있는지조차 모릅니다. 포르노와 폭행이 난무하는 놀이터도 있습니다. 오로지 충동적 말단신경의 만족과 쾌락 추구가 목표입니다. 부모는 아이에게 그런 곳의 무제한 사용권을 사주는 셈입니다. 그곳에서 아이들이 어떤 흉측하고 기괴한 경험을 쌓아가는지 두렵지 않습니까?

아이들은 부모와 관련한 일을 어떻게 기억할까요? 정서적으로도 기억하고, 인지적으로도 기억합니다. 정서적으로는 대개 느낌과 감정으로 부모가 직접 해준 일들을 기억합니다. 즉, 안아준 것, 먹여준 것, 씻겨준 것, 노래를 불러준 것, 함께 놀아준 것 등이 정서적인 기억들로 남습니다. 구체적인 일을 떠올리지 않아도 좋았다, 편안했다, 행복했다, 기뻤다 등의 감정으로 남는 기억입니다.

또한 아이들은 인지적으로도 부모를 기억합니다. 가족의 내력, 가문의 흥망성쇠, 역사적 일화에 대해 설명해 줬던 것, 함께 활동했던 것 등을 말과 이미지로 회상할 수 있습니다.

부모와 아이의 만족스러운 상호관계는 아이의 영혼을 감싸주고 고유하고 고귀한 성품으로 성장시킵니다. 심리치료의 대가 앨버트 페소 교수는 부모는 아이와의 상호작용을 통해서 아이의 영혼에 '존재의 옷'을 입혀준다고 표현했습니다. 충족된 상호작용은 영혼의 참모습에 꼭 맞는 형상을 창조한다는 뜻입니다. 즉, 부모와 아이의 관계에서 서로 존중하고 서로 충족되는 상호작용을 할 경우, 진실한 영혼의 모습이 이전에도 없었고 이후에도 없을 고유한 존재로 인정되어 자기다움을 반기고 더 자기답게 되기 위해 성장할 힘을 얻는 것입니다.

반면에 불충족한 상호작용은 영혼의 진실한 모습을 부인하고 왜곡합니다. 비약인지 몰라도 요즘 젊은이들이 짙은 화장과 성형을 많이 하는 것은 외모지상주의 세태의 영향도 있지만, 자신을 부인하고 왜곡하는 불편한 자아상과 연관이 있지 않을까 하는 생각도 듭니다.

궁극적으로 저는 부모와 교사는 성직자와 비슷한 부분이 있다고 믿습니다. 자녀의 몸과 마음, 정신뿐 아니라 영혼의 성장에까지 깊이 영향을 주니까요. 부모에게 주어진 임무, 소명, 책임은 너무나 소중하고 가치 있으며 숭고한 의미가 있습니다. 입시나 취업이 중요하고 가치 있기에 노력하는 것처럼, 육아도 그 중요성과 소중함, 가치를 생각한다면 힘들어도 고생하는 보람이 느껴지지 않을까요?

아이와 함께 산책하고, 자전거를 타고, 모래 장난을 하고, 술래잡기를 하고, 레슬링을 하고, 소꿉장난을 해보세요. 그 순간만큼은 부모도 다시 아이가 되어 행복감을 맛볼 수 있습니다. 아이를 키우는 즐거움과 소중함이 절로 느껴지는 순간입니다.

아이와 함께 나들이도 하고 여행도 하세요. 아이가 가상세계가 아니라 현실세계에서 살아가는 지혜를 어른에게서 보고 배우는 게 좋습니다. 아이는 부모와 함께 놀 때(상호작용할 때) 가장 온전하게 성장합니다. 규칙과 순서를 지키는 것도 배우고, 놀이 속에서 벌어질 수 있는 흥미진진함, 스릴과 모험, 졌을 때의 분함, 이겼을 때의 성취감 등 인생의 다양한 맛을 느낄 수 있습니다.

이를 통해 삶을 살아가는데 필요한 지혜, 전략, 협동심, 조율, 공평함, 자신감 등을 자연스럽게 터득할 수 있을 것입니다. 그러니 아이를 아이만의 놀이터에 혼자 두지 말고 부모가 아이의 놀이터가 되어주세요.

아이의 금맥을
발견하라

몇 년 전에 세상을 뜬 영문학자 장영희 교수는 어릴 때 소아마비를 앓아서 신체적으로는 어려움이 있었습니다. 하지만 부모님이 심어준 긍정적 자아상으로 밝고 자신감 있게 살아가던 모습이 아직도 기억에 남아 있습니다.

또 『지선아 사랑해』의 이지선 씨도 교통사고로 심한 화상을 입었지만 부모님의 사랑과 지지 덕에 자신의 겉모습이 아닌 내면의 모습에 대한 자부심과 믿음, 희망을 잃지 않았습니다.

2008년 중국 쓰촨성 대지진에서 살아남은 랴오즈라는 여성이 있습니다. 무용 교사였던 그녀는 지진 당시 콘크리트 더미에 깔리면서 두 다리를 절단해야 했고, 어린 딸과 시어머니를 잃었습니다. 하지만 자신을 무한히 믿고 사랑해 준 부모님의 용기와 격려 덕에 장애를 딛고 일어나서 의족을 한 채 자선 무용 공연을 했고, 마라톤을 통해 다른 지진 피해자들에게 용기와 희망을 주었습니다.

이들 정서적 금수저들의 공통점은 부모님에게 조건 없는 사랑을 받았다는 것이 아닐까요?

아이가 자아상을 긍정적으로 통합하려면

아이는 부모의 마음속에 살고, 부모의 의식 안에 존재의 자리가 있습니다. 어머니가 돌아가신 후라도 '어머니' 하면 떠오르는 이미지가 있는데, 이것은 어머니 안에 자기가 어떤 모습으로 있었는가 하는 이미지와 일맥상통합니다. 부모의 시선 안에서 자신이 사랑스럽고 대견한 딸이나 아들로 존재한다면, 부모님이 살아 계시든, 돌아가셨든 흔들리지 않는 자기 정체성을 지닐 수 있습니다.

사람은 자기 세계, 자기 생각, 기억, 감정들이 통합되어 정체성을 형성하는데 심리치료의 궁극적인 목표도 바로 긍정적 정체성을 찾아가는 과정이라고 볼 수 있습니다. 애착 기반의 심리치료는 자기 안에 있는 자신과 부모와의 관계에서 본연의 자리를 찾고, 거기서 긍정적인 에너지를 받을 수 있도록 연결해 주는 내적도식의 리모델링 작업이라고 할 수 있습니다.

아이가 스스로에 대해 갖는 이미지는 아이에 대한 부모의 생각과 부모가 아이를 사랑해 준 기억을 포함하여 스스로에 대한 생각이 긍정적으로 통합되어야 합니다. 이를테면 '나는 참 사랑스런 존재구나' '나는 참 소중한 존재구나' '엄마가 나를 이렇게 대했구나' '아빠에게 나는 이런 존재였구나' '내 이름은 이런 뜻으로 지어진 것이구나' 같은 생각들입니다.

부모님이 들려주신 집안의 내력, 가훈, 특별한 일화 등은 중요한 가치관으로 자녀의 인지적 기억 속에 오래 남습니다. 저의 아버지는 우리 자매들이 어렸을 때 "한국 여성들은 굉장히 우수하다"라고 여러 번 말씀해 주셨습니다. 우리나라가 외적의 침입을 당했을 때 여성들이 용기와 지혜를 동원해서 가족들을 보살피고, 논개나 유관순 열사처럼 나라를 위해 몸을 던진 이야기를 들려주셨습니다.

이야기의 내용만이 아니라 그 말씀을 하실 때의 아버지의 표정, 음성, 자세 같은 것도 모두 제 안에 들어와서 저를 형성했고, 제가 다른 여성들을 대할 때 알게 모르게 영향을 줍니다.

이런 인지적 기억들이 아이의 자아상에 포함되며, 아이가 세상에 대한 이미지와 지도를 만들 때 핵심 요소로 포함됩니다. 부모가 아이에 대해 갖고 있는 이미지가 결국은 아이가 자신에 대해 갖는 이미지와 상응한다는 뜻입니다. 부모가 "이 쓸모없는 것아!" "너는 대체 왜 태어났냐?" 하는 식으로 대한다면 아이는 자신은 나쁜 사람이고, 무가치하며, 태어나지 말았어야 할 사람이라고 생각하게 됩니다.

저는 MBC 〈엄마와 딸〉에 참여했을 때 출연한 모녀들과 '기억 속의 앨범'이라는 작업을 했습니다. 상상 속에서 유치원, 초·중·고등학교 시절의 어머니를 떠올려서 그 모습을 그려보는 것이었습니다.

한 참가자는 다섯 살 때의 어머니 모습을 화난 얼굴로 그리고, 자신은 그 옆에서 울고 있는 어린아이로 그렸습니다. 그림에 대해 좀더 이야기를 해보라고 하자, "엄마, 내가 깨진 유리병에 발을 다쳐서 엄마한테 울면서 다가 갔는데 위로를 해주지 않고 운다고 바가지에 있던 물을 나한테 확 끼얹어서 얼마나 놀라고 서러웠는지 몰라!" 하며 목이 메어서 말을 잇기 힘들어했습니다.

그 어머니는 "내가 그랬냐? 난 기억도 없는데……"라고 말했습니다. 그래서 제가 어머니에게 딸에게 정서적으로 연결할 수 있도록 도와드렸습니다. "그때 다치고 아파서 엄마한테 위로받으려고 했는데, 물세례를 받았으니 얼마나 놀라고 서러웠겠니" 하고 어머니가 그때의 감정을 수용해 주자 딸은 엄마에게 안겨서 한참을 울고 난 뒤에 편안히 미소를 지었습니다.

이처럼 아이는 부모가 자신을 어떻게 대하고, 느끼고, 생각하는지를 바탕으로 자신의 자아상을 구축합니다. 부모에 대한 기억은 아이의 자아상뿐 아니라 세계관이 되기도 합니다. 이 세상이 따뜻하고, 편안하고, 안전하고, 즐겁고, 행복한 곳인지, 아니면 냉정하고, 위험하고, 불편하고, 외로운 곳인지는 기본적으로 부모가 자신을 대해주던 기억과 관련이 있습니다. 따라서 애착손상으로 치료를 받으러 오는 사람들에게는 이것을 재구성하고, 재연결해 주는 작업을 합니다. 이 작업은 반드시 부모와 함께 오지 않아도 가능합니다. 치료와 성장은 일생 어느 시기에도 가능합니다.

아이의 회복탄력성을 키워주는 장점 찾기

아무리 부모가 자녀를 사랑해도 자녀가 살면서 겪을지 모르는 모든 트라우마를 전부 다 막아줄 수는 없습니다. 중요한 것은 외상성 사건을 겪었다 하더라도 그것을 통해 성장할 수 있도록 회복탄력성을 키워주는 것입니다.

아이의 회복탄력성과 미래는 아이의 장점에서 비롯됩니다. 아이의 장점을 많이 찾아주세요. 그것은 허황된 칭찬과는 다릅니다. 요즘은 아이들의 '기를 살려준다'면서 역효과를 내는 칭찬을 하는 부모들이 있습니다. 다음은 아이를 망치는 잘못된 칭찬의 예입니다.

[잘한 것을 두고] 네가 최고야!

[성적이 잘 나왔을 때] 천재네~!

[한 가지 잘한 것을 두고] 오, 우리 천사!

[아이가 예쁜 짓을 했을 때] 네가 없으면 엄마는 못 살 거야.

[낙서한 것을 보면서] 피카소가 환생했네!

[이제 겨우 스케이트를 시작한 아이에게] 제2의 김연아가 나왔네!

무엇이 역효과를 내는 것일까요? 칭찬의 역효과에 대해 연구한 교육심리학자 알피 콘(Alfie Kohn)과 감정코칭의 선구자 하임 G. 기너트(Haim G. Ginott) 박사에 따르면, 위와 같은 인격과 능력에 대한 과도한 칭찬은 아이에게 부담을 주고, 기대치에 못 맞추면 어쩌나 하는 불안감과 실수에 대한 조바심을 조장한다고 합니다.

또한 성취와 자신의 가치를 동격화함으로써 사랑을 잃지 않기 위해 수단 방법을 가리지 않고 결과에 집착하게 만들 수 있고, 자신에 대한 지나친 환상과 과대평가로 인해 자아도취적이고 미성숙한 인격을 만들 수 있다는 것입니다.

제대로 된 칭찬의 예는 다음과 같습니다.

[잘한 것을 두고] 애썼다. 참 잘했구나.

[성적이 잘 나왔을 때] 지난번보다 더 잘해서 기쁘다.

[한 가지 잘한 것을 두고] 장난감을 제자리에 잘 정돈해 줘서 고마워.

[아이가 예쁜 짓을 했을 때] 참 예쁘고 사랑스럽다. 사랑해.

[낙서한 것을 보면서] 개구리를 창의적으로 그렸구나. 놀랍다!

[이제 겨우 스케이트를 시작한 아이에게] 스케이트 타보니까 기분이 어때?

아이의 장점을 발견하는 일은 마치 금맥을 발견하는 것과 같습니다. 정서적 금수저가 되기 위해서는 정서적 금맥이 필요합니다.

'아부지'가 아니라
아버지가 되자

경상도 사투리로 아버지는 '아부지'입니다. 어렸을 때 아버지로부터 그 이유를 들은 적이 있습니다. 지나가던 사람이 아이와 성인 남자가 함께 있는 모습을 보고 "당신이 이 아이의 아버지요?" 하고 물으니 남자는 "아부지!"라고 답했답니다. '我不知, 나는 알 수 없습니다'라고요.

우스갯소리지만 오늘날에 적용될 법한 이야기입니다. 한때 유행하던 말이 있습니다. 아빠들에게 "아이가 얼마나 컸어요?" 하고 물으면, 두 팔을 벌려 가로로 크기를 말한다는 것입니다. 아침 일찍 아이가 잘 때 집을 나서고 아이가 잠이 든 늦은 밤에 귀가하다 보니 아이가 누워 있는 모습만 보았기 때문이라는 것입니다.

아버지가 아이의 키도 잘 모르니 마음속인들 알 수 있을까요? 아이의 가장 친한 친구는 누구인지, 가장 싫어하는 과목은 무엇인지, 가장 좋아하는 가수나 노래는 무엇인지와 같은 내면의 세계를 가트맨 박사는 '사랑의 지도'라고 했습니다. 사랑의 지도 없이 아이와 대화를 하면 종종 벽, 비밀, 불통과 맞닥뜨리곤 합니다.

사회가 산업화, 도시화, 핵가족화되면서 아버지들은 자녀들이 일어나기도 전에 돈을 벌러 나갔다가 밤 11시나 12시에 귀가했고, 회사에 충성을 바치는 것이 가족을 위하는 길이라고 믿었습니다.

대부분의 우리나라 남성들은 학창 시절부터 성인이 되어서까지 계속 관심을 갖고 준비하는 것이 무슨 직업을 갖고 어떻게 돈을 벌 것이냐 하는 문제입니다. 어떤 남편이 될지, 어떤 아버지가 될지, 어떤 노년기를 맞을지에 대해서는 학교에서도 사회에서도 가르쳐주지 않습니다.

배우지 못했기 때문에 어떻게 좋은 남편이 되고 좋은 아버지가 될지 그려지는 모습이 없으며, 방법을 모를 수 있습니다. 자기가 아는 방법이 오히려 역효과를 내기도 합니다. 그렇다 보니 우리나라의 많은 아버지들이 아버지의 역할은 밖에서 열심히 돈 벌고 사회 활동을 하는 것이라고 믿고, 육아법에 대해서는 '아부지'가 되는 것이 현실입니다.

캐나다 밴쿠버에서 건축사무실을 운영하는 로버트 멜직 씨는 결혼한 직원이 오후 5시 이후에 사무실에 남아 있는 경우 가정에 문제가 있다고 본다고 했습니다. 또한 결혼하지 않은 직원들에게는 저녁 시간을 창의성과 건강을 위한 운동과 여가 시간으로 활용하라고 독려한다고 했습니다.

자녀의 성장과 성공에 영향을 미치는 아버지

미국 메릴랜드 대학교 소아과 교수인 모린 블랙(Maureen Black) 박사의 연구 결과, 아버지가 자녀 양육에 참여할 경우 전반적으로 아이들이 집, 학교, 사회에서 말썽을 덜 부리고, 학교생활도 더 잘하고, 공부도 더 잘한다고 합니다.

사별이나 이혼을 했거나 혹은 싱글 아빠여서 엄마가 없을 경우에도 아빠가 자녀 양육에 적극적으로 참여하면 아이들이 공부를 잘하고 사회성도 더 발달하고, 지도력도 더 보인다고 합니다. 이처럼 아빠는 자녀의 전반적인 성공과 성장에 크게 영향을 미치고, 따라서 엄마 못지않게 아빠도 양육에 참여하는 게 중요하다는 사실이 점점 알려지고 있습니다.

아빠의 역할은 아동기에 끝나는 게 아닙니다. 아이들의 성장기 내내, 그리고 성인이 된 후에도 인생의 사계절을 경험한 선배로서 지혜와 경륜을 나눠주는 베이스캠프나 등대 역할을 할 수 있습니다. 그러니 아부지가 아니라 아버지가 되어야 합니다.

설혹 아이가 어릴 때 이런저런 사정으로 정서적 유대감을 키우지 못했더라도, 원하고 노력하는 시점부터 변화할 수 있습니다. 저는 이미 성장한 아들과 감정코칭을 통해 서먹하고 소원했던 관계를 자연스럽고 친근한 관계로 바꾼 아버지들을 무수히 만났습니다.

한 PD는 저와 다큐멘터리를 찍으면서 저에게 배운 관계 개선 방법을 중3이던 딸에게 적용해 보았다고 합니다. 그분은 그동안 열심히 일하고 성공하면 훌륭한 아빠 역할을 충분히 하는 것이라고 믿어왔던 자신의 신념을 바꾸어야 했습니다. "아빠는 저한테 잔소리할 자격이 없어요. 저

아기 때 맨날 바쁘다고 안아준 적도 없잖아요!"라고 차갑게 쏘아붙이던 딸이 감정코칭으로 다가간 후에는 고민이 생기면 엄마보다 아빠를 먼저 찾고 의견을 구한다며 흐뭇해했습니다.

자녀에게 아버지가 미치는 영향에 대해서는 1980년대 이전에는 연구가 거의 이루어지지 않았습니다. 이후, 비록 엄마의 영향에 대해서만큼은 아니지만 아빠의 영향에 대해서도 연구가 많이 진행되고 있습니다. 1980년 이후 출간된 연구 논문의 약 82퍼센트가 아빠의 긍정적인 양육 참여가 자녀에게 매우 긍정적인 효과가 있음을 밝히고 있습니다.

여기서 중요한 것은 아빠가 양육에 부정적으로 참여할 경우에는 엄마가 혼자 키우느니만 못하다는 점입니다. 가트맨 박사에 따르면 엄마가 주로 아이를 키우면 아이가 특별히 뛰어나지도 않고 특별히 나빠지지도 않는다고 합니다. 엄마들은 안전 위주로, 보호하는 측면에서 양육을 하기 때문입니다.

아빠가 양육에 참여하면 차이가 생깁니다. 긍정적으로 참여하여 아이를 격려해 주고, 지지해 주고, 보호해 주고, 그러면서 함께 도전하고 공명할 경우에는 엄마 혼자 키우는 것보다 훨씬 더 좋은 결과를 얻는다고 합니다. 반대로 부정적으로 걸핏하면 벌을 세우고, 혼내고, 야단치고, 완벽주의로 키우면 훨씬 더 나빠질 수가 있다고 합니다. 그래서 아빠가 양육에 참여하되 긍정적인 참여가 매우 중요합니다.

정신과 의사인 존 프루엣(John Pruett) 박사는 아이가 한두 살 때 짜증을 많이 내고 떼를 쓸 때 아빠가 느긋하게 기다려주면 대개 아이들이 문제 해결 능력이 발달하고 독립심도 커진다고 합니다.

그런데 아이가 떼를 쓰거나 할 때 바로 주먹이 나가거나 언성이 높아지거나 무조건 아이가 원하는 대로 해주려고 하면, 혹은 다른 쪽으로 아이의 관심을 전환시키거나 바로 먹을 것을 주거나 장난감을 사주거나 할 경우에는 문제 해결 능력이나 독립심이 잘 발달하지 못한다고 합니다.

또한 프루엣 박사는 아버지의 긍정적인 양육 참여는 아들과 딸 모두가 친사회적이고 인성이 바른 사람으로 크는 데 도움이 된다는 것을 밝혀냈습니다. 즉, 정서적 금수저로 성장하는 데 도움이 된다는 뜻입니다.

펜실베이니아 대학교 연구팀이 아버지를 다정하고 친근하게 여기는 자녀들을 연구했습니다. 그 결과 "우리 아빠는 굉장히 다정해요" "우리 아빠는 우리랑 아주 친밀해요" 이렇게 말하는 자녀들의 대학 입학률은 "우리 아빠는 굉장히 냉정해요" "무서워요" "나한테 관심이 없어요"라고 말하는 자녀들에 비해서 200퍼센트 더 높았습니다. 우울증은 50퍼센트 낮고, 감옥에 가는 비율도 80퍼센트쯤 낮은 걸로 나타났습니다. 아빠의 긍정적인 양육 참여가 중요하다는 것이 밝혀진 것입니다.

그리고 26년간의 장기 연구 결과, 아버지가 정기적으로 자녀와 시간을 보낼 때, 예를 들어 퇴근 후에 30분씩 아이와 놀거나, 주말에 아이와 같이 스포츠를 한다든지 할 때 아이가 공감 능력이 높은 성인으로 성장한다는 결과가 나왔습니다. 결론은 아빠의 영향은 지대하다는 것입니다.

어머니와 아버지의 역할은 다르다

사회학자 데이비드 파피노우(David Popenoe)는 미국 럿거스 대학교 교수이자 '국가 결혼 프로젝트(National Marriage Project)'라는 결혼 연구 프로젝트를 이끌었던 인물입니다. 파피노우의 연구를 비롯하여 많은 연구 결과, 아버지의 양육 참여는 보호, 지지, 역할모델 등의 측면에 영향을 주는 것으로 나타났습니다. 아버지가 어머니와는 매우 다른 방식으로 양육하기 때문이라고 합니다. 그래서 아이에게는 엄마가 둘 있는 것보다 엄마와 아빠가 있는 게 좋습니다.

캐나다의 임상심리학자 루시앵 래리 박사는 5~6세까지는 엄마가 내적·정서적 안정감과 욕구를 충족시켜 주고, 6~7세부터는 아빠가 사회에서 잘 적응할 수 있도록 규칙과 원칙을 가르쳐주어서 정서적 유연성과 충만함이 사회적 책임 및 도덕성과 조화를 이루는 게 바람직하다고 합니다.

엄마와 아빠는 각기 다른 방식으로 아이들을 키웁니다. 아버지들은 정의, 공평함, 의무, 책임, 객관성, 옳고 그름의 분별, 세상에 대한 이해와 준비, 경쟁, 독립, 생각, 개념적인 것을 강조합니다. 아이들이 사회로 나가서 생존하는 데 필요한 틀과 방향을 제시하고자 하기 때문입니다. 반면에 어머니들은 대개 공감, 보호, 배려, 도움, 관계, 주관성 등 정서적 돌봄을 중시합니다.

어머니와 아버지는 다를 수밖에 없어서 어떤 사람은 이런 이야기를 합니다. '아버지는 세상에 견주어 자식을 보고, 어머니는 내 자식에 견주어 세상을 본다.' 아버지들은 "그렇게 나약해서 어떡하니? 이 험난한 세상에서 살아남겠어?" 하는 식으로 생각합니다. 그래서 아버지들은 엄격할 때가 많습니다. 물론 가정에 따라 역할이 바뀔 수도 있습니다.

일반적으로 어머니와 아버지는 역할이 다릅니다. 누가 더 좋고 나쁜 게 아닙니다. 두 사람의 역할이 모두 필요합니다. 자전거의 앞바퀴와 뒷바퀴처럼 둘 다 필요하고 균형과 조화를 이룰 때 잘 달릴 수 있습니다. 마찬가지로 부모의 역할이 잘 합해질 때 아이들도 내적·외적으로 균형과 조화를 이룰 수 있고, 집 안팎에서 두루 원만하게 생활할 수 있습니다. 결혼생활도 행복하고 자녀 양육에서도 화목을 이룰 수 있습니다.

조건 없는 사랑을 주는
단 한 사람이 필요하다

정서적 금수저의 대표적인 예가 오바마 전 미국 대통령입니다. 오바마는 세 살 때 부모가 이혼하여 어머니와 단 둘이 몇 년을 살았고, 어머니의 재혼남과 함께 인도네시아에서도 살았으며, 미국인 외조부모와 함께 살기도 했습니다. 태어나서 살아온 환경을 보면 오바마는 확실히 흙수저입니다. 그럼에도 오바마는 어머니에 대한 애정이 깊었고, 외조부모에 대해서도 깊은 사랑과 존경심을 가졌습니다.

대통령이 된 후에는 엄청나게 바쁜 일정 중에도 두 딸의 학교 행사에 참석하는 등 애착육아를 하려고 애썼습니다. 오바마의 부인 미셸 오바마도 남편의 정치적 캠페인에 동참하면서도 가능한 한 어린 딸들 곁에 있어주기 위해서 선거 운동에 빠지고 집에 있는 날을 정해두는 원칙을 지켰다고 합니다.

결혼해서 살다 보면 뜻하지 않게 일찍 사별하거나 이혼하는 경우도 있고, 피치 못할 사정으로 떨어져 지내야 하는 경우가 있습니다. 그래서 어머니나 아버지 혼자서 자녀를 키우는 경우가 적지 않습니다.

흔히 한부모 가정에서 자라는 아이들은 제대로 자라기 힘들다는 편견이 있을 수 있습니다. 하지만 오바마처럼, 멀리는 맹자나 한석봉처럼 그렇지 않은 경우도 많습니다.

곁에 없는 부모의 존재를 긍정적으로 인정하라

주디스 월러스타인 교수는 이혼한 가정의 자녀들을 25년간 추적 연구했습니다. 그 연구에 따르면, 부모가 이혼한 후에 학력 저하, 우울, 불안 등 여러 가지 어려움을 겪다가 성인이 되어서도 심각한 부적응을 보이는 성인으로 자라는 사람들도 많지만, 부모의 이혼에도 불구하고 학업을 잘 마치고 직장과 가정에서 성공적으로 적응하며 사는 사람들도 있었습니다.

그 원인을 조사해 보니, 심각한 부적응을 보이는 성인으로 자란 사람들의 경우 이혼 후에 양육을 맡은 어머니나 아버지가 상대 배우자의 험담을 하거나 원망과 탓을 하면서 건전한 생활을 하지 못한 경우가 대부분이었습니다. 반대로, 이혼했더라도 아이들의 엄마이자 아빠로서 상대를 존중하며 장점과 고마움을 아이들에게 일깨워주면서 건설적으로 성실하게 산 경우는 아이들이 잘 성장했습니다.

물론 양가의 조부모와 일가친척들의 보살핌과 참여도 중요한 변수가 됩니다. 대개 이혼 후 아이의 양육을 맡은 한쪽 부모가 다른 쪽 일가친척과는 단절하는 경우가 많습니다. 그런데 이것은 아이들의 사회적 발판을 반으로 토막 내고 축소하는 결과를 낳을 수 있습니다. 부모 외에도 조부모, 삼촌, 이모, 고모, 사촌 등 가족 공동체와 화목하게 연결될 때 아이들은 안정적인 지지 기반을 구축할 수 있습니다.

아버지나 어머니가 없더라도 남은 부모가 '너희 아버지(어머니)는 이런 사람이었다' '이런 좋은 점이 있었다' 혹은 '배우자로서는 잘 맞지 않았지만 아빠(엄마)로서는 훌륭하다' '네가 태어났을 때 기뻐했고 어릴 때 사랑해 주었다' 등 긍정적인 부분, 자긍심을 가질 만한 부분을 상기시켜 주어서 그 부모가 정신적으로 존재하도록 해주면 아이는 잘 자랄 수 있습니다.

사별을 한 경우 부재하는 배우자에 대해 긍정적인 이야기를 해주고, 유품을 꺼내 보여주거나 하면 그 부모가 함께 있지 않더라도 아이는 정신적으로 결핍을 크게 느끼지 않고 자랄 수 있습니다.

그런 의미에서 저는 제사나 추도회 등의 가족 모임이 좋은 문화라고 생각합니다. 자신의 가족이 지닌 유산과 문화를 상기하고 정신적인 뿌리로 연결될 수 있는 좋은 기회라고 생각하기 때문입니다.

지금 곁에 있지 않더라도 부모의 존재는, 부모의 DNA는 자녀의 안에 있습니다. 아이의 절반을 이루는 부분을 긍정적으로 인정해 주어야 아이가 건강하게 자랄 수 있습니다.

부모 역할을 대신할 수 있는 존재를 만들어주기

실제 부모가 곁에 없더라도 부모 역할을 대신해 주는 존재가 있을 수 있습니다. 할아버지나 할머니, 큰아버지나 고모일 수도 있고, 선생님이 그 역할을 해줄 수도 있습니다. 친부모에게서 받지 못한 안정감, 울타리, 지지를 양부모에게서 받고 잘 자라는 경우도 있습니다. 그런 존재를 마련해 주는 것은 혼자 있는 부모가 자녀에게 해줄 수 있는 좋은 선물입니다.

부모가 재혼하여 부모의 빈자리를 채워줄 사람이 생기기도 합니다. 그럴 때 아이가 새엄마나 새아빠에게 '엄마'나 '아빠'라는 호칭을 거부한다면 아이의 의견을 존중해 주는 것이 좋습니다. "엄마나 아빠라고 부를 땐 어떤 기분이 들어?" "너는 어떻게 부르고 싶어?" 하고 아이의 기분과 의견을 물어보고, 가능한 한 존중하며 절충과 타협을 하는 것이 좋습니다.

어떤 아이는 사춘기를 지나고 스무 살이 되어서야 "이제 엄마라고 부를 수 있어요"라고 했다고 합니다. 그리고 억지로 부르게 하지 않고 기다려준 것을 고마워했다고 합니다. 그렇게 아이의 의견을 존중해 주면, 아이들이 결핍감을 바람직하지 않은 행동으로 채우지 않고 힘든 적응기간을 잘 지낼 수 있을 것입니다.

하와이에서 1955년에 태어난 698명을 대상으로 40년간 진행한 추적연구가 있습니다. 회복탄력성 연구에 한 획을 그은 유명한 연구입니다. 연구 결과, 부모가 가정 폭력이나 외도를 하거나 알코올과 마약 중독 등에 빠진 경우, 무너진 아이들이 있었고 잘 자란 아이들이 있었습니다.

그 연구에 의하면, 그렇게 열악한 조건에 놓여 있더라도 잘 성장한 사람들의 공통점은 '이 세상에 단 한 명이라도 조건 없는 사랑을 주는 어른이 있었다'는 점입니다. 그 사람이 엄마일 수도 있고, 할머니나 할아버지일 수도 있고, 선생님이나 성직자일 수도 있고, 이웃일 수도 있습니다. 어쨌든 누군가 한 명의 어른이 조건 없는 사랑을 줄 때 아이는 상처를 극복하고 잘 자란다는 것입니다.

그렇다면 부모가 한 분도 안 계신 경우는 어떻게 하면 좋을까요? 사회 공동체가 아이들의 성장에 참여해 주면 도움이 됩니다. 이웃이 해줄 수도 있고, 종교 단체가 그 역할을 해줄 수도 있습니다.

폭력적이거나 불안정한 부모에게서, 해체 가정에서 태어나는 것은 아이의 선택이 아닙니다. 자신의 의지와 상관없이 그런 열악한 상황에 처한 아이들이 불행을 대물림하지 않도록 회복탄력성을 키워주는 방법이 있습니다.

그중 하나가 미국에서 시행되고 있는 '빅 브라더스, 빅 시스터스(Big Brothers, Big Sisters)'라는 프로그램입니다. 100년 넘게 시행되고 있는, 미국에서도 손꼽히는 성공한 프로그램입니다.

이 프로그램에서는 고등학생이나 대학생, 일반인이 한 아이와 매칭을 합니다. 그래서 가난한 집안에서, 해체 가정에서 어머니와 아버지도 못 보고 자란 아이, 문화적으로 열악하게 사는 아이 등에게 형이나 언니 역할을 해줍니다. 1년 혹은 그 이상 동안 한 달에 한두 번 정기적으로 만나서 아이의 멘토 역할을 해줍니다. 같이 놀러 다니고, 운동도 함께 하면서 아이에게 부재한 아버지나 어머니, 또는 형제 역할을 해줍니다.

이 프로그램에서 빅 브라더나 빅 시스터의 도움을 받는 짝을 리틀 브라더(Little Brother)나 리틀 시스터(Little Sister)라고 합니다. 그 아이를 추적 연구해 보자, 학교 조퇴율이 낮고 졸업률은 높은 등 긍정적인 지표가 많이 나타났습니다.

더욱 놀라운 것은 이 프로그램에서 빅 브라더나 빅 시스터 역할을 해준 사람도 더 잘 살게 되더라는 것입니다. 학업도 더 잘하게 되고, 직업적으로도 더 성공하고, 더 건강해졌습니다. 결국 이 프로그램은 도움을 받는 이들뿐만 아니라 도움을 준 사람들에게도 긍정적 영향을 끼치게 된 셈입니다.

'행동코칭'이 아니라
'감정코칭'을 하라

　　아이가 사회생활을 잘하려면 부모와 교사로부터 적절한 지도를 받아야 합니다. 무엇이 성숙하고 바람직하고 사려 깊은 행동인지를 배움을 통해 알아야 합니다. 아이는 아직 미성숙하므로 성숙한 행동을 잘 모르고 서툴게 마련입니다. 그래서 어른의 주요 역할 중 하나는 아이에게 올바른 행동을 가르쳐주는 일입니다.

　　아이의 행동을 수정하기 위해서 어른은 하루에만 백 번 이상 잔소리를 합니다.

　　"하지 마!" "이것 해!"

　　"조용히 해!" "말 좀 해봐!"

　　"꼼짝 마!" "빨리 빨리!"

"일어나!" "얼른 자!"

"그만해!" "공부해!"

어른은 이렇게 야단치거나 타이르면서 아이가 올바른 행동을 하게 하려고 애씁니다. 그러나 효과가 있습니까? 아이의 반응은 어른의 기대와 다릅니다. 아이는 더 화가 나서 씩씩거리거나, 말귀를 더 알아듣지 못하거나, 어른을 노려보거나, 고개를 숙여서 눈을 피하거나, 확 돌아서서 가버립니다. 결과적으로 소통이 단절되고 관계마저 단절되어 버립니다.

아이는 어른의 잔소리를 들으며 자랍니다. 잔소리를 먹고 성장하는 존재입니다. 문제는 잔소리는 말 그대로 '잔잔해야' 하는데, 잔소리가 점점 '악소리'가 되어버린다는 것입니다. 의도는 좋지만 방법이 잘못되어 역효과를 초래하는 것입니다. 모두 이유가 있습니다.

이처럼 행동을 수정하는 방법은 행동코칭입니다. 온통 행동에 대한 지시입니다. 상대방의 생각과 감정은 무시하고, 자신이 원하는 바를 일방적으로 요구합니다. 아이 입장에서 무시를 당했는데 기분이 좋을 리가 없습니다. 아무리 금전적으로 부유한 부모라도 자녀를 무시하면 자녀는 정서적 흙수저가 됩니다.

올바른 행동을 가르쳐주기 위해 효과적으로 개입하는 방법이 감정코칭입니다. 감정코칭의 핵심은 매우 간단합니다. '감정은 수용하되 행동은 수정한다.' 즉, 지도를 하기 전에 감정과 인격에 대한 지지를 해주는 것입니다. 지지가 없는 지도는 남을 무시하는 지시일 뿐입니다.

감정코칭은 다음과 같이 5단계로 이루어져 있습니다.

1단계: 아이의 감정을 포착한다.

2단계: 감정코칭을 할 좋은 기회로 여긴다.

3단계: 아이의 감정을 들어주고 공감한다.

4단계: 감정에 이름을 붙여서 명료화한다.

5단계: 바람직한 행동으로 이끌어준다.

감정코칭의 궁극적인 목표는 '아이가 바람직한 행동을 할 수 있도록 돕는 것'입니다. 행동코칭과 같습니다. 차이는 감정코칭의 경우, 바람직한 행동에 앞서 감정에 대해 네 단계를 거치는 것입니다. 행동코칭의 실수는 그 네 단계를 뛰어넘고 곧바로 5단계로 가는 것입니다. 그러면 역효과가 납니다. '에둘러 가는 길이 지름길이고, 질러가는 길이 먼 길이다'라는 우리 속담이 바로 여기 해당되는 말입니다.

간단한 예를 들어서 행동코칭과 감정코칭의 차이를 설명하겠습니다. 먼저 행동코칭형 엄마와 딸의 예입니다.

아이: "친구랑 싸웠어. 훌쩍, 훌쩍. 마음이 아프고, 힘들어."

엄마: "또 울어? 그만 울고 이렇게 해봐!"(속으로 '아휴, 속상해. 한심해 죽겠네.')

엄마는 아이의 슬픈 감정은 간과하고 우는 행동을 포착했습니다. 그리고 어떻게 행동해야 하는지 해결책을 제시합니다. 그러나 엄마의 첫마디인 "또 울어?"는 비난입니다. 비록 '한심하다'고 말은 내뱉지 않았지만 딸에 대한 경멸이 얼굴 표정과 억양에 고스란히 묻어납니다. 엄마가 제시한 해결책이 아무리 논리적이고 이성적이어도 아이에게는 듣기 싫은 잔소리가 되어 한 귀로 들어와서 곧장 다른 귀로 나가게 됩니다. 뿐만 아니라 아이가 다시는 엄마에게 속마음을 이야기하지 않을 것입니다.

감정코칭형 엄마는 다르게 반응합니다.

아이: "친구랑 싸웠어. 훌쩍, 훌쩍. 마음이 아프고, 힘들어."

엄마: "아프고 힘들구나. 친구랑 싸우면 나라도 그럴 거야. 누구랑 그랬는지 엄마한테 말해 줄 수 있겠어?"

아이: "미림이 알잖아. 미림이가 나랑 효주 사이를 이간질한 것 같아서 따지다가 홧김에 나쁜 욕을 했어."

엄마: "그런 일이 있었구나. 욕하고 나니까 기분이 어땠어?"

아이: "더 기분이 나빠졌어. 이제 다른 아이들도 다 날 싫어할 것 같아."

엄마: 그랬구나.

감정코칭형 엄마는 이처럼 아이의 아픈 감정에 초점을 맞춥니다. 아이의 말을 경청하고, 공감하고, 관심을 보입니다. 아이의 입장에서는 엄마가 자신의 감정을 수용해 주니까 안도감이 들고 의지할 수 있습니다. 우리는 신뢰하는 사람의 말에 귀를 기울입니다. 감정코칭의 첫 네 단계는 아이가 부모의 말을 들을 준비를 시키는 것인 셈입니다. 그 후에 감정코칭의 마지막 단계에 들어갑니다.

엄마: "미림이가 너와 효주 사이를 멀어지게 한 것 같아서 화가 난 건 이해가 돼. 그렇지만 아무리 마음이 상하더라도 친구에게 심한

욕을 하면 안 돼."

행동에 한계를 그어주는 모습입니다. 아이가 납득하고 받아들이는 모습이 보이면 다음과 같이 행동으로 연결하도록 이끌어줍니다.

> 엄마: "이 상황을 어떻게 수습하면 좋을까?" (또는 "이렇게 하면 좋지 않을까?")
> 아이: "생각해 보니까 미림이한테 욕한 것은 잘못한 것 같아. 미림이한
>   테 사과하고 내 험담도 하지 말아달라고 말하는 게 좋겠어."
> 엄마: "그래, 엄마 생각도 그게 좋겠네. 지금은 기분이 좀 어때?"
> 아이: "엄마랑 얘기하고 나니까 마음이 가볍고 편해졌어."

이것이 인성 교육의 핵심입니다. 엄마가 아이의 말을 경청해 주고 아이의 인격을 존중하고 배려해 주니 아이는 마음을 놓습니다. 따라서 방어할 필요를 느끼지 않고 허심탄회하게 엄마와 한편이 되어 사태를 어떻게 대처할지 생각하고 선택할 마음의 여유를 가질 수 있습니다.

감정코칭은 행동을 지적하기 전에 먼저 감정적 차원에서 소통하고 공감대를 이뤄서 아이와 함께 이성의 세계로 나아가는 방법입니다. 아이와 한편이 되는 긍정적인 인간관계법이며, 인성을 회복하는 기술이며, 올바른 행동으로 인도하는 리더십이며, 아이를 좀더 성숙한 어른이 되도록 돕는 기본 양육법입니다.

감정코칭은 논리적 대화를 아직 잘하지 못하는 영유아에게 오히려 더 효과적입니다. 영유아는 비구어적 소통으로 자신의 마음과 생각을 표현합니다. 그래서 감정을 포착하고 공감과 경청으로 다가가는 대화를

하는 감정코칭이 영유아에게 안성맞춤인 것입니다. 아이와 부모가 정서적으로 조율하여 좋은 애착을 형성하는 데 많은 도움이 됩니다.

감정코칭은 저희 부부가 2006년에 MBC 스페셜 다큐멘터리 〈내 아이를 위한 사랑의 기술〉을 통해 처음 소개했습니다. 이후 같은 제목의 육아서를 낸 후 이를 읽은 많은 분들이 감정코칭을 통해 아이와의 관계가 좋아졌다고 이야기합니다.

우려스럽게도 이런저런 육아법을 뒤섞어 어설프게 흉내내면서 감정코칭 전문가 행세를 하는 짝퉁 감정코칭 교육 프로그램도 많습니다. 만약 감정코칭을 '아이를 부모의 뜻대로 길들이고 통제하는 기술'로 소개한다면 짝퉁 프로그램입니다. 그런 용도로 감정코칭을 이용한다면 아이는 눈치를 챌 것이며, 어른에 대한 신뢰를 잃을 것입니다. 즉, 감정코칭이 지향하는 목적과 정반대의 결과를 얻게 됩니다. 감정코칭은 어른이 아이와 긍정적으로 연결하는 기술입니다.

아이와의 관계를 회복하게 해줄 감정코칭

김유란(45세) 씨는 네 살 때 어머니가 돌아가신 후 아버지의 재혼으로 돌봄을 잘 받지 못하며 자랐습니다. 그 후로 유란 씨는 아버지에 대해 큰 섭섭함과 원망을 안고 살아왔습니다. 열심히 살아오면서도 늘 자신이 무엇인가 부족하고 결핍되어 있다고 느꼈습니다.

아들(준석)을 무척 사랑했지만, 혹시 자신이 아이를 잘못 키우는 건 아닌가 하는 불안감을 내내 지니며 살다가 저에게 감정코칭을 배우게 되었습니다. 다행히 감정코칭을 배우기 시작했을 때 준석이가 아직 유치원에 다니고 있어서 모자 관계는 빠르게 회복되었습니다. 얼마 전에 유란 씨는 준석이의 담임선생님이 학기말에 작성한 준석이에 대한 '행동 특성 및 종합 의견'을 제게 보내주었습니다.

의사 표현이 정확하고, 주어진 일에 대한 책임감이 강하며, 일단 자신이 선택한 일에 대해서는 최선을 다한 후 승패와 관계없이 결과를 담백하게 받아들이고 인정하는 자세가 의젓함. 학급의 일에 늘 협조적이고, 모든 사물이나 대상을 긍정적인 시선으로 바라볼 줄 알며, 전 교과의 성취 수준도 고루 우수함. 어떤 친구와도 웃으며 대화하는 폭넓은 교우 관계를 맺고 있고, 상대의 장점을 잘 찾아내어 인정해 주고, 경청해 주는 태도가 몸에 배어 있어 친구들에게 신뢰를 받음.

부모 자신은 과거 어른들의 사정으로 인해 애착손상을 입었더라도, '아이를 사랑하는 기술'인 감정코칭을 배우고 실천하면 정서적으로 풍요롭고 신뢰감 높은 자녀를 키워낼 수 있음을 보여주는 사례입니다.

부부가 일과 가정을
함께 세우는 큰 그림을 그려라

핵가족화, 도시화, 가족 해체, 정부 정책, 경제 상황 등이 맞물려 부모가 아이를 키울 수 없는 상황이 점점 늘어나는 추세입니다. 아이를 부모의 시선 안에 두고 안정적으로 키울 수 없는 상황이 늘면 그만큼 애착손상과 그로 인한 발달 트라우마를 입을 가능성이 늘어날 것입니다.

맞벌이 가정의 경우 워킹맘의 육아 갈등이나 고민이 깊어지는데, 이에 대해 엄마에게만 책임을 물어서도 안 됩니다. 사실 아이들은 친부모 외에도 조부모, 친척, 양부모와도 애착을 형성할 수 있고 애착 형성에는 매우 복잡한 요인들이 동원되므로 유연성을 허용해야 합니다.

가끔 저는 직장맘과 맞벌이 부부를 위한 행사에 초대받습니다. 이런 행사 때마다 "박사님은 어떻게 육아와 커리어를 병행하셨어요? 힘들지 않으셨어요?" 하는 질문을 받습니다. 돌이켜보면 저도 아찔합니다. 산후조리원도 없던 미국에서 아이 둘을 낳고 경력을 쌓는 것은 쉽지 않았으니까요.

저는 미국 시카고에서 대학원 박사 과정 중 남편을 만나서 남편이 박사 학위를 받은 일주일 후에 결혼식을 올렸습니다. 그리고 박사 논문을 아직 완성하지 못한 상태에서 남편의 첫 직장인 캘리포니아 주립대학교로 이사를 했습니다.

이때 저희 부부는 일과 가정을 함께 세우려면 큰 그림을 가져야겠다고 의논했습니다. 이십대 후반이던 저희는 우선 아이를 낳기로 했고, 둘이 동시에 커리어와 육아를 모두 성공적으로 하기는 어렵다는 판단에 역할 분담을 하기로 했습니다. 우선 남편이 대학 교수로 정년 심사(tenure)를 받기까지 6년 정도 걸릴 테니, 제가 그동안 육아와 살림을 맡는다는 것이었습니다.

남편은 그런 제게 고마워하면서 열심히 연구하고, 강의 평가도 잘 받아서 4년 만에 정년 심사를 통과하여 조교수에서 부교수로 승진했습니다. 그러나 정교수까지 승진해야 마음이 놓이겠다며 다시 6년을 열심히 일했고, 저는 그동안 육아와 가사에 전념하면서 미시간 공대 사회학과에서 시간제 강사로 한두 과목씩 가르쳤습니다.

원래 시간제 강사들의 수업은 정교수들이 맡기 싫어하는 이른 오전이나 늦은 오후 시간대에 배정되는 게 상례입니다. 그런데 저보다 직급이 높은 한 여성 교수가 제게 아이들이 있느냐고 물었습니다. 유치원과 초등학교에 다니는 아이 둘이 있다고 하니 제게 가장 좋은 시간대를 선택하라고 우선권을 주었습니다. 저는 황금 시간대를 초보 강사인 저에게 양보하는 이유를 물었습니다.

그러자 그 교수는 지금 대학생인 아들이 어릴 때 논문 쓰고 승진하느라 보모에게 맡기고 돌봐주지 못한 게 후회된다고 했습니다. 그 아들이 부모에게 늘 데면데면하고 거리를 두는데, 중·고등학교 때는 사춘기라 그런가 보다 했지만, 대학을 간 후에도 여전히 일 년에 한두 번이라도 얼굴을 보자고 해도 시큰둥하다고 했습니다.

그 교수는 아이가 어렸을 때 '지금 열심히 일하지 않으면 영영 커리어를 쌓지 못할지 몰라' 하는 조바심에 아이와 애착을 형성할 소중한 시기를 놓쳤다면서, 저는 같은 후회를 하지 않기를 바란다고 했습니다.

저는 지금도 그 교수에게 깊은 고마움을 느낍니다. 그 덕에 시간 강사를 하다가 막내가 중학교에 갔을 때 비로소 풀타임 교수직을 맡았습니다. 이때부터는 이미 정교수가 된 남편이 적극적인 외조를 해주었습니다.

돈은 언제 버느냐고 묻는 사람도 있을 것입니다. 저희도 남편의 수입에 주로 의존할 때는 오래된 집에 살았고, 중고차를 탔습니다. 아이들 옷은 주로 사촌들의 것을 물려 입혔습니다. 그러나 아이들과 보내는 시간만큼은 양보하지 않았고, 낡은 차를 타고도 많은 곳으로 여행을 다니고, 즐거운 추억을 만들었습니다. 아이들에게 물질적으로보다 정서적으로 풍요로운 경험을 많이 하게 해준 데 대해서는 지금도 후회가 없습니다.

2인 3각 달리기처럼
부부, 기업, 정부가 호흡을 맞추어야 한다

한 39세 직장 여성이 제게 이런 고민을 이야기했습니다. "여성이 육아와 가사 문제로 직장을 그만두는 것은 바보짓이라는 어느 대기업 여성 임원의 주장을 믿고 결혼 7년차까지 출산과 육아를 미뤘어요. 그런데 지금 아이를 가지면 승진은 포기해야 할 것 같고, 직장을 그만두면 복귀하기가 어려울 것 같아요. 그렇다고 출산을 마냥 미룰 수도 없는데 말이죠."

그렇습니다. 경력을 생각하면 아이 낳기가 걱정되고, 늦으면 불임이나 늦은 나이에 아이 키울 일이 염려되는 딜레마에 빠집니다.

경력 단절은 개인의 선택이라기보다 여성 인력을 확충하기 위해서 국가가 나서서 막아야 할 일입니다. 여성의 능력이 적재적소에서 발휘되는 것은 개인의 성장과 국가 발전에 유익한 일입니다. 가정 생활과 육아, 경력 관리를 다 잘할 수는 없을까요?

그러나 그런 사회를 마냥 기다리고 있을 수는 없을 것입니다. 그래서 미진하나마 개인 차원에서 이 셋을 순차적으로 하면 어떨까 제안해 봅니다. 세 가지를 동시에 모두 잘 해내는 건 쉽지 않고, 큰 대가를 치러야 할 수도 있으니까요. 제가 미시간 공대에 재직하던 시절, 교수들의 절반 정도가 이혼을 했습니다. 미국의 전반적인 이혼율과 크게 다르지 않았지만, 고학력 전문직 부부들에게도 경력 쌓기와 가정의 화목을 병행하는 것은 역시 어려운 듯했습니다.

예전에 한 부부 동반 야유회에서 '2인 3각' 달리기 시합을 한 적이 있습니다. 대부분 목표를 향해 달려가려는 마음이 앞서서 부부가 발을 묶자마자 뛰기 시작했지만, 곧 넘어지거나 속력을 내지 못했습니다. 저희 부부는 다리를 묶고 뛰기 전에 하나, 둘, 하나, 둘 하면서 박자를 맞추는 연습을 하다가 출발 신호를 받고 뛰었습니다. 끝까지 박자를 맞춰 뛴 덕에 무리 없이 완주하고 상도 받았던 기억이 납니다.

아이까지 생기면 부부가 아이를 안고 2인 3각 달리기를 하는 격이 될 것입니다. 아이가 없어도 쉽지 않은 것이 2인 3각 달리기인데, 아이까지 안았으니 두 사람은 발을 내딛는 순서와 박자를 잘 맞추어 나아가야 합니다. 그래야 넘어지지 않고 전진할 수 있습니다.

아이가 만 두 돌이 될 때까지만이라도 어느 쪽이 먼저 커리어를 쌓고 어느 쪽이 그동안 가사와 육아를 맡을지를 정해서 실천한 다음 아이가 크면 일을 좀더 할 수도 있고, 부모로서의 시간을 존중해 주는 직업이나 일터를 찾는 것도 방법일 것입니다. 여기에는 정부, 기업, 자치단체 등의 제도적 지지와 유연성이 절대적으로 필요합니다.

아이는 생각보다 빨리 자랍니다. 유치원에 가고 학교에 들어가면 부모의 시간도 점점 늘어나고, 40대, 50대에 인생의 2막, 3막을 준비할 수도 있을 것입니다. 아이들이 어릴 때는 커리어가 단절된 것같이 느껴질 수 있지만, 사실 길게 보아서 그것은 경력 단절이 아니라 경력 이어가기입니다. 고속 승진을 기대하지 않고 부부 두 사람의 수입과 지출을 공평하게 나눌 수 있다면 고려해 볼 수 있는 방법일 것입니다.

예전처럼 아이들을 대여섯씩 낳는다면 여성이 십 년 넘도록 경력을 중단할 수밖에 없을 것입니다. 하지만 요즘은 평균 출산율이 1.03명입니다. 한 명 낳아서 첫 두 해 정도는 안정적인 애착을 형성하고, 아이가 크는 동안 조금씩 커리어를 쌓아도 100세 시대인 지금으로서는 괜찮을 것 같습니다.

이것은 여성 혼자가 아니라 부부가 함께 노력해야 할 일이고, 기업과 국가가 함께 정책적으로, 제도적으로 지원해야 할 문제라고 생각합니다. 엄마와 아빠에게 출산휴가와 육아휴직을 주고, 육아휴직 후 직장 복귀를 보장해 주고, 아이가 아플 때 아이 옆에 있도록 병가 등을 허용함으로써 애착육아를 할 수 있게 해주는 스웨덴처럼 말입니다.

아버지의 육아 참여도 개인의 선택으로만 치부할 수 없습니다. 기업과 정부가 직장인들이 출산과 육아 참여를 기쁘게 선택할 수 있도록 돕는 정책을 적극적으로 그리고 과감하게 펼쳐나가야 합니다. 개개인이 사회문화와 가치관에 맞서 싸워나가기는 어렵습니다. 우리 모두가 함께 애착의 중요성을 이해하고 정서적 금수저 사회를 건설하는 데 힘을 모아야 합니다.

애착을 손상시키지 않는 어린이집 찾는 법

맞벌이 부부의 증가로 요즘은 집에서 크는 아이들보다는 어린이집에서 자라는 아이들이 예전에 비해 훨씬 많아졌습니다. 피치 못할 사정으로 어린이집을 선정할 때 살펴봐야 할 다섯 가지 중요한 점을 소개합니다.

처음 며칠간 엄마가 함께 할 수 있게 해주는지 본다

처음 아이를 어린이집에 보낼 때는 아이가 점차적으로 적응할 수 있도록 첫날은 엄마(아빠)가 10분 정도 아이와 함께 앉아서 둘러보고, 둘째 날은 아이가 노는 것을 옆에서 잠깐 보고, 셋째 날은 "문 밖에 조금 있다 올게" 하면서 안심을 시킵니다. 그러는 데 짧으면 사흘, 길어봤자 일주일 정도면 됩니다. 마치 수영을 배울 때처럼, 처음에는 발만 담가보고, 그다음에 무릎까지 들어가고, 그다음에 허리까지 들어가는 식으로 자연스럽게 아이가 어린이집에 적응할 수 있도록 도와줄 수 있어야 합니다.

위와 같이 해도 괜찮은지 문의했을 때 "안 돼요" 하는 어린이집에는 보내지 말아야 합니다. 이는 애착에 대한 이해가 부족하거나 어른의 편의 위주로 운영하는 곳일 가능성이 높습니다.

너무 깔끔한 곳은 피한다

어린이집이 지나치게 깔끔하면 이상한 겁니다. 아이들이 있으면 어느 정도 어질러지는 게 자연스럽습니다. 너무 지저분하고 불결하면 안 되겠지만, 어느 정도의 어지럽힘이 허용되는 곳이 좋습니다. 너무 깨끗한 곳은 아이들이 실수하거나 어지를까 봐 긴장하고, 자발성과 창의력이 위축되며, 피곤해할 수 있습니다.

너무 멋지고 화려한 곳은 피한다

첫눈에 멋지고 으리으리한 가구와 소품, 도구로 채워져 있는 곳은 별로 좋은 곳이 아닙니다. 값비싼 가구와 외제 장난감으로 궁전같이 꾸며놓고 몇 년씩 그대로 놔둔다면 아이들은 지루해집니다. 하지만 그런 곳은 시설에 투자한 만큼 회수해야 하기에 재투자가 어렵습니다. 외양이 화려한 곳보다는, 아이의 입장과 눈높이에서 즐겁고 안전하고 편한 곳이 좋습니다. 안전한 뒤뜰, 꽃나무와 산책길, 모래 놀이터 등 자연을 느낄 수 있는 여유 공간이 있다면 더욱 좋습니다.

선생님들의 인품을 본다

인간적인 면을 가장 중요하게 봐야 합니다. 원장님을 보았을 때 마음이 편안한지 불안한지, 목소리는 부드러운지, 언행이 일치하는지를 봅니다. 그리고 원장님이 다른 직원이나 선생님들에게 말하는 태도를 봅니다. 윗물이 맑아야 아랫물도 맑듯, 원장님이 아랫사람을 대하는 태도와 말투가 선생님들이 아이들을 대하는 태도에 그대로 반영되기 때문입니다.

또한 지나친 화장, 꽉 끼고 불편한 옷차림, 하이힐, 긴 손톱과 긴 머리카락 등은 어린이들을 안전하게 돌보는 데 불필요할 뿐 아니라 거추장스러울 수 있습니다. 편안하고 소박한 옷차림과 단정한 매무새면 충분합니다.

'아이가 우선'인지 본다

제가 가장 우려하는 어린이집은 잠재 고객인 부모가 왔을 때, 하던 일을 다 멈추고 "얘들아, 뭐 하고 있어!" 하고 와서 상담하는 곳입니다. 제대로 된 어린이집이라면 아이가 우선이어야 합니다. 새로운 부모가 상담을 하러 왔다면 잠시 기다리게 하거나 점심시간이나 일과가 끝날 시간에 오라고 하는 곳이 믿을 수 있는 곳입니다. 아이들과 놀다가도 전화가 오거나 사람이 찾아오면 아이들을 놔둔 채 전화를 받고 상담을 하는 곳은 아이보다 돈과 수익성을 우선시하는 곳이라고 볼 수 있습니다.

7장

건강하고 행복한
미래를 위해
우리 사회가 나아가야 할 길

사람과 사람이
연결되는 애착 사회

　　개인이든 기업이든 나라든 경쟁력을 갖추어야 생존하고 번창합니다. 그러나 예전과 달리 최고의 경쟁력은 경쟁이 아니라 협력해야 얻어지는 세상이 되었습니다. 4차 산업혁명이라는 화두가 새로운 시대가 도래했음을 알려주고 있습니다. 이 새로운 시대의 인재는 정서적 금수저입니다.

　　개인 차원에서 아무리 암기력과 분석력과 계산력이 뛰어난들 인공지능을 탑재한 로봇을 이길 도리가 없습니다. 그래서 새로운 시대의 최고 인재는 '명문고' 출신이 아니라 '알파고' 출신이라는 우스갯소리도 있습니다. 이미 알파고 출신 의사인 닥터 왓슨(Watson)과 알파고 출신 변호사인 로스(Ross)가 병원과 법률사무소에 고용되어 활동하고 있습니다.

인공지능을 능가하는 건 집단지능, 집단지성과 집단지혜입니다. 브레인스토밍을 통해 최고의 창의력을 도출합니다. 여럿이 함께 모여 다양한 정보와 아이디어, 비전을 나누고 허심탄회하게 토론하는 과정이 바로 집단지능을 활용하는 예입니다.

4차 산업혁명 시대를 주도하는 선구자들과 글로벌 첨단 기업 창업자들을 보면 거의 예외 없이 집단지능을 발휘한 협업자들입니다. 마이크로소프트의 빌 게이츠, 애플의 스티브 잡스, 페이스북의 마크 저커버그, 구글의 래리 페이지, 에어비앤비의 브라이언 체스키는 처음부터 남들과 팀워크를 이루어 일했습니다. 이들은 괴짜이지만 은둔형 외톨이가 아니라 다른 괴짜들과 협업할 수 있는 사회정서적 역량을 어느 누구보다 훌륭하게 갖춘 정서적 금수저들이었습니다.

집단지능이 발휘되려면 서로 다른 사고방식과 가치관을 지닌 사람들이 더불어 일할 수 있어야 합니다. 소통하고 공감하고 협력할 수 있어야 합니다. 갈등이 없는 게 아니라 갈등을 관리할 수 있어야 합니다.

4차 산업혁명 시대의 행복의 조건

이처럼 정서적 금수저들이 집단지능을 발휘하며 4차 산업혁명 시대를 주도하는 사이, 우리는 집단적으로 '실성'하고 있었던 것 같습니다. 우리나라에는 아직도 학연·혈연·지연으로 똘똘 뭉친 이익 집단이 난무합니다. 끼리끼리 협업하면서 더 큰 공동체에 피해를 주는 일을 서슴지 않는 소인배 집단입니다. 이런 집단들이 온갖 비리와 부정부패의 온

실로 전락해 버렸으니 실로 '집단 실성'입니다.

소인은 자기 감정을 못 이겨 온종일 떼를 쓰는 아이들입니다. 소인배는 자기 욕구(감정)에 매몰되어 자기가 얻을 것, 받을 것, 챙길 것만 추구합니다. 자기 아픔(감정) 때문에 온 신경이 자신에게 향해서 남을 배려할 여유가 없는 환자나 마찬가지입니다. 소인, 소인배, 환자는 정서적 흙수저입니다. 정서적 흙수저들이 넘쳐나는 곳에 희망과 행복이 있을 리 만무합니다.

우리는 4차 산업혁명을 외치면서 로봇, 무인차, 드론, 빅데이터, 클라우드, 3D 프린터, IoT, VR 등 첨단 기술과 도구, 제품에 매료되었습니다. 그러나 '4차 산업혁명'이라는 신조어를 만든 클라우스 슈밥은 본인의 저서 맨 마지막 장에서 이렇게 결론을 내렸습니다.

"제4차 산업혁명 시대의 성공을 위해 필요한 네 가지 능력을 제시한다. 상황맥락(정신)지능, 정서(마음)지능, 영감(영적)지능, 신체(몸)지능이 바로 그것이다."

이 네 가지는 서로 연결되어 있습니다. 정서적으로 안정되어야 몸도 건강하고 정신이 깨끗해서 생각을 잘하게 되고, 공감과 연민을 발휘하여 자신보다 더 큰 공동체에 기여할 수 있습니다. 저희는 이런 사람을 '정서적 금수저'라고 부릅니다. 이제 모두가 정서적 금수저가 되어 타인과 더불어 살아가는 행복한 사람이 되어야 합니다.

그런 사회를 만들기 위해서는 가장 먼저 부부가 연결되고 화목해야 합니다. 부모와 아이가 연결되고 친해져야 합니다. 선생님과 학생 사이가 연결되고 은혜로워야 합니다. 사회 조직이 서로 연결되어 조율되어야 합니다. 사람과 자연이 연결되어 조화를 이루어야 합니다.

이스라엘의 젊은 석학 유발 하라리 교수는 환경 오염, 지구 온난화, 전쟁, 식량 및 자원 고갈 등 여러 글로벌 이슈들을 개별 국가에서 고민하고 풀기는 어려우므로 '글로벌 유니언 체제'가 구축되어 지구촌 이슈와 공동체적 생존 문제를 해결하도록 해야 한다고 말합니다. 이런 과업을 해낼 수 있도록 앞으로 학교에서는 감정적 소통과 회복탄력성을 필수로 가르쳐야 한다고 강조합니다.

이렇게 연결된 삶이 성공하고 행복한 삶이며, 이렇게 연결된 사회가 평화롭고 번창하는 사회입니다. 우리 모두 힘을 합해 애착 사회를 만들어나가기를 진심으로 바랍니다.

노동 시간이 아니라
가족 시간을 확보하자

우리 사회에서는 아직 아빠들의 육아 참여가 부족합니다. 그 이유는 무엇이고 해결책은 무엇일까요?

아버지의 육아 참여를 방해하는 첫 번째 요인은 교육의 부재입니다. 우리 사회는 입시, 성공, 실적 위주로 교육합니다. 좋은 부모가 되는 교육은 거의 없습니다.

또한 아버지가 아이들을 양육하는 것을 폄하해 온 사회 분위기도 있습니다. 예전에는 남자가 부엌에 들어오지도 못하게 했습니다. 남자들 사이에서 흔히 조롱의 의미를 담아 쓰는 "집에 가서 애나 봐라"라는 말에는 능력 없는 한심한 남자나 육아를 한다는 비아냥이 내포되어 있습니다. 그러니 일찍 퇴근해서 가족과 단란한 시간을 갖고 싶어도 직장에서 눈치도 보이고, 승진하려면 정보도 얻어야 하고 윗사람에게 잘 보여야 하다 보니 쉽지 않습니다. 이처럼 부성을 방해하는 문화는 앞으로 바뀌어야 하고, 바뀔 것입니다.

오늘날 미국은 다릅니다. 제 조카는 미국에서 나고 자라 미국 큰 기업의 CEO가 되었습니다. 그의 이야기를 들으니 미국에서는 CEO들이 가정적으로 생활할 수 있도록 하는 것을 계약 조건에 명시한다고 합니다. 예를 들어 가족이 함께 1년에 두 번 2주씩 여행을 가도록 해주고, 자녀의 교육비, 좋은 학군과 생활 편의시설이 가까운 주택 제공 등은 기본이라고 합니다. 가정을 잘 지키는 데에 회사 차원에서 도움을 주려고 하는 것입니다.

유능한 CEO가 이혼이라도 하면 회사 입장에서도 엄청난 손해이기 때문입니다. 이혼 소송을 비롯해서 그 과정에서 업무 능력이 크게 떨어지기 때문에, 가정을 잘 지켜주는 것이 회사로서도 이익이라고 믿습니다. '이혼 선진국'의 경험을 값비싸게 치르고서야 '가화만사성'의 이치를 깨닫고 정신을 차린 것입니다.

미국에서 2015년 당시 45세이던 폴 라이언(Paul Ryan) 하원의원이 최연소 연방하원의회 의장으로 선출되었습니다. 그는 그때 '가족 시간(family time)'을 확보해 달라는 조건을 내세웠습니다. 어린 자녀 셋을 둔 라이언 의원은 "저는 가족과 함께하는 시간을 포기할 수 없고 포기하지 않을 것입니다"라고 선언했습니다.

저녁에도, 주말에도 일을 하는 게 당장 회사에 이익이 되는 것 같지만 그렇게 해서 가정이 무너지면 개인적인 손실도 크지만 회사 차원에서도, 국가적으로도 굉장한 손해입니다. 그래서 저는 기업에서, 그리고 공무원 등을 대상으로 강연할 때 '직원의 생산력을 높이려면 먼저 직원의 생태계를 돌보라'고 주문합니다.

이런 말이 있습니다. "아이들은 어릴 때는 부모의 시간을 원하고, 크면 부모의 돈을 원한다." 그런데 우리는 아이에게 줄 돈을 마련하기 위해서 아이와 함께하는 시간을 확보하지 못합니다. 먼저 충분한 돈을 마련하고 난 뒤 자녀와 함께 좋은 시간을 가지려고 하니, 아이들은 돈만 달라고 하지요.

우리 격언에 '시간은 금이다'라고 하였습니다. 금 같은 시간을 먼저 확보하는 게 우선이 아닐까요.

'저녁이 있는 삶'일 때 애착의 질이 높아진다

아버지의 역할을 방해하는 요인으로 중요한 한 가지는 밖에서 일하고 너무 지쳐서 집에 들어오는 일입니다. 집에서 쓸 에너지가 밖에서 모두 소진되어 버리는 것입니다. 그러다가 아이들이 커서 학교에 다니면 학원 등에 다니기 바빠서 아버지가 부성을 발휘하고 싶어도 못하는 경우가 많습니다.

엄마들도 마찬가지입니다. 특히 엄마들은 맞벌이를 하더라도 아빠들에 비해서 육아를 더 많이 담당하는데, 에너지가 고갈된 상태에서 아이들을 돌봐야 하니 정말 큰 문제입니다.

우리나라는 현재 과도기라고 볼 수 있습니다. 일인당 국민소득이 3만 달러, 4만 달러를 넘게 되면 삶의 질을 더 많이 고민하게 될 것입니다.

그때쯤이면 늦게까지 야근을 하고, 가게를 밤 12시까지 열어놓고 하는 일들이 상당히 줄어들지 않을까 기대해 봅니다.

외국에서 손님들이 올 때가 있습니다. 그들은 밤늦게까지 열려 있고 아침부터 영업을 하는 상점들을 보면서 도대체 한국 사람들은 언제 잠을 자는지 모르겠다고 말합니다. 그것을 가족 관점에서 보면, 부모가 돈을 벌겠다고 밤 10시, 11시까지 가게를 운영하는 동안 그 집 아이들은 방치되는 것입니다. 아이들의 현재와 미래를 저당 잡힌 채 일을 하는 것이죠.

부모님들은 열심히 돈을 벌어서 아이에게 훌륭한 교육 기회와 좋은 미래를 주려고 합니다. 그런데 오히려 아이들은 필요할 때 부모가 옆에 없으면 발달 트라우마를 입기 쉽고, 자신은 부모에게 무가치한 존재라고 여기는 정서적 흙수저가 될 수 있습니다.

가족들이 함께하는 시간을 갖기 위해 미국이나 유럽처럼 오후 대여섯 시면 약국이나 특별한 몇 곳을 빼고는 상점들이 모두 영업을 끝내는 사회가 되어야 하지 않을까 생각합니다. 우리나라의 경제 규모는 세계 12위까지 올라갔지만 아동과 청소년의 행복도는 OECD 국가 중 8년 연속 최하위이고 청소년 자살률은 1위를 기록하고 있습니다. 이것은 자녀의 행복을 위한다며 부모가 밤늦게까지 일을 하는 것이 오히려 역효과를 낸다는 반증이 아닐까요? 물론 집에 일찍 가기만 하는 게 아니라 부부가 화목한 가정을 이루는 것이 먼저이겠지요.

여유는 생기는 게 아닙니다. 경제적 여유가 생기고, 정신적 여유가 생기고, 시간적 여유가 생긴 후에 아이들을 돌보겠다고 생각하시나요? 그런 날은 오지 않을 것입니다. 여유는 선택하고 만드는 것입니다. 아이와 함께하는 시간을 우선 순위의 맨 위에 두어야 한다는 뜻입니다. 많은 시간과 돈이 필요한 게 아닙니다. 하루에 단 10분만 아이와 시간을 보내더라도 그 시간만큼은 마음과 정신을 오롯이 아이에게 쏟으면 됩니다. 그것이 바로 여유입니다.

영국에서도 기업과 정부가 이 부분을 적극 홍보하고 권장해야 한다는 목소리가 커지고 있다고 합니다. 개인 혼자의 선택보다 사회 전반적인 문화가 애착을 중요하게 여기고 물심양면 지지해 줘야 한다는 뜻입니다.

애착의 질을 우선시하는
사회 시스템을 구축하자

　　개인의 선택과 결단만으로는 현실을 개선하기 힘듭
니다. 개인과 사회가 동시에 변하지 않으면 안 됩니다. 아동청소년 정신
과 의사인 찰스 지나(Charles H. Zeanah) 박사에 따르면, 최근 아이와
부모의 첫 1~3년간의 관계가 정책 수립자, 복지사, 유아 교육자들의 가
장 중요한 목표가 되고 있다고 합니다.

　미국을 비롯한 전 세계적 흐름을 보면, 유치원에 간 이후가 아니라 생
애 초기 부모와 아이의 관계가 가장 중요하다는 게 양육의 초점이 되었
습니다. 그리고 애착 이론과 연구를 통해 초기 아동 발달과 초기 부모
와 자녀 관계를 지지해 주는 프로그램을 만들어야 한다는 필요성이 대
두되었습니다. 콜크 박사는 "부모와 자녀의 튼튼한 연결이 인류에게 알

려진 가장 최고의 정신 질환 예방제"라고 말했습니다.

그런데 한국은 근본적으로 부모와 자녀 관계를 튼튼하게 해주는 데 중점을 두기보다, 단지 출산을 장려한다는 목표하에 '아이를 낳으면 국가가 책임진다'며 무상 보육을 주장합니다. 그래서 영유아들까지도 어린이집에 맡기게 합니다. 문제는 보육의 질과 시간입니다.

첫돌이 되기 전의 아기 셋을 온종일 보육 교사 한 명이 맡는 것은 애착 형성에 적신호입니다. 그런데 만 1세가 되면 보육 교사 한 명이 아이 다섯 명을 돌본다고 합니다. 엄마나 아빠 혼자서 돌 전후의 아이 둘을 하루 종일 돌봤을 때의 피곤함과 스트레스를 상상해 보면 그것이 얼마나 힘든 일일지 쉽게 짐작할 수 있습니다. 또한 활동량이 엄청나게 늘지만 말귀는 잘 못 알아듣고 충동대로 행동하여 '미운 세 살'이라 불리는 만 2세가 되면 보육 교사 한 명당 돌보는 아이의 수가 일곱 명이라고 합니다.

영유아를 돌보는 일은 사랑이 많고 경험이 많은 친부모도 1년 이상 버티기 어려운 일입니다. 그런데 대개 출산이나 육아 경험이 없고 약간의 훈련을 거쳐 받은 자격증만 갖고 있으며, 열악한 처우와 하루 8시간 근무, 쉴 새 없는 감정노동 등의 조건에서 일하는 보육 교사들에게 몇 년씩 맡겨도 될까요? 그런 일은 정책 입안자들, 부모들, 어린이집 종사자들 모두가 심도 있게 논의한 뒤에 결정해야 하지 않을까요?

애착손상을 입고 있는 아이들은 아직 말을 못 하고 결정권도 없기에 저희는 이 책을 통해 감히 아이들의 대변자 역할을 하는 것입니다.

애착육아가 잘 이루어지지 않을 때 정신·심리·사회 건강의 문제들이 생길 수 있다는 사실이 양육 정책에 중요하게 반영되어야 할 텐데 그렇지 못한 것 같아 걱정입니다. 선거 때마다 공약과 표심에 치중한 정책이 남발되고 막상 실행에서는 예산 부족으로 쩔쩔 매는 상황이 몇 년째 되풀이되고 있습니다.

사실 지금 소요되는 보육비는 큰 게 아닙니다. 애착손상을 입은 아이들이 다수가 될 때 개인적 고통뿐 아니라 국가적 재앙을 어떻게 감당할지가 걱정입니다. 애착손상을 입은 아이가 자녀 중 한 명만 있어도 힘든데, 애착손상을 입은 한 세대가 생길 수도 있습니다.

애착손상이 만연하면 아이들의 정신질환은 꾸준히 늘고, 만성 불안증과 우울증은 집중력 저하, 학력 저하로 국가 생산성과 경쟁력에 타격을 줄 것입니다. 또한 정서적 허기를 술, 담배, 음식 등으로 달래느라 생기는 각종 질병에 따르는 의료비도 천문학적으로 올라갈 수 있습니다.

이혼과 가정 해체에 따르는 이사 비용, 이중의 주거비, 변호사 비용, 심리치료 비용 등도 점차 늘어나는 추세입니다. 그리고 스트레스에 취약한 사람들이 많을수록 조퇴, 결근, 이직률, 사고율, 건강보험 비용 등이 높아지니 기업들도 긴장하지 않을 수 없습니다. 어쩌면 저출산, 고령화보다 애착 문제가 먼저 해결돼야 하지 않을까 생각합니다.

어떤 정책을 실시하더라도 중요한 것은 '애착의 질'입니다. 아동 복지 시설도 시설의 규모보다는 양육자와 아이들 사이에 관계의 질이 중요합니다. 양육자가 자주 바뀌는 것보다는 가능한 한 일관된 양육자가 정서적 돌봄까지 주면서 키우는 게 좋습니다.

여성의 경력 단절을 막으려면

1970년대와 80년대에 미국 여성들의 '워너비'는 앵커우먼 바바라 월터스 같은 사람이었습니다. 고학력, 전문직, 고소득의 잘나가는 여성으로, 말끔한 정장에 서류가방을 들고 하이힐을 신고 출근하는 이미지였습니다.

남성들이 주류를 이루던 공직, 의료계, 법조계, 금융업계, 미디어업계 등에 1980년대 이후 여성들의 비율이 급격히 늘었습니다. 곧 임신이나 출산은 가능한 한 늦추거나 기피하고 남자들과 경쟁하여 승진하기 위해 매진하는 모습은 여성 상위 시대의 진정한 아이콘으로 그려졌습니다.

그로부터 약 한 세대가 지난 지금은 그림이 좀 달라졌습니다. 결혼과 출산을 늦추는 추세는 여전하지만, 아이가 어릴 때는 부부가 양육에 최우선 순위를 두려 합니다. 이것은 개인의 선택으로만 가능한 것이 아니고 회사와 정부에서도 육아휴직, 재택근무, 출퇴근 시간의 유연성 허용 등으로 제도적인 뒷받침을 마련해 줘야 가능한 일입니다.

지금 유럽과 캐나다에서는 아이를 잘 키우는 부부들은 세금을 감면해 주자고 할 정도로 애착육아를 잘하는 것이 개인뿐 아니라 교육, 기업, 국가에 유익하다는 사회적 인식이 확산되고 있습니다.

몇 해 전, 37세의 아르헨티나 여성 하원의원인 빅토리아 돈다 페레즈(Victoria Donda Perez)가 국회 본회의 중 8개월 된 딸에게 수유를 한 것이 화제였습니다. 유럽, 북미, 호주 등에서 요즘 이런 일은 화제가 되지도 않을 만큼 당연하게 여겨집니다. 여론은 육아를 잘한다고 이 여성을 칭찬하는 쪽이었고, 중요한 두 가지 일을 병행하는 페레즈를 문제

삼는 사람들이 오히려 비난을 받았습니다.

호주 상원은 지난해부터 여성 의원이 회의에서 자녀를 돌볼 수 있도록 규정을 바꿨고, 뉴질랜드 의회도 최근에 규정을 바꾸어 여성 의원 두 명이 회의장에 아기를 데리고 들어와 수유를 했습니다. 반면 이웃나라 일본에서는 얼마 전에 오가타 유카 시의원이 생후 7개월 된 아기를 안은 채 본회의에 참석했다가 결국 퇴장을 요구당해서 아이를 회의장 밖에 있던 친구에게 맡기는 일이 발생했습니다.

2017년 8월 유엔에서는 '모유 수유야말로 개인뿐 아니라 전 세계적으로 가장 현명한 최고의 투자'라고 선포했습니다. 그런데 우리나라에서 만일 여성 정치인이 국회나 국제회의장에서 회의 중 수유를 한다면 어떤 반응이 나올지 궁금합니다. 우리도 구호만 내세우지 않고 이처럼 아주 세세하고 구체적인 친여성과 친아동 정책을 하나씩 실천해 나가면 좋겠습니다.

요즘 여성의 경력 단절 방지를 국가 정책으로 삼는 것을 환영합니다. 그러나 그보다 근본적으로 출산과 육아를 여성만이 아닌 부부와 공동체의 공동 책임이자 우선 순위로 둔다면 맞벌이 부부가 경력을 단절하지 않으면서도 아이들이 어릴 때 안정적인 애착을 형성할 수 있지 않을까 합니다.

가정이 행복해야
기업도 성장할 수 있다

몇 해 전 미국에서 실제로 있던 일입니다. 산타페라는 휴양 도시에서 한 미국 대기업의 CEO 연수가 있었습니다. 그런데 연수 도중 비교적 젊은 편인 한 40대 CEO가 아내로부터 전화를 받았습니다. 유치원생인 막내가 자전거를 타다가 다쳐서 병원에 간다는 내용이었습니다.

심각한 상태는 아니었지만 부인은 그에게 집으로 빨리 와달라고 했고, 그 CEO는 이틀 남은 연수를 뒤로하고 서둘러 떠날 준비를 했습니다. 그의 집은 시카고에 있었는데, 산타페에서 자동차로 20시간, 비행기로는 약 세 시간이 걸리는 장거리였습니다.

한편, 이 소식은 그 기업의 회장에게도 전해졌습니다. 신임 CEO의 이런 행동에 회장은 과연 어떤 반응을 보였을까요? 한국 같았으면 당장 해고령이 떨어졌을지도 모릅니다.

하지만 놀랍게도 회장은 그 CEO의 이야기를 듣고 선뜻 허락했습니다. 그뿐 아니라 한시라도 빨리 가족에게 가길 재촉하며 회사 전용기까지 내주는 배려를 했습니다. 더 놀라운 사실은 이것이 예외적인 일이 아니라는 것입니다.

물론 미국에서도 1980, 90년대까지는 이런 일은 꿈도 못 꾸었습니다. CEO에게는 천문학적 연봉을 주는 만큼 철저히 '부려먹는다'는 생각이 일반적이었기 때문입니다. 하지만 그러다 보니 막대한 돈을 들여 스카우트한 우수 인재들임에도 오래지 않아 회사에 대한 기여도가 크게 줄거나 실수와 결근 등으로 애물단지가 되는 일이 잦아졌다고 합니다. 왜 그럴까 원인을 조사해 보니 대개 불안정한 결혼생활이나 이혼이 문제였습니다.

일에 몰두하거나 회사에 지나치게 충성한 결과 기업의 인재들은 가정생활에 소홀해지면서 불화, 외도, 이혼 등을 겪게 된 것이었고, 그것은 다시 업무 효율을 떨어뜨리는 결과를 가져왔습니다. 따라서 가정이 행복하지 않으면 기업 입장에서도 이만저만한 손실이 아니었습니다.

아이러니하게도 개인주의를 부르짖던 미국과 유럽에서 이제는 앞 다투어 '가화만사성'을 내세웁니다. 무수한 연구들이 한결같이 '결혼의 이점'을 밝혀냈기 때문입니다. 단적으로, 이혼을 하면 개인의 업무 효율이 반감되고, 원상태로 회복되는 데는 평균 10년이 걸린다고 합니다.

제가 오랫동안 재직했던 미시간 공대의 예를 들어보면, 1년에 연구 논문 다섯 편을 쓰던 교수가 이혼 후에는 두세 편도 못 쓰는 경우가 허다합니다. 이혼 전후로 변호사 만나러 다니랴, 이혼 후에는 이사하랴, 주말에 아이들 데리고 오가랴 …… 시간과 에너지 소모가 상당합니다. 그 사이에 아이들이 사춘기를 맞으면서 여러 가지 문제들이 생기기도 합니다. 또 새로운 사람을 만나는 데도 엄청난 시간과 공이 듭니다.

반대로 행복한 결혼생활은 육체적·정신적 건강을 증진시켜 줍니다. 그래서 기업으로서는 건강보험 부담금이 줄어드는 것은 물론, 직원들의 집중력과 창의력이 높아집니다. 결국 기업의 성장에도 큰 도움이 됩니다. 이런 신빙성 있는 근거를 무시하고 아직도 가족보다 일을 앞세우는 개인이나 기업은 매우 근시안적이고 어리석은 선택을 하고 있다고 볼 수밖에 없습니다.

친가족 윈-윈 정책의 시대

선진국의 정부와 기업들은 친가족적 배려를 아끼지 않습니다. 영국에서는 정부 차원에서 친가족 정책 캠페인을 추진하고, 자본주의의 대부라 할 수 있는 미국에서조차 '워크-라이프 밸런스(work-life balance)' 즉, 일과 삶의 조화를 경영에 적극 도입하고 있습니다.

예를 들어 미국의 대표적 인터넷 검색 엔진 기업인 구글의 경우, 직원들에게 아침 식사는 물론 세탁 서비스까지 제공해 맞벌이 부부의 가사 노동을 대폭 줄여줍니다. 또한 직원 심리 상담 서비스를 아웃소싱해서 제공하기도 합니다.

반면에 직원을 뽑을 때부터 학력, 경력, 업무 성과뿐 아니라 부부 사이가 원만한지도 살펴봅니다. 노골적으로 드러내지 않더라도 인터뷰할 때 부부 동반으로 식사를 하든가 하면서 살펴보는 것이지요.

이처럼 미국에서는 결혼과 가족을 중요시하지 않는 개인이나 기업은 장기적으로 성공할 수 없다는 신념이 상식이 되었습니다.

우리나라도 이혼율이 높기에 기업, 정부, 사회단체들이 나서서 친가족 정책을 펼쳐야 할 때가 오지 않았나 생각합니다. 이혼 위기에 있어서 우리는 후발주자의 행운을 가졌다고도 볼 수 있습니다. 선진국에서 숱한 시행착오 끝에 연구를 거쳐 얻어낸 행복한 결혼생활에 이르는 방법이 많기 때문입니다. 따라서 엄청난 개인적, 기업적, 국가적 비용을 치르고서 이제야 결혼과 가족의 중요성을 깨닫고 있는 유럽과 미국보다 훨씬 빨리 상황을 개선할 수 있는 여건이 마련돼 있다고 볼 수 있습니다.

최근에 워싱턴 DC에 위치한 미주개발은행(IAD)을 방문한 일이 있습니다. 미주개발은행은 백악관에서 불과 100미터밖에 떨어져 있지 않은 중심지에 위치해 있었습니다. 건물 입구를 찾아가던 중에 놀라운 모습을 발견했습니다.

일반적으로 대도시의 도로변에 있는 큰 건물 1층에는 각종 서비스업 점포가 들어서 있습니다. 그런데 미주개발은행은 금싸라기 같은 도로변 건물 1층에 어린이집을 운영하고 있었습니다. 직원들이 사용하는 어린이집이었습니다. 어린이집은 밖에서 내부를 훤히 들여다볼 수 있었습니다. 완벽한 투명성이 보장된 어린이집인 것입니다. 직원들이 수시로 들락거리며 아이들과 함께 휴식을 취할 수 있었습니다. 부모와 아이들은 하루 종일 얼마나 마음이 놓일까요.

비슷한 광경을 파리 중심부에 있는 유네스코 본부에 특강을 하러 들렀을 때도 보았습니다. 점심시간에 어린아이들이 유네스코 본부 안에 있는 카페테리아를 가득 메우고 있었습니다. 처음에는 견학 온 유치원생들인 줄 알았습니다. 알고 보니 유네스코 본부 안에 운영하는 어린이집 아이들이었습니다. 일터와 가정에 구분이 없어 보였습니다.

이런 적극적인 친가정·친어린이 정책이 있어야 출산율도 올라갈 것입니다. 코앞에 보이는 이득만 계산하는 리더들은 감히 엄두를 내지 못할 정책입니다. 멀리, 그리고 넓게 따져볼 수 있는 혜안이 있는 리더들만이 과감하게 시행할 수 있을 것입니다.

다행히 요즘 한국의 기업과 관공서에서도 친가족 중심의 활동과 행사가 점차 확산되고 있어서 고무적입니다. 직장과 육아, 가사에 지친 엄마와 아빠들에게 힘이 되어주는 정책도 중요합니다.

그러나 이것은 비교적 단기적인 처방이고, 좀더 장기적인 대책으로는 부모와 자녀의 애착육아를 지원해 주는 쪽으로 정책이 수립되어야 합니다. 그러면 더 많은 아이들과 부모들이 행복해질 것이고, 전체적으로 기업과 국가도 한층 더 발전할 것이라고 믿습니다.

여기에 출생신고와 함께 부모 교육 이수증이 수반되는 제도가 생긴다면 한국은 애착육아로 정서적으로 건강하고 풍요로운 아동과 청소년들이 많아져서 청소년의 정신질환 유행병으로 난감해하는 국가들이 벤치마킹하러 오지 않을까 하는 생각을 해봅니다.

애착의 2차 방어선인
학교도 나서야 한다

최근에 선생님들을 대상으로 인성 교육에 대한 특강을
한 후 받은 질문입니다. "저는 중학교에서 학생들을 가르치고 있습니다.
요즘 많은 학생들이 친구들에게 욕을 하고 폭력을 휘두르고 왕따도 시
키는데, 너무 가슴이 아픕니다. 친구들의 괴로움과 슬픔을 전혀 느끼지
못하는 아이들을 변화시킬 방법이 있을까요?"

아이들을 사랑하고 아이들에게 도움이 되고 싶다는 선생님의 마음
이 간절하게 다가왔습니다. 주위를 둘러보니 많은 선생님들이 같은 고
민을 하고 있는 듯했습니다.

학생들의 그런 태도와 행동은 당장도 힘들지만, 그 아이들의 미래도
걱정이고 그들을 사회 구성원으로 맞아야 할 우리 사회도 걱정입니다.

중학교만이 아니라 초등학교, 심지어 유치원 선생님들도 같은 문제로 고민합니다.

저는 한참 머뭇거렸습니다. 마땅히 짧게 답변할 말이 없었기 때문입니다. 물론 이론적인 답변은 알고 있었습니다.

"문제 행동은 있지만 문제아는 없습니다. 아이들은 어른이 하기 나름입니다. 문제 행동은 아이가 어릴 때부터 생존과 성장에 필요한 다섯 가지 핵심 요소인 보호, 보살핌, 양육, 지지, 지도를 제대로 받지 못해서 생기는 애착손상의 후유증일 확률이 높습니다. 애착손상으로 인해 어른들에 대한 실망과 분노가 피해망상과 적대감으로 이어지고, 자신을 방어하려고 온몸에 뾰족한 가시를 잔뜩 세운 고슴도치처럼 된 것입니다. 그러니 어른은 그런 아이들마저 품어야 합니다."

동시에 저는 현실도 잘 알고 있습니다. 고슴도치 같은 학생들을 보살피려고 한 적이 있기 때문입니다. 그 학생들을 돕는 동안 가시에 여기저기 찔리는 바람에 제 몸 역시 상처투성이가 되었습니다. 그러다 보니 신경이 곤두서고 피하고 싶어졌습니다. 아이의 거친 행동에 짜증이 났고, 아이가 미워졌고, 야단치고 싶어졌습니다. 결국 저마저 가시를 치켜세운 고슴도치가 되어버렸습니다.

그래서 교사가 먼저 고슴도치를 끌어안아도 크게 다치지 않도록 회복탄력성을 갖춰야 합니다. 심호흡을 하고 평정심을 유지하는 기술을 지녀야 합니다. 그다음에는 고슴도치의 가시에 흐르는 슬픔과 분노와 절망에 다가갈 수 있는 감정적 대화의 기술을 지녀야 합니다. 앞서 언급한 감정코칭을 할 수 있어야 합니다.

교사는 단순히 지식의 전달자가 아니라 지혜의 전달자로 거듭나야 합니다. 그냥 교사가 아니라 인생의 멘토인 스승이 되어야 합니다. 부모 같은 스승이 되어야 합니다. 그래야 가정에서 정서적 흙수저가 되어버린 학생을 정서적 금수저로 바꿔놓을 수 있는 제2의 기회이자 마지막 기회를 가질 수 있습니다.

괴팍하기로 유명했던 스티브 잡스는 한 살 때 입양되어 부모로부터 버림받았다는 트라우마에 평생 시달리면서 사람을 쉽게 신뢰하지 못했지만, 동업자 스티브 워즈니악과 31년간 파트너십을 유지할 수 있었습니다. 차고에서 시작된 파트너십을 갑자기 엄청난 부자가 된 이후까지 유지한다는 게 쉬운 일은 아닙니다.

스티브 잡스는 흙수저로 태어났지만 매일 명상하며 자신을 다스리려고 노력했던 정서적 금수저였던 것입니다. 그러나 스티브 잡스의 변화는 우연히 이루어진 게 아닙니다. 그는 자서전에서 초등학교 4학년 담임선생님이 자신을 돌려놓았다고 밝혔습니다.

학생들이 문제인데 왜 교사에게 이래라 저래라 하는지 못마땅하게 느낄 수도 있습니다. 너무 오래 지식 전달자로 살아왔기에 변하기에는 이미 늦었다면서 포기하는 선생님들도 있을 것입니다. 그러나 은퇴를 코앞에 두고도 학생들을 정서적 금수저로 만드는 마라톤을 완주하는 선생님들도 있습니다. 완주하는 선생님들이 공통적으로 하는 이야기가 있습니다.

"제가 아이들에게 얼마나 도움이 되었는지는 모르겠습니다. 하지만 저는 분명 더 행복해졌어요. 그리고 더 좋은 교사가 될 수 있겠다는 자신감이 생겼습니다. 이 긴 여정을 선택하기를 참 잘했다는 생각이 듭니다."

그렇습니다. 잘 선택해야 합니다. 모두가 뾰족한 가시를 세운 고슴도치가 될 것인가, 아니면 모두 힘을 합쳐서 고슴도치의 양산을 막을 것인가. 다 함께 현명한 선택을 하면 좋겠습니다.

함께 애착 사회를
꿈꾸며

이 책의 내용을 우울하게 느낀 독자들이 있을 것입니다. 아이가 부모와 안정적인 애착 관계를 형성하지 못하면 당장도 괴롭지만 정서적 흙수저가 되어 그 악영향이 거의 평생 지속된다는 사실에 불안감과 공포감이 느껴질 수 있기 때문입니다.

애착손상이 부부 관계를 힘들게 하고, 자녀에게 대물림될 수 있고, 역으로 부모가 돌봄을 받지 못하게 할 수 있다는 사실에 가슴이 덜컹 내려앉을 수 있습니다. 개인 차원을 넘어서 우리 사회 전체에 미치는 사회·경제적 악영향을 낱낱이 밝힌 글을 읽으면 절망마저 느껴질 수 있습니다.

반면에 희망을 느끼는 독자들도 있을 것입니다. 왜 우리 아이가 그런 문제 행동을 하는가, 왜 내가 여태껏 힘들었는가, 내 배우자는 왜 나와 자녀와의 관계를 어려워하는가를 이해하는 계기가 되었을 수도 있습니다. 그리고 정서적 금수저가 되어 성공하고 행복할 수 있는 방법을 알게 되었으니 마음이 놓일 수도 있습니다.

저희는 독자 여러분이 우울함을 넘고 희망을 넘어서 자녀를 낳아 키운다는 것에 경이로움과 경건함을 느끼기를 바라면서 이 책을 썼습니다. 그리고 독자 여러분이 새로운 시작을 굳게 다짐하면서 이 책을 내려놓길 바랍니다.

'이제부터라도 우리 아이와 좋은 애착 관계를 맺어야지.' 스스로 단단히 약속하길 바랍니다.

'그럴 수밖에 없었던 부모님을 이해하고 더 이상은 원망하지 말고 피해자 신분에서 벗어나 내 인생의 주인이 되겠노라.' 가슴 깊이 장엄하게 선언할 용기를 얻길 바랍니다.

'주변에 애착손상을 입은 아이들에게 따뜻한 손길을 내밀어야지.' 이렇게 정서적 지지와 배려를 베푸는 사람이 되겠노라고 다짐하길 바랍니다.

마지막으로, '나만이 아니라 우리 모두 그리 하도록 나서야지.' 이처럼 정서적 금수저가 되는 방법을 함께 나누고 싶은 벅찬 마음이 진동하기를 바랍니다.

나 혼자 다짐하고 실천한다고 우리 사회가 크게 달라지지는 않겠지만, 나마저 하지 않으면 그런 날은 절대 오지 않을 것이기 때문입니다. 내가 할 때 다른 사람들도 하게 됩니다. 그래서 정부의 정책이 바뀌고, 문화가 바뀌고, 나라의 가치관이 바뀔 수 있도록 우리 각자가 나서기를 진심으로 바랍니다.

저희는 상상해 봅니다. 태아가 안전하고 평온할 수 있도록 산모를 특별하게 보살피는 사회, 갓난아기가 부모와 친인척의 축복 속에서 태어날 수 있는 화목한 가정, 그런 가정을 꾸려나갈 수 있도록 친가정 정책을 펼치는 정부와 기업. 일터마다 보육시설이 운영되어 부모가 아이와 함께 출퇴근하고 근무 중에도 수시로 아이와 관계를 이어갈 수 있는 최적의 양육 환경, 좀더 전문화된 어린이집과 유치원 운영이 가능하도록 배려하는 선진화된 재정 정책, 정서적 금수저를 양성하는 교육 제도와 교육 과정이 자리 잡는 날이 곧 오리라는 희망을 가져봅니다.

2018년 1월

최성애, 조벽

감사의 글

이 책을 집필하는 내내 저희 부모님이 계속 떠올랐습니다. 일제 강점기에 일본에서 유학을 하시던 저(조벽)의 아버지께서는 항일운동을 하다 체포되어 옥살이를 하고 만주로 쫓겨나셨습니다. 해방 직후 살아 돌아오신 아버지는 어머니와 함께 딸 셋을 업고, 안고, 손잡고 6·25 피난길에 올랐고, 그 후에 자식 셋을 더 낳아 기르셨습니다. 그 와중에도 아들 딸 차별 없이 자녀 한 명 한 명이 소중한 존재임을 늘 느끼게 해주셨습니다.

부모 형제와의 탄탄하고 안정적인 애착 관계가 저에게는 40년의 타향살이를 견뎌낼 수 있는 힘이 되어주었습니다. 지금 여섯 명의 형제자매가 한국, 미국, 독일, 중동 등 세계 곳곳에 흩어져 살고 있지만, 여전히 자주 연락하고 1년에 한 번씩 다 함께 만나서 돈독한 우애를 나누며 지냅니다. 전에도 늘 감사함을 느꼈지만 이 책을 쓰면서 부모님에 대한 고마움이 더욱 뼈저리게 느껴집니다.

저(최성애)도 비슷합니다. 저희 부모님도 일제강점기의 아픔과 6·25전쟁의 고통, 산업화 과정의 혼돈 속에서도 가족을 지켜오신 분들입니다. 저는 여섯 딸 중 막내로 태어났지만 부모님으로부터 단 한 번 농담으로라도 아들이 없어서 서운하다는 말을 들어본 적이 없습니다. 오히려 딸이 여섯인 것은 확률적으로 드문 일이라며 어디를 가나 우리를 자랑스러워하셨고, 한국 여성은 세계적으로 우수하고 지혜롭다는 말씀을 자주 들려주셨습니다.

특히 아버지께서는 아내는 물론 딸들에게도 존댓말을 쓸 만큼 가족을 소중히 여기고 존중하셨습니다. 어릴 적 몸이 허약했던 저는 부모님께 특별한 보살핌과 사랑을 충분히 받는다는 것을 피부로 느끼며 자란 덕에 지금까지 건강하게 살고 있습니다. 과분하게 고모님의 조건 없는 사랑마저 듬뿍 받았습니다. 그래서 세계 어디를 가든, 어떤 어려움이 닥치든 마음 깊이 안전 기지가 있었고, 견뎌낼 수 있는 희망과 믿음이 있었습니다. 그런 부모님과 고모님을 둔 저는 행운아입니다. 이 책을 통해 깊은 감사와 존경을 드립니다.

저희 부부는 신혼 때부터 지금까지 33년간 이 책에 쓴 내용을 거의 실천하면서 살아왔습니다. 이론을 알기 전에 부모님의 평상시 모습에서 배운 대로 살았기 때문입니다. 다소 의견 차이가 있을 때도 그보다 훨씬 더 큰 사랑으로 합의점을 찾을 수 있었고, 자녀들도 가능한 한 감정코칭으로 키웠습니다. 아무리 바쁘더라도 부부가 협력해서 자녀를 최우선 순위에 두었고, 늘 저희 시선 안에 두었으며, 자녀와 함께 보내는 가족 시간을 확보했습니다. 역설적이게도 일과 가정의 양립은 오히려 시간과 마음의 여유를 주었습니다.

쉬웠다는 게 아닙니다. 정서적 금수저로 살아가려고 성실하게 노력했다는 뜻입니다. 저희 힘만으로는 불가능했고, 부모님, 고모님, 형제자매 외에 도움을 주신 많은 분들 덕분입니다. 저희 자녀가 어릴 때 다녔던 리틀 피플 어린이집 원장 캐럴 플레트카 선생님에게도 이루 다 표현할 수 없는 감사를 느낍니다. 그분은 경탄스러울 정도로 모든 아이들을 샘솟는 창의력과 활력 에너지로 돌봐주시던 살아 있는 '메리 포핀스'였습니다.

애착의 중요성을 학문적으로 깨닫게 해주시고, 관계를 연결하고 유지하는 감정코칭을 저희에게 직접 전수해 주시고 트레이너가 되도록 허락해 주신 존과 줄리 가트맨 박사님 부부께도 존경과 감사를 전합니다. 아울러 보금자리, 보살핌, 양육, 지지, 지도의 실질적 애착법을 아낌없이 전수해 주신 고(故) 앨버트 페소 교수님께 감사드립니다.

20년간 캐나다의 애착손상 청소년 450명을 돌보면서 겪었던 수많은 에피소드와 노하우를 특유의 유머와 웃음과 함께 들려주시고, 저희 일을 지지해 주시는 리아 카알과 루시앵 래리 박사님께도 감사드립니다.

2017년 감정코칭협회 학술대회에서 애착의 중요성을 알리기 위해 영국에서 와주신 마크 리닝턴 센터장님과 스탠퍼드 대학교 의과대학 소아과 교수인 조리나 엘버스 박사님께도 깊은 감사를 드립니다. 이 책을 쓰면서 두 분과 저희는 '국경 없는 의사'들처럼 국경을 넘어서 지구촌 아이들이 물, 공기, 햇볕, 음식처럼 정서적 자양분도 충분히 받고 행복하고 평화롭게 살아가기를 기원하는 '국경 없는 부모' 같은 동지애를 나눴습니다.

저희와 함께 행복한 아동과 가정을 위한 무료 교육 프로그램인 '행복 씨앗 심기' 활동을 하신 모든 분들께 감사드립니다. 특히 HD행복연구소 운영위원으로 함께 비전을 공유하는 강동기, 김남희, 김민정, 김순복, 김혜빈, 김희정, 문수영, 박영순, 박응식, 배윤경, 신정민, 이정온, 이혜수, 진수명, 최영주, 한이숙 선생님을 비롯하여 스태프로 성실하게 지원해 주시는 김나경, 김순임, 김종준, 박지숙, 이소영, 김소희, 윤영희 선생님께 감사드립니다.

아울러 (사)감정코칭협회와 HD가족클리닉에서 수고해 주시는 김미화, 김진상, 김희정B, 박만기, 박지윤, 박현아, 원주영, 유연욱, 유희남, 이경진, 이수현, 이학기, 한정희 선생님께도 감사드립니다.

비록 멀리 있지만 항상 우리 마음속에 있는 한길, 요한, 수경, 주호, 미유, 이랑, 은영, 단이에게 다함없는 사랑을 보냅니다. 그리고 1960년대부터 가난한 나라의 아동과 청소년 수만 명에게 돌봄과 교육 봉사를 평생 해오신 마더 미카엘라와 소피아 수녀님, 그리고 마리아 수녀회 수녀님들께 존경과 감사를 전합니다.

마지막으로 고마운 분들이 있습니다. 저희가 책을 여러 권 집필했지만 이번만큼 시간을 오래 끌었던 적이 없습니다. 그럼에도 단 한 번도 재촉하지 않고 기다려주신 해냄출판사의 박신애 편집자와 이혜진 주간, 송영석 대표님께 감사드립니다. 단지 인내만 보여주신 게 아니라 많은 조언도 주셨습니다.

많이 부족한 이 책을 읽어주실 독자 여러분께도 미리 감사를 전합니다. 다 함께 좀더 밝고 행복한 아이들을 키워내도록 뜻과 마음을 모아주셔서 감사합니다.

　세상에서 이렇게 많은 사람들과 좋은 관계를 맺고 살 수 있어서 행복합니다.

2018년 1월

최성애, 조벽

정서적 흙수저와 정서적 금수저

초판 1쇄 2018년 1월 8일
초판 23쇄 2024년 7월 20일

지은이 | 최성애 · 조벽
펴낸이 | 송영석

주간 | 이혜진
편집장 | 박신애 **기획편집** | 최예은 · 조아혜 · 정엄지
디자인 | 박윤정 · 유보람
마케팅 | 김유종 · 한승민
관리 | 송우석 · 전지연 · 채경민

펴낸곳 | (株)해냄출판사
등록번호 | 제10-229호
등록일자 | 1988년 5월 11일(설립일자 | 1983년 6월 24일)

04042 서울시 마포구 잔다리로 30 해냄빌딩 5 · 6층
대표전화 | 326-1600 **팩스** | 326-1624
홈페이지 | www.hainaim.com

ISBN 978-89-6574-638-6